KB180057

성적표
밖에서
공부하라

성적표 **밖에서** 공부하라

초판 1쇄 펴낸날 2015년 9월 15일

지은이 조승우
펴낸이 이상규
편집인 김훈태
디자인 엄혜리
마케팅 김선곤

펴낸곳 이상미디어
등록번호 209-06-98501
등록일자 2008. 09. 30
주소 서울시 성북구 정릉동 667-1 4층
대표전화 02-913-8888
팩스 02-913-7711
e-mail leesangbooks@gmail.com

ISBN 979-11-5893-001-1 03370

성적표
밖에서
공부하라

조승우 지음

내신 4등급도 서울대 가는
학생부종합전형 합격의
10가지 비밀

이상

:: 함께 꾸는 꿈은 현실이 된다

월드컵의 열기가 뜨겁던 2014년 여름, 특별한 전화 한 통이 걸려왔다. 한일고 후배이자 유패드YUPAD(전국청소년정치외교연합 동아리)의 전국회장 성현이었다.

"형, 안녕하세요. 성현이에요. 잘 지내시죠?"

"그럼. 잘 지내지. 유패드 총회 얼마 안 남았다며?"

"네. 사실 그것 때문에 전화드렸어요. 형, 부탁 하나 들어주세요."

"무슨 부탁?"

녀석은 얼마나 급했는지, 내 인사말이 채 끝나기도 전에 거두절미하고 본론을 얘기했다.

"이번 총회에서 형이 강연 좀 해주세요."

"뭐? 내가? 형이 총회에서 무슨 자격으로 강연을 하겠어? 아직 대학생인데……."

"아니에요. 형을 모르는 후배들이 없어요. 형의 고등학교 시절을 궁금해 하는 후배들이 얼마나 많은데요. 유패드를 창립한 사람으로서 그 정도 자격은 충분해요."

녀석의 말에 왠지 모르게 용기가 생겼다. 결국 진심어린 성현의 설득에 강연을 하기로 했다.

강연 날 아침, 부랴부랴 짐을 챙겨 대전으로 가는 버스에 몸을 실었다. 버스 안에서도 후배들 앞에서 실수라도 하지 않을까 긴장된 마음에 강연 대본을 몇 번이고 되풀이해서 읽었다. 강연장에 들어가니, 전국에서 모인 수백 명의 유패드 후배들이 나를 기다리고 있었다. 사실 고등학교 시절의 학생회장 연설 때도 이렇게 긴장하진 않았다. 하지만 긴장도 잠시, 단상 위에 올라 앞에 펼쳐진 광경을 보니 가슴 속에서 뭔가 뜨거운 것이 올라오고 있음을 느낄 수 있었다.

"여러분, 반갑습니다. ……단상에 올라와서 이 자리를 가득 메워준 후배 여러분들을 보니 무척 감격스럽습니다. 영화 벤허의 감독 윌리엄 와일러가 편집을 끝낸 '벤허'를 처음 보고나서 이런 말을 했답니다. '오! 하느님, 진정 이것이 제가 만든 작품이란 말입니까.' 지금 제 기분이 딱 그렇습니다. 오! 하느님, 진정 이것이 제가 시작한 유패드란 말입니까."

겨우 다섯 명으로 시작했던 유패드, 지금은 이렇게 많은 후배들 앞에서 유패드의 창립자로서 강연을 하게 된 그 기쁨. 가히 말로 표현할 수 없었다. 전국 곳곳에서 오랜 시간을 달려와 피곤할 만도 한데, 고맙게도 후배들은 단 한 명도 졸지 않고 숨을 죽인 채 내 말에 귀를 기울였다.

"내신 4등급에, 뛰어난 스펙도 없는 제가 서울대에, 그것도 장학생으로 합격할 수 있었던 것은 유패드 활동과 같이 저만의 꿈을 위한 다양한 도전으로 고등학교 3년을 채웠기 때문입니다."

후배들에게 해주고 싶었던 말들에 진심을 담아 전달했다. 그렇게 한 시간여의 강연이 끝났고, 후배들은 모두 기립박수를 보내주었다. 오노 요코는 이런 말을 했다. '혼자 꾸는 꿈은 그저 꿈이지만, 함께 꾸는 꿈은 현실이 된다.' 나 한 사람으로부터 시작된 유패드의 꿈이 이제는 4000명이 넘는 많은 사람들의 꿈이 되었다.

그 날 후배들을 보며 나는 확신했다. '10대라는 시간은 인생 그 어느 때보다도 찬란해야 한다'는 나의 꿈이 이제는 이 땅의 모든 10대들의 꿈이 될 수 있음을.

:: 내신 4등급의 기적은 우연이 아니다

평범한 소년이었던 나는 한 사람의 죽음을 목격하며 '인간은 누구나 죽는다'는 실존적 고민에 깊이 빠진 적이 있다. 그 후 꽤 오랫동안 삶과 죽음, 그리고 행복이라는 화두 속에서 방황과 고민의 시간을 가졌고, 나름대로의 결론을 내렸다. '한번 뿐인 삶이기에 더욱 치열하게 살아야 한다. 따라서 10대에는 어느 때보다도 간절한 나만의 꿈을 향해, 매순간을 행복하게 보내야 한다.'

이 결론을 바탕으로 그 이전과는 다른 삶에 대한 태도를 갖게 되었다. 그것이 '행복한 10대를 보내면서도 서울대에 갈 수 있었던' 도전의 시작이었다. 대학입시라는 거대한 과제 때문에 고등학교 3년은 '없는 시간'으로 여겨지는 현실에 복종하지 않기로 했고, 남들과는 다른 길을 걷기 시작했다.

나의 고등학교 시절은 인생에서 다시는 오지 않을 찬란한 시간이었다. 현재는 우리나라 최대의 청소년 단체가 된 유패드 창립을 시작으로, 꿈을 위한 여러 가지 도전으로 고등학교 3년을 채웠다. 모두 불가능하다고 했던 상황에서 전교 학생회장이 되었고, 학교 앰네스티 동아리를 이끌며 '인권'의 소중함을 친구들과 함께 공유했다. 또한 교육환경이 열악한 시골 아이들에게 꿈을 키워주었고, 한겨울에도 보일러를 틀지 못할 정도로 어렵게 살아가는 시골의 할아버지, 할머니들의 말벗이 되어드렸다. 심지어는 수능을 앞둔 고3 시절 일주일간 혼자 동아시아 공동체 연구를 위해 일본을 탐방하며 정치외교에 대한 열정을 키웠다.

그 과정에서 대학입시의 결과보다는 '어제의 나'보다 '오늘의 나'가 성장하기를 바라며 하루하루의 배움에 초점을 맞추었고, 명문대를 합격하고 난 후가 아닌 '지금 이 순간'의 행복을 찾았다. 그런 나의 길에 대해 많은 사람들은 수능과 내신만 준비하기에도 벅찬 3년 동안 왜 쓸데없는 곳에 시간을 낭비하느냐며 걱정했다. 어떤 사람들은 공부하기 싫어서 놀 궁리만 한다며 나의 도전을 철부지 학생의 '일탈' 정도로만 치부했다. 어떤 선생님은 내신 4등급에 불과한 내가 서울대에 갈 수 있는 확률은 단 1%도 되지 않는다며 냉정하게 평가했다.

그렇게 많은 사람들이 불가능하다고 했던 나의 도전이었지만, 그들이 실패할 거라 장담했던 입시에서도 나는 원하는 목표를 이루었다. 꿈을 위해 나아갔던 한 걸음 한 걸음이 한 편의 스토리가 되어, 마침내 서울대 사회과학계열 특기자전형에 당당히 성적우수 장학생으로 합격한 것이다.

:: 3년 뒤의 행복 대신 오늘의 행복을 찾아라

5년이 지난 지금, 일반적인 입시의 관점에서 아웃사이더들만의 일탈

로 비춰졌던 나의 외로운 길이 이제는 입시에서도 성공으로 향하는 '8차
선 고속도로'가 되어버렸다. 예전 같으면 꿈이나 행복은 대학에 가서나
찾고, 고등학교 시절에는 오로지 명문대에 가기 위해 수능·내신만 열심
히 파고드는 것이 지상 최대의 과제였다. 그 의무에 충실해서 문제만 잘
푸는 '기계'가 된 학생들이 최고로 받아들여졌던 것이다.

하지만 이제는 '문제 푸는 기계'가 아닌 다양한 도전을 하며, 하루하루
를 의미 있게 보내는 학생들을 최고로 여기는 시대가 되었다. 입시제도
의 변화로 인해 대학에서 스스로의 꿈을 좇아 자신만의 유일무이한 스토
리를 가진 학생들을 적극적으로 선발하고 있기 때문이다.

서울대학교의 특기자전형으로 시작된 입시제도의 변화는, 현재의 '학
생부종합전형'이라는 이름으로 확대되어 대학입시의 필수 관문이 되었
다. 게다가 2014년 수능 만점자가 서울대 의대에 탈락하고, 2015년에는
수능만점자 세 명이 연세대 의대에 탈락했던 사례는 수능시험을 잘 봤다
고 해서 무조건 원하는 대학에 합격하는 것이 아님을 여실히 보여주었
다. 이제는 그 변화의 바람이 누구도 부정할 수 없는 보편적 현실이 된
것이다.

이런 상황에서 나의 스토리가 학생부종합전형을 준비하는 10대들에게
조금이나마 도움이 되지 않을까 싶어 이 책의 집필을 시작했다. 그리고
무엇보다 '3년 뒤'가 아닌 오늘이 행복하기를 바라는 10대들에게 희망과
용기를 심어주고 싶었다.

집필을 시작하기 전, 서울대에 합격했다는 이유 하나만으로 스물 세
해 남짓 살아온 청년에게 자신의 스토리를 책으로 낼 수 있는 자격이 있
는지 많은 시간을 고민했다. 이 책이 10대들에게 또 하나의 짐이 될지 모

른다는 걱정에 선택은 망설여졌다. 하지만 10대는 인생 그 어느 때보다도 행복한 시절이어야 한다는 신념, 지금 이 땅에 있는 10대들의 삶이 행복해져야 한다는 간절함이 집필의 원동력이 되었다.

내가 이 책을 통해 말하고 싶은 것은 기존의 입시 수기처럼 '내가 이렇게 독하게 공부했으니 너희도 나처럼 열심히 공부하라'는 것이 아니다. 그보다는 이 책을 읽는 10대들이 그 무엇보다 10대라는 시간의 소중함을 가장 먼저 깨닫기를 바랄 뿐이다. 지금 이 순간을 가치 있게 보내는 것보다 소중한 게 없다고 느끼게 되면, 원하는 입시 결과는 자연스럽게 따라올 것이기 때문이다.

이 책은 나의 스토리를 다룬 본문과 각 챕터마다 수록된 '내신 4등급도 서울대 가는 학생부종합전형 합격의 10가지 비밀'로 구성되어 있다. 후자의 경우, 나의 경험과 함께 백여 명이 넘는 학생부종합전형 합격자를 인터뷰하고, 학생부종합전형에 관한 공식·비공식 자료 수천 장을 분석하여 내린 결론이다. 학생부 종합전형을 대비하는 학생들이 바로 행동으로 옮길 수 있게끔 작성한 지침이니, 부디 여러분들의 꿈을 향한 도전에 이 책이 좋은 나침반이 되기를 바란다.

소년, 벼랑 끝에서 답을 찾다

어떻게 살 것인가

1 학생회장 선거 연설(오른쪽 끝에서 두 번째가 저자)
2 유패드의 첫 번째 총회(서대문구 청소년수련관에서)
3 세계 빈곤퇴치의 날 캠페인을 기념하며

4 한비야 단장님과 함께했던 지도밖 행군단

5 앰네스티 유스 동아리원들과 함께한 탄원활동

6 교내에서 헌책을 팔아 마련한 성금을 전달하는 모습

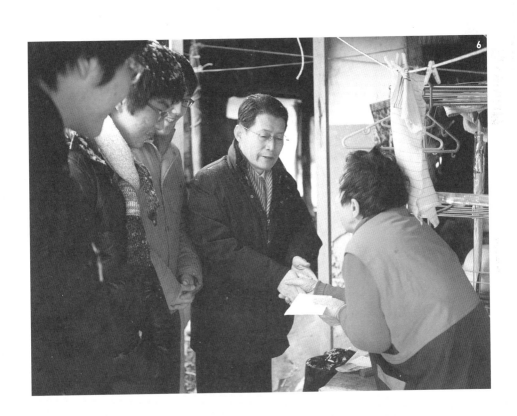

1장

소년,
벼랑 끝에서 답을 찾다

인생은 한 권의 책과 같다.
어리석은 이는 그것을 마구 넘겨 버리지만,
현명한 이는 열심히 읽는다.
인생은 단 한 번만 읽을 수 있다는 것을 알기 때문이다.

― 상 파울

마지막에 웃는 자가
진정한 승자다

관악산의 매서운 바람이 겨울이 오고 있음을 알려주던 2010년 11월, 서울대 사회과학대학의 어느 면접고사장.

"선진국들이 가난한 나라들의 재난 방지를 도와줘야 하는 구체적인 이유와 방법을 얘기해보세요."

면접 내내 무표정으로 일관하시던 교수님이 마지막 질문을 던지셨다. 이 대답에 따라 내년에 내가 서울대학교 강의실에 앉아 있을지 아니면 재수학원에 앉아 있을지 결정된다고 생각했다.

'할 수 있어. 할 수 있어! 지금까지처럼만 하면 돼.'

너무나도 간절했다. 지난 시간들을 통해 느끼고 배웠던 것들의 진정한 가치를 면접관들에게 보여주고 싶었다. 게다가 내가 시작한 길을 함께 가고 있는 천여 명의 유패드 후배들에게 '너희의 선택이 옳았다'라는 걸 보여주기 위해서라도 나는 꼭 이 면접장의 승리자가 되어야 했다.

"저는 세 가지 이유로 선진국들이 가난한 나라들을 도와줘야 한다고 생각합니다."

준비했던 답변들을 말하기 시작했다. 긴장한 기색을 숨기려 안간 힘을 썼지만, 이미 내 목소리는 떨리고 있었고 등 뒤로는 식은땀이 흐르고 있었다. 먼저 두 가지 이유를 차례로 말씀드렸다. 하지만 답변을 듣고 난 교수님들의 표정에는 아무런 변화도 없었다. 그럴수록 나의 긴장감은 더해갔다. 떨리는 목소리로 마지막 이유를 이야기했다.

"저는 고등학교 시절, 유패드라는 정치외교 동아리활동을 하면서 한 달간 '교토의정서'에 대해 친구들과 함께 공부한 적이 있습니다……."

마지막 답변을 마쳤다. 결정은 온전히 교수님들의 몫이었다. 답을 적어둔 메모지에서 눈을 떼고 고개를 들자, 하나같이 모든 교수님들의 얼굴에는 엷은 미소가 피어 있었다. 그 때 나는 확신했다.

'합격이다!'

아니나 다를까, 나는 교수님들의 칭찬 세례 속에서 면접장을 나왔고, 두 달 뒤 나는 '성적우수 장학생'으로 서울대학교 사회과학계열에 합격했다는 통지서를 받았다.

동네 1등 말썽꾸러기,
한일고를 가다

　나는 중학교에 올라가기 전까지 정말 공부를 못하는 아이였다. 초등학교 시절 밤낮으로 동네를 휘젓고 다니며 그야말로 동네에서 둘째가라면 서러운 '말썽계의 강적'이었다. 미니카부터 탑블레이드 팽이, 포켓몬스터 스티커, 유희왕 카드 등 유행하는 모든 놀이에서 항상 '선구자' 역할을 했다. 또한 축구, 야구, 인라인 스케이트 같은 온갖 운동을 하며 생긴 상처로 인해 내 다리는 단 하루도 성한 날이 없었다. 그 정도로 천방지축인 성격 탓에 책상에 10분만 앉아 있어도 머리에 쥐가 나는 듯했다. 오죽하면 아버지가 내게 진지하게 '너는 공부로는 도저히 가망이 없어 보인다'라며 체육중학교 진학을 권하셨을까.

　그러다 중학교 진학을 앞두고, 너무나도 가지고 싶은 게 하나 생겼다. 바로 '휴대폰'이었다. 그 날부터 냉장고만한 휴대폰이라도 좋으니 밤낮으로 휴대폰을 사달라고 부모님을 졸라댔다. 하지만 부모님은 중학생이 무슨 휴대폰이 필요하냐며 절대불가 방침을 선언하셨고, 끝내 나는 일주일간 단식투쟁(?)에 돌입했다.

그렇게 방문을 걸어 잠그고 시위를 벌인 지 사흘째 되던 날, 결국 부모님은 내게 최종 '협상안'을 제시하셨다. 시험을 보면 평균 60점을 받기 어려웠던 내게, 중학교 입학 배치고사에서 전교 3등 안에 들면 원하는 기종의 휴대폰을 사주시겠다는 것이었다. 부모님은 굳은 얼굴로 '더 이상의 협상은 절대 없음'을 선포하셨고, 나는 결국 그 제안을 수락할 수밖에 없었다.

그 날부터 나는 독서실을 다니기 시작했다. 한 달간 독서실에 틀어박혀 휴대폰을 갖겠다는 일념 하나로 공부를 시작했다. 배치고사는 6학년 전 범위를 가지고 보는 시험이었기에 나는 교과서와 전과를 모두 달달 외워버렸다. 그렇게 한 달을 미친듯이 공부했더니, 정말 신기하게도 딱 '전교 3등'을 했다. 하고 싶은 것, 갖고 싶은 것이 생기면 그것만큼은 어떻게든 이루고야 마는 성미가 이때부터 시작된 듯하다.

이후 별다른 목표가 있었던 것은 아니었지만, 지는 것을 싫어했던 성미 때문에 시험기간이 되면 2주 동안 거의 두세 시간만 잠을 자며 미친듯이 벼락치기 공부를 했다. 덕분에 중학교 2학년 때는 전교 1등에도 오를 만큼 학교에서 최상위권의 성적을 유지하고 있었다. 그러다보니 자연스럽게 공부 좀 한다는 친구들과 마찬가지로 자사고나 특목고 진학을 준비하게 되었다.

나는 중학교 시절 홍정욱의 《7막 7장》을 보며 그가 졸업한 초우트 로즈마리 홀과 같은 보딩스쿨에 대한 로망을 키워왔다(보딩스쿨boarding school은 학생들이 기숙사 생활을 하는 학교를 의미한다. 특히 영미권의 기숙사제로 운영되는 명문 사립학교를 지칭할 때 주로 쓰인다). 학업, 운동, 교외활동 모든 방면에서 최고가 되기 위해 치열하게 노력하는 그의 모습을 보며, 나의 고등학교 생활도 그만큼 치열한 것이기를 꿈꿨다. '큰 세상을 보는 것은 생각의 크기를 키우는 가장 좋은 교육이다'라는 어느 교육학자의 말처럼 나보다 더 똑똑한 친구들과 함께 생활하며, 넓은 세상을 직접 겪어보고 싶었다.

1학년을 마치고 2학년이 되던 겨울방학부터 나는 미국의 '보딩스쿨'과 같은 기숙사 고등학교 진학에 대해 진지하게 생각하기 시작했다. 당시 우리나라에는 16개의 과학고를 비롯해 민사고, 진성고, 명지외고 등 전원 기숙사 생활을 하는 여러 학교들이 있었기에, 어떤 학교가 나에게 가장 잘 맞을지 부모님과 나는 오랫동안 심사숙고를 하고 있었다. 그러던 어느 날, 아버지가 신문 기사 하나를 내게 건네주셨다.

> "지역 명문으로 떠오른 한국형 보딩스쿨, 무공해 교육환경, 과외 흡수한 공교육의 힘, 한일고를 가다"

충남 공주시 외곽의 농촌마을에 자리 잡은 한일고등학교는, 유명한 한의사였던 현제 한조해 선생께서 '사인여천事人如天(사람을 하늘처럼 여긴다)'과 '실천궁행實踐躬行(직접 앞장서서 실천하다)'이라는 창학정신으로 평생 모은 200억 원을 쏟아부어 설립하셨다. 남학생만으로 이루어진 500여 명의 전교생 모두가 기숙사 생활을 한다는 것이 특징이었다.

한 학년의 정원이 160명뿐인 한일고는 한 해에 20명 내외가 서울대에 합격하고 절반 이상이 SKY에 합격하는 등 전국 최고의 명문대 진학률을 기록하고 있었다. 그 결과가 더욱 놀라웠던 것은, 한일고에서는 아무리 원해도 과외나 학원 등을 다닐 수 없는 '사교육 청정 지역'이라는 사실 때문이었다. 기사에서는 사교육이 없기 때문에 학생들이 1학년 한 학기가 지나면 혼자 공부하는 방법을 터득한다고 했다. 무엇보다 그 점이 가장 마음에 들었다. 평일은 물론 주말에도 새벽까지 학원을 다니며 '사교육에 찌든' 고등학생들을 보면서 나도 고등학교에 가면 그렇게 공부해야 한다는 사실이 끔찍이도 싫었기 때문이다.

기사를 접한 지 며칠 후, 어머니는 지인의 소개로 이미 한일고에 다니고 있던 필용이 형을 직접 만날 수 있는 자리를 마련해주셨다.

"한일고에 오고 싶다고?"

"네, 형. 한일고에 대해 어떻게 생각하세요?"

"말할 것도 없이 최고지. 뛰어난 친구들이랑 함께 경쟁하다 보면 동기부여가 저절로 되니까 열심히 공부할 수밖에 없어. 기숙사 생활도 엄청 재미있고. 장담컨대 우리 학교보다 좋은 학교는 없어. 형을 믿고 무조건 와."

형의 말에서는 학교에 대한 무한한 애정과 긍지가 느껴졌다.

"학원, 과외도 없이 어떻게 명문대 진학률이 그렇게 높아요?"

"음, 일단 학교가 시골에 있다 보니까 공부와 축구 말고는 할 게 없어. 또 우리 학교는 3무無 학교라고 해서 '교복, 교문, 공해'가 없어. 그런데 어떤 친구들은 3무를 '휴대폰, 컴퓨터, 여학생'이 없는 거라고도 하더라고. 오히려 그 말이 더 맞을지도 몰라. 공부를 가장 방해하는 세 가지니까."

"정말 휴대폰, 컴퓨터 가져오는 사람이나 여자 친구 사귀는 사람이 없어요?"

"간혹 휴대폰을 가져오거나 중학교 때부터 사귄 여자 친구를 계속 만

나는 사람들이 있긴 하더라고. 근데 오히려 휴대폰이 공부에 방해되니까 결국 스스로 집에 돌려보내더라고. 여자 친구도 거의 만나질 못하니까 결국 다 헤어지고. 나도 사실 휴대폰이나 컴퓨터 없이 어떻게 사나 했는데 이젠 오히려 없는 게 더 편해."

"거짓말인 줄 알았는데, 진짜 사실이었구나."

"그래. 그나저나 너 축구를 무척 좋아한다고?"

"네, 엄청 좋아해요. 한일고 가면 축구 많이 할 수 있어요?"

"아마 네가 상상하는 것보다도 훨씬 많이 하게 될걸. 한일고에선 모든 생활이 다 축구와 연관되어 있어. 기숙사 호실별로 팀을 짜서 1년 동안 열리는 한일리그도 있고, 그 외에도 반, 동아리, 학생회, 체육부, 지역 대표로 여러 팀에서 선수로 뛸 수 있어. 우리 반의 어떤 친구는 참여하는 팀이 많아서 유니폼 종류만 열 개가 넘어."

"우와, 진짜 많이 하는구나. 근데 축구를 그렇게 많이 하면 공부는 언제 해요?"

"휴대폰이나 게임 하는 시간이 없고, 학원도 안 가니까 생각보다 공부할 수 있는 시간이 엄청 많아. 그러니 공부할 때는 공부에 집중하고, 남는 시간에 축구를 하면 오히려 스트레스도 풀리고 공부에 집중도 더 잘 되는 거 같아."

그 외에도 형에게 한일고에 대해 이것저것 궁금한 것들을 일일이 물어보다 보니 시간이 금방 지나갔다. 훗날을 기약하며 필용이 형과 헤어진 후, 집에 돌아와서 곧장 한일고 홈페이지에 들어가 입학설명회 참석 신청을 했다. 그리고 2주 뒤, 부모님과 함께 입학설명회를 위해 한일고에 도착했다.

입학설명회에서 처음 보게 된 한일고의 모습은 첫인상부터 예사롭지 않았다. 한일고는 번잡스러운 시내에서 한참 떨어져, 학교 주변에는 온통 산과 들판뿐이었고, 그 사이에서 자리를 잡고 있던 붉은 색 벽돌의 학교 전경은 해리포터에 등장하는 '호그와트'를 연상시켰다.

설명회의 내용 대부분이 필용이 형과 인터넷 검색을 통해 알고 있던 것들이었기에 큰 도움을 얻진 못했다. 하지만 초우트나 이튼스쿨과 같은 영미권의 보딩스쿨에 대한 나의 동경이 한일고에서도 충분히 해소될 수 있음을 알게 된 것은 큰 자극이 되었다. 한국의 '이튼스쿨'을 지향한다는 입학처장님의 말씀처럼, 자율성을 강조하는 한일고의 교육제도에서 수많은 국가 지도자를 길러낸 영국의 이튼스쿨이나 미국의 필립스아카데미 같은 명문 사립학교로서의 자부심을 엿볼 수 있었기 때문이다.

설명회장을 나와 학교를 둘러본 후에는 동경의 대상이 저 멀리 영국이나 미국이 아닌, 이곳 한일고에 있음을 알 수 있었다. 교정 곳곳에서 보았던 한일고 선배들의 자유로운 모습들 때문이었다. 교복이 없기 때문에 사복차림에 슬리퍼를 신고 다니던 선배들은 모르는 사람이라도 고개 숙여 인사를 하고 지나갔다. 또한 그들은 벤치, 잔디밭, 매점 등 앉을 곳이 있는 곳이라면 어디든 책을 들고 공부에 몰입하고 있었다. 책을 보는 선배들의 눈빛은 열정에 가득 차 있었고, 그들의 모습에선 말로 설명하기 힘든 아우라와 같은 것이 느껴졌다.

그 옆에는 계단에 걸쳐 앉아 기타를 연주하는 선배들도 있었다. 1학년 때는 1년 내내 1인 1악기 연주를 의무적으로 배운다고 하셨던 입학처장님의 말씀이 기억났다. 기타 소리 너머로는 내가 가장 좋아하는 곡인 '캐논'을 연주하는 피아노 소리가 들려왔다. 운동장 한 편에선 축구를 하는 선배들도 볼 수 있었다. 공부만 잘하는 책벌레가 아니었다. 다들 꽤 수준 높은 축구 실력을 갖추고 있었다. 훗날 내가 이곳에서 축구를 할 수만 있다면 그 어떤 곳에서 공을 찰 때보다 행복할 것 같았다.

그 날 보았던 한일고의 교정은 기숙사 학교에 대해 어릴 적 그려왔던 모습 그대로였다. 선배들의 자유로운 모습은 공부에 찌들어 사는 일반적인 고등학생과는 달랐다. 어떤 것에든 열정을 다하는 그들의 모습은 아름다운 교정의 풍경과 어우러져 한 편의 영화 속 장면 같았다.

'이곳의 학생으로 당당히 다시 돌아오리라.' 이렇게 마음속으로 다짐했고 2년 뒤, 난 이곳의 학생으로 다시 첫 발걸음을 내디뎠다.

행복했던
입학 후 한 달

꽃샘추위가 기승을 부리던 3월, 부푼 기대를 안고 전국에서 올라온 160명의 입학식이 거행되었다. 합격자들은 다들 하나씩 캐리어를 든 채, 부모님들의 뜨거운 박수갈채를 받으며 입학증서를 받았다. 증서를 수여받는 1학년들의 눈빛에서는 남다른 각오와 비장함을 느낄 수 있었다.

"입학생 여러분들은 3년 동안 이곳에서 건학이념인 사인여천과 실천궁행을 무엇보다 중시하며 이 사회를 이끌어갈 리더로서 성장해나가기를 바라겠습니다."

'살아있는 선비'라고 불리던 김종모 교장선생님의 축사를 끝으로 입학식은 마무리되었고, 가족들과 헤어질 시간이 되었다. 지금껏 떨어져본 적 없던 아들을 두고 가야 한다는 아쉬움에 어머니는 눈물을 흘리셨지만, 난 이미 한일고 생활에 대한 기대감으로 한시라도 빨리 기숙사생활을 시작하고 싶었다.

"어머니, 꼭 3년 뒤에는 여기 현수막에 제 이름을 올릴게요."

그 해 서울대 합격자 이름이 적힌 현수막 아래에 서서 어머니께 신입생으로서의 패기어린 각오를 말씀드렸다. 그렇게 세 달 동안 얼굴도 보지 못할 부모님을 뒤로 한 채 설레는 마음으로 기숙사로 발걸음을 옮겼다.

나와 룸메이트가 된 친구들은 모두 일곱 명이었다. 인도네시아에서 살다 왔다는 도규, 과학천재로 훗날 교토대에 진학한 민규, 로봇 만들기가 취미라는 원준이, 안성의 '야신'이라고 불렸다는 골키퍼 선수 출신의 범석이, 내 윗 침대를 쓰게 된 해규, 쌍둥이 동생 호용이와 함께 입학한 호원이, 그리고 나의 영원한 라이벌이 될 성현이. 이들과 나는 1년간 룸메이트로서 같이 생활해야 했다.

녀석들과의 첫 만남, 얼마나 대단한 아이들일까 긴장하고 있는 내게 성현이가 처음 건넨 말은 예상 밖의 질문이었다.

"축구 좋아해?"

"당연하지, 축구하려고 한일고에 왔는걸."

"나도 엄청 좋아해. 축구화도 두 켤레나 챙겨왔어."

원준이도 동참했다. 나도 질 수 없었다.

"나도 중학교 때 학교 대표였어."

"그럼 축구하러 갈래?"

결국 우리 호실 룸메이트들이 처음 만나자마자 한 일은 축구였다. 첫 3일 동안 원 없이 축구만 했다. 새벽에 일어나서도 몰래 축구를 하러 나가고, 해가 진 캄캄한 운동장에서도 달빛을 벗 삼아 축구를 하곤 했다. 여덟 명이 한 방을 쓴다고 해서 걱정했던 호실생활도 예상외로 굉장히 즐거웠다. 기숙사는 학년별로 각 동이 나뉘어 있었는데, 그 중에서도 1학년이 쓰는 C동은 가장 최근에 지어졌다는 말이 무색하게 굉장히 좁

앉다. 2층 침대 네 개가 빼곡히 양쪽 벽을 따라 놓여 있었고, 그 사이를 서랍장과 책장이 채우다 보니 겨우 한 사람이 지나갈 수 있을 정도였다.

하지만 덕분에 우리는 매일 부대끼며 마음도 금세 가까워졌다. 좁은 공간 덕분에 친구들과는 침대에 누워서도 대화를 할 수 있었고, 점호가 끝나면 우리는 얘기를 나누며 서로를 알아가느라 시간가는 줄도 모르고 밤을 지새우곤 했다. 마치 수학여행을 온 것 같았다.

호실생활만큼이나 학교생활도 기대 이상이었다. 한일고에는 독특한 호실문화가 있었는데, 1학년 때 사용한 침대와 호실을 기준으로 각자의 침대 선배와 호실 선배들이 있었다. 내 침대 선배였던 민국이 형은 입학하던 날, 나를 매점에 데리고 가서는 기숙사생활에 필요한 모든 물건들을 한 보따리나 사주었다.

한일고 1학년을 거치고 나면, 축구만큼이나 평생 잊지 못할 기억이 한 가지 더 있다. '학생회 점호'의 기억이다. 중학교 때 면접을 위해 한일고에 왔을 때, 아버지께서 이런 말씀을 하신 적이 있었다.

"분명히 전국에서 전교 1등만 모아놨다는데, 여기 아이들은 공부 잘하는 녀석들 같지 않게 예의도 바르고 인사성도 밝아."

예절과 질서를 중시하는 한일고에서는 무엇보다 예절교육이 철저하게 이루어졌다. 학교에서도 그 점을 한일고의 큰 장점으로 내세웠고 그 때문에 부모들이 자식들을 꼭 한일고에 보내려는 경우가 많았다. 그러나 '예절교육'이라는 말이 풍기는 분위기처럼 온화한 교육만 있었던 것은 아니었다.

입학 첫 주의 일요일 저녁, 신입생 오리엔테이션이 예정되어 있으니 신입생들은 소극장에 모이라는 학생회 선배들의 방송이 나왔다. 처음엔 또 우리에게 무슨 재미있는 일을 알려주려나 큰 기대를 품고 그곳에 모였다. 하지만 학생회 선배들과 규율부(흔히 알고 있는 선도부와 비슷하다) 선배들이 소극장 문을 '뻥' 차고 들어오더니, 소란스러운 우리들을 향해 '조용히 해!' 하며 큰 소리를 꽥꽥 질러댔다. 상냥한 선배들의 모습은 온데간데 없고 모두 무서운 표정으로 우리에게 불호령을 내리고 있었다. 그 중에서도 가장 무섭게 생긴 3학년 규율부장 선배가 단상에 올랐다.

"지금부터 예절교육을 실시하겠다."

중저음의 목소리에서는 카리스마가 느껴졌다.

"너희는 앞으로 학교에서 만나는 모든 사람에게 인사를 해야 된다. 또한 매주 주말마다 학생회와 규율부 선배들이 기숙사에서 청소검사를 실시하겠다."

규율부장 선배는 인사하는 자세를 직접 알려주며 우리들에게 인사를 시켰다. 선배들에게 인사를 하지 않다가 걸리면 무사하지 않을 거라며 엄포도 놓았다.

"그리고 한일고에는 담배를 피우는 사람이 단언컨대 단 한 명도 없다. 지금도 없고, 앞으로도 없을 것이다. 그러니 중학교 때 담배를 피웠던 사람들은 담배 피울 생각을 아예 접도록."

그랬다. 한일고에서 3년을 지내면서 단 한 번도 담배를 피우는 선배나 친구, 후배들을 보지 못했다. 또한 남고임에도 불구하고 우리 학교에는 친구들 간의 주먹다짐이나 비행이라고는 찾아볼 수 없었다. 당시엔 굳이 이렇게까지 해야 하나 싶었지만, 지금 와서 돌이켜보면 한일고의 면학 분위기가 잘 조성될 수 있었던 것도 그렇게 엄격했던 질서와 규율 덕분이다.

학생회 오리엔테이션도 끝이 나고, 입학 첫 주가 금방 지나갔다. 진땀을 빼며 먼지 한 올까지도 신경을 써야 했던 학생회 점호만 빼면 처음 한 달간의 한일고 생활은 기대 이상이었다. 친구들과 매일 축구를 할 수 있었고, 다양한 개성을 가진 친구들과 어울린다는 것이 설레고 즐거운 일이었다.

 그리고 4월 14일. 내 생일을 반 친구들이 어떻게 알았는지 자습시간이 끝나고 물을 마시러 교실을 나서려는데 친구들이 노래를 부르며 초코파이를 쌓아 만든 케이크에 초를 꽂아 교실로 들어왔다.

 "해피버스데이 투유! 해피버스데이 투유!"

 아직 친해지지 못했던 친구들조차 내게 과자나 초콜릿 같은 작은 선물을 건넸다. 태어나 가장 많은 친구들의 축하를 받은 생일이었다. 그때 '아, 내가 이곳에 오기를 정말 잘했구나!'라는 생각이 들었다. 하지만 그날이 1학기 중 마지막으로 행복했던 날이었다.

수학 때문에
미치겠어요

한일고에서의 첫 학기가 본격적으로 시작되었다. 학기 초의 들떴던 분위기는 어느새 가라앉고, 본격적인 수업이 시작되면서 교실 분위기는 점점 진지해졌다. 왜냐하면 다들 적응하는 데 애를 먹을 만큼 생활 스케줄이 굉장히 빡빡했기 때문이다.

많은 친구들이 힘들어했지만, 특히 나는 아침 여섯 시에 기상해서 새벽 한 시면 반드시 잠자리에 들어야 하는 일정에 적응하기가 힘들었다. 중학교 때부터 새벽에 공부하는 '부엉이' 스타일이었기 때문이다. 그로 인해 아침잠이 많던 내겐 여섯 시에 일어나는 것부터가 고역이었다. 게다가 선생님들은 수업 진도를 왜 그렇게들 빨리 나가는지, 보통 학교에서는 2~3년에 걸쳐 나갈 진도들을 1년, 심하게는 한 학기 만에 끝낼 만큼 진도가 빨랐다. 과제와 복습해야 할 분량이 하루에도 과목별로 수십 장씩 쏟아졌고, 수업도 심화내용 위주였기 때문에 1분이라도 졸았다간 그 수업 전체를 하나도 이해하지 못하게 되는 경우가 많았다.

그 중에서도 가장 많은 비중을 차지했던 수업은 '수학'이었다. 수학 과목에는 선생님이 두 분이었고, 그 중에서도 고난이도의 문제들을 시험에 출제하는 것으로 악명(?) 높은 이순종 선생님이 1학년 수학을 맡으셨다. 하루에 두세 시간씩 수학 수업이 있는 날이 일주일에 이틀이나 되었다.

이순종 선생님은 첫 수업부터 우리들을 충격에 빠뜨렸다.

"겨울방학에 열심히 공부들 했죠?"

그러고는 칠판에 문제를 하나 적으셨다. 방정식 문제였다.

"다들 이 문제 한 번 풀어봐요."

아무리 머리를 짜내도 도대체 어떤 식으로 접근해야 할지 알 수 없었다. 내가 알고 있는 개념만으로는 해결이 불가능했다. 그렇게 문제와 사투를 벌이며 혼자서 끙끙댄 지 10분쯤 지났을까, 수석으로 입학한 균태가 먼저 손을 들었다.

"선생님, 저 풀었어요."

균태가 손을 들고 얼마 되지 않아, 중학교 때 전국 수학 올림피아드에서 메달을 딴 적이 있다던 동열이가 손을 들었다. 20분 정도가 지나자 문제를 풀었다고 손을 든 친구들이 절반 이상이나 되었다.

선생님이 각자의 풀이법을 물어보시자, 녀석들은 다양한 풀이법을 얘기했다. 고1 문제를 미적분으로 푸는 녀석들부터 듣도 보도 못한 개념을 응용해서 푸는 녀석들까지, 문제에 손도 대지 못한 나와는 달랐다. 나는 고작 1학년 1학기 수학만 선행학습을 겨우 했을 뿐인데 대다수의 친구들이 2, 3학년 과정을 마치 중학교 수학마냥 꿰뚫고 있었다.

사실 입학 전 배치고사 수학시험에서 난 100점 만점에 24점을 받았다. 그에 반해 같이 부산에서 진학한 종현이는 80점, 성준이는 50점을 맞았다. 나중에 들어보니 우리 반만 해도 80점 이상의 고득점자들이 수두룩

했다. '가서 열심히 하면 되겠지'라며 매일같이 놀러다니며 기본 개념조차 제대로 익히지 않았던 지난 겨울이 지독하게 후회되었다.

첫 수업은 시작에 불과했다. 시간이 지날수록 아이들의 수학 실력은 가히 나의 상상을 초월하는 정도라는 것을 알게 되었다. 선생님은 매수업마다 개념을 간단히 설명해주고는 어려운 문제를 칠판에 적으며 각자 풀어보라고 하셨다. 중학교 때부터 수학 올림피아드 출전 경험이 있었던 친구들은 어렵지 않게 문제를 풀어냈고, 매번 나는 문제에 손도 대지 못했다. 수업이 끝날 때쯤 선생님의 문제풀이를 들어도 전혀 이해할 수 없었다. 수업이 끝나고, 쉬는 시간과 자습시간에 수학을 잘하는 친구들에게 부탁해 설명을 두세 번이나 듣고서야 겨우 이해할 수 있을 뿐이었다. 매수업마다 그런 과정이 반복되었다. 친구들과 나는 이순종 선생님에 대한 원망을 지울 수 없었다(나중에서야 스스로 공부하는 법을 터득하게 하려고 일부러 어려운 문제들을 풀게 하셨다는 선생님의 깊은 뜻을 깨달았다).

수학에서 받은 스트레스는 온전히 다른 과목에도 영향을 끼쳤다. 진도를 따라잡기 위해 평일 자습시간은 물론이고 주말에도 오로지 수학만을 붙잡고 있어야 했다. 그러다보니 자연스레 다른 과목은 신경 쓸 겨를조차 없었고, 공부를 하지 못하니 수학에 비해 나름 괜찮았던 과목의 성적들도 점점 떨어지고 있었다. 텝스 공부를 하면서 꽤 자신 있었던 영어는 물론이거니와, 내가 가장 좋아하는 과목이었던 언어에서도 모의고사 점수는 바닥을 면치 못했다.

반면 친구들은 수학뿐만 아니라 다른 과목들에서도 진가를 발휘했다. 우리 반에만 해도 중학교 때 전국수학올림피아드와 과학올림피아드에서 입상한 친구들은 물론, 토플 만점자, 철학올림피아드 입상자 등 화려한 이력을 가진 친구들이 많이 있었다. 고작 난 축구와 테니스 대회에서 받은 상으로 가산점을 받았을 뿐이니, 그런 녀석들과 애초에 출발선이 달랐다. 모든 과목들에서 하나도 내세울 것이 없었다.

그렇다고 쉽게 물러날 내가 아니었다. 노력만 한다면 불가능은 없다고 믿었기에 할 수 있는 최선의 노력을 다해보기로 했다. 먼저 최대한으로 공부시간을 늘렸다. 기상벨이 울리는 여섯 시보다 한 시간 먼저 일어나 찬 물로 세수를 하고는 점호 때까지 자습실에서 공부를 했다. 점호가 끝나고는 샤워하는 시간조차 아끼려고 비누 하나로만 머리부터 발끝까지 '고양이 샤워'를 하고는 다시 교실로 향했다.

수업시간에는 선생님의 말 한 마디까지 놓치지 않으려 집중했고, 놓친 부분이 있으면 녹음기에 녹음해둔 선생님의 수업을 되돌려 들으며 필기를 완성했다. 수학시간에는 선생님이 내주신 문제에 대한 다른 친구들의 풀이법까지 모두 베껴 적고, 쉬는 시간에 '수학 고수'들을 찾아가 귀찮을 때까지 질문을 퍼붓곤 했다. 또한 자습시간은 물론이고, 쉬는시간, 식사시간에도 손에서 책을 놓지 않았다. 홍정욱의 《7막7장》에서 보았던 '소화제를 먹으며 공부하는 방법'을 따라하거나, 강제 소등이 되는 취침시간 이후에도 화장실 변기를 책상 삼아 공부하거나, 이불 속에서 라이트펜으로 책을 보기도 했다. 한 달간 네 시간씩만 자고 공부하면서 사람이 할 수 있는 극한의 노력을 다한 것이다.

그렇게 정신없이 공부를 하다 보니, 첫 학기의 중간고사가 점점 다가오고 있었다. 하지만 아무리 공부를 열심히 해도 친구들과의 격차는 줄어들지 않았다. 이미 중학교 때 고교수학과정을 거의 끝내고 온 친구들을 두 달여 만에 따라잡기에는 역부족이었다. 다른 친구들은 한두 시간이면 다 풀었던 수학과제들을 나는 하루나 이틀씩 걸렸다. 그러다 보니 시험 출제 범위에 해당했던 과제들은 아무리 풀어도 끝이 없었고, 다른 과목들을 준비할 시간도 부족했다.

총체적 난국의 날들이 이어지며 시험이 일주일 앞으로 다가온 어느 날, 적막이 흐르던 교실에 갑자기 반장 진영이의 아버지가 찾아오셨다. 근처에 출장을 오셨던 길에 열심히 공부하는 진영이와 친구들에게 우리가 가장 좋아하는 '크리스피 크림 도넛'을 사다주기 위해 오셨던 것이다.

"얘들아, 공부하기 힘들지? 그래도 너희를 믿고 열심히 일하고 계신 부모님을 생각해서라도 조금만 참고 공부하렴."

진영이 아버지의 말씀에 갑자기 눈물이 핑 돌았다. 그간 공부하느라 바쁘다고 제대로 전화조차 못 드렸던 부모님 생각이 났다.

낮의 환한 햇살이 무척이나 아름답구나. 이런 햇살을 받고 태어난 우리 아들 참 고맙다.

벌써 네가 집을 떠난 지도 두 달이 되어가는구나. 작년 이맘때는 집에서 너의 공부하는 모습을 보며 무척이나 대견해 했었는데, 지금 그 모습이 아련하게 그리워지는구나.

승우야, 엄마는 너를 키우면서 네가 자랑스럽지 않은 순간이 단 한 번도 없었단다. 왜냐하면 무엇이든 최선을 다 하는 모습이 엄마한테는 세상에서 가장 멋진 아들로 보였거든.

얼마 전 많은 스트레스 때문인지 힘들어 하는 너의 목소리를 들었을 때, 내색은 않았지만 엄마는 가슴이 털컥 내려앉는 듯했단다. 하지만 엄마는 승우가 잘 이겨낼 거라 믿는다. 지금 이 순간 이겨내고 잘 참고 지낸다면 네가 희망하는 모든 것이 이루어질 거라고 엄마는 믿는다.

언제 어디 있든 몸 건강하고 행복한 하루하루 지내길 바란다. 사랑한다.

우리 아들, 그리고 생일 축하해.

— 널 만나는 5월 3일을 기다리는 엄마가

어머니는 이렇게 일주일에도 몇 번씩 편지를 쓰며 나를 걱정하셨다. 하지만 시간이 없다는 핑계로 답장 한 번 제대로 부쳐드린 적이 없었다. 그 날 저녁, 어머니께 전화를 드렸다.

"여보세요?"

수화기 너머로 들려오는 어머니의 목소리를 듣자마자 눈물이 흘렀다.

"네, 어머니. 저 승우예요."

"응! 아들, 왜 그렇게 전화 안 했어. 걱정했잖니. 아픈 덴 없어?"

"네, 괜찮아요."

겨우 눈물을 참으며 말을 이어갔다.

"공부하느라 힘들지? 중간고사도 얼마 안 남았다던데 너무 무리하지 말고, 항상 건강이 먼저야. 몸 챙겨가며 공부하렴."

"네, 어머니. 저 이만 가봐야 해요. 나중에 전화 다시 드릴게요."

수화기 너머 훌쩍이는 울음소리가 어머니에게 들릴까봐 더 이상 통화를 할 수 없었다.

"그래, 엄마는 항상 승우를 믿는다. 사랑한다, 아들!"

5분도 채 통화하지 못하고 전화를 끊었다. 그 날 수화기를 붙잡고 얼마나 펑펑 울었는지 모른다. 하지만 그리움에 젖어 있을 여유조차 없었다. 어머니의 믿음을 생각하며 다시 책상에 앉았다.

소음에 예민했던 나,
'조사감'으로 불리다

중간고사는 4일에 걸쳐 치러졌다. 아무리 실력이 뛰어난 친구들이 많다고 해도, 이 학교에서 나보다 열심히 공부한 사람은 없었다. 내신은 결국 성실하게 공부하는 태도를 보는 시험이라 생각했기 때문에 적어도 반에서 5등 안에는 들 거라 다짐했다.

마지막 시험이 끝나고, 담임선생님은 4일간 치러진 시험의 정답지를 학생들에게 나눠주셨다. 점심도 거른 채, 설렘과 긴장의 교차 속에 빨간 펜을 들고, 시험지를 하나둘씩 채점해나가기 시작했다. 하지만 예상과는 달리 결과는 충격적이었다. 자신 있었던 사회는 물론이고, 100점일 거라 확신했던 영어, 국어 시험지에서는 오답이 속출했다. 수학 시험지는 더 가관이었다. 100점 만점에 48점이었다. 맞은 문제보다 틀린 것이 더 많았다. 다른 과목은 몰라도 수학만큼은 꼭 좋은 점수를 받고 싶었기 때문에 선생님이 내주신 시험범위의 문제들을 두세 번씩 다시 풀어보며 문제들을 익혔었다.

하지만 한일고의 수학시험은 중학교 때처럼 문제와 풀이방법만 외우면 100점을 받을 수 있는 것이 아니었다. 문제에 적용된 개념들을 응용하는 방식으로 출제되었기 때문이다. 그에 반해 나는 시간이 부족했기 때문에 개념보다는 풀이법을 외우는 것에 치중했었다. 결국 문제도 제대로 읽지 않고 암기한 풀이법만 들이밀었던 나는 예상보다도 훨씬 낮은 점수를 얻어야 했다.

일주일 뒤 중간고사 석차가 나왔다. 예상했던 '최소 반에서 5등'은커녕, 160명 중 딱 70등이었다. 태어나서 처음 받아본 등수였다. 난생 처음으로 그런 등수를 받아본 것이 나 혼자 뿐만은 아니었지만, 이곳에서 나보다 중간고사를 열심히 준비한 사람은 없다는 생각을 할 정도로 죽어라 노력했기 때문에 충격은 더욱 컸다.

"난 멍청이야. 멍청 열매를 먹은 게 분명해. 이게 어디 사람이 받을 등수냐. 말도 안 돼."

중학교 때 수원에서 전교 1등을 한 번도 놓친 적 없던 민규는 자신이 받은 등수를 애써 부정했다.

"나 콱 죽어버릴까. 우리말로 나온 우리말 시험에서 어떻게 이따위 점수를 받을 수 있지?"

안성에서 이름 꽤나 날렸던 채구도 마찬가지였다. 하지만 그들 사이에서 난 아무런 말조차 할 수 없었다. 다들 일부 과목은 망쳤더라도 나름대로 잘 본 과목들이 있었다. 난 모든 과목에서 낭패를 보았다. 시험을 잘 본 친구들의 소식이 들려오면 들려올수록 자괴감에 시달려야 했고, 며칠 동안 중간고사의 충격에서 벗어나지 못했다.

중간고사가 끝나도 여유는 없었다. 시험이 생각보다 굉장히 어렵게 출제되어 다들 기말고사에 대한 긴장감이 한층 높아졌기 때문에 자습 분위기도 사뭇 진지해졌다. 게다가 모의고사와 수행평가가 줄지어 치러졌고, 수업 과제는 전보다 더 많이 주어졌다. 강한 자만이 살아남는 적자생존의 경쟁이 본격적으로 시작되었다.

무엇보다 중간고사의 충격은 '노력만 하면 뭐든지 해낼 수 있다'는 나의 신념을 흔들어 놓았다. '나만큼 노력한 사람은 없는데 나는 시험을 망치고, 노력도 안 한 것 같던 녀석들이 그렇게 시험을 잘 보는 건 도대체 어떻게 설명을 해야 하지?'

예전보다 더 치열하게 노력했지만, 수업 과제는 점점 더 누적되어갔고, 아무리 노력해도 다른 친구들을 따라잡을 수 없다는 한계를 느꼈다. 중학교 때부터 공부에 있어서만큼은 항상 남들에게 부러움을 살 만큼 자신이 있었다. 하지만 한일고에서의 나는 그저 수업 진도조차 따라잡기 힘든 부진아일 뿐이었다. 비참하고 초라했다. 그로 인한 스트레스와 불안감은 중학교 때 덮어두었던 '상처의 씨앗'을 다시금 키워가기 시작했다.

고등학교 시절, 나는 이름보다 '조사'라는 별명으로 더 많이 불리웠다. 대학에 와서도, 한일고 동창들은 내 본명을 부르는 것을 어색해하며 여전히 나를 그렇게 부르곤 한다. '조사'라는 별명으로 불리기 시작한 것은 1학년 중간고사가 끝난 후 자습시간의 '군기반장'을 하면서부터였다.

나는 원래 소리에 다소 예민한 경향이 있었다. 특히 공부할 때 소음이 들리면 집중하기가 어려워 중학교 때도 시험기간이 되면 부모님께서는 집의 모든 TV의 코드를 뽑아 놓으셨다. 독서실이나 도서관에서도 잡담을 하는 사람들이 있으면 목소리 좀 낮춰달라고 말을 했다가 시비가 붙은 적이 여러 번 있었다.

지금은 1학년들이 조용한 자습실에서 야간자습을 하지만, 당시에만 해도 우리는 자습실이 아닌 교실에서 단체로 자습을 했다. 그렇기 때문에 잡담을 하거나 서로 질문을 주고받아도 그 소음이 교실 전체에 들렸다. 사실 다른 친구들은 그런 소음에 크게 개의치 않고 공부를 할 수 있었지만, 워낙 소리에 민감했던 나는 신경 쓰지 않을 수 없었다.

그런데 뒷자리에 앉아 있던 정명이와 원준이가 언젠가부터 자습시간에 잡담을 주고받는 횟수가 잦아지고, 그 소리에 점점 신경이 쓰여 집중할 수 없었다. 일주일 정도를 참았다가 녀석들에게 결국 신경질을 냈다.

"조용히 좀 하자, 자습시간이잖아."

"뭐 이 정도로 그러냐. 왜 그렇게 예민해?"

정명이가 나를 탓하며 투덜거렸다.

"내가 예민한 게 문제냐? 너희가 자습시간에 떠드는 게 문제지."

사실 그 정도로 과민반응을 보일 건 아니었다. 하지만 공부에 대한 스트레스로 점점 짜증이 늘어가고 있던 내게 정명이의 대답이 화를 북돋았다.

"네가 무슨 사감도 아니잖아."

"너희 때문에 한 시간째 집중을 못하겠어. 떠들고 싶으면 복도에 나가서 떠들어."

"아, 알았어. 미안하다. 조용히 할게. 됐지?"

그 후 일주일 간 정명이와 말을 주고받지 않았다. 일주일이 지나고서야 정명이가 그땐 미안하다며 음료수를 건넸다.

"미안해, 승우야. 그땐 네 말투에 기분이 좀 언짢았던 것 같아."

"그래, 나도 미안하다. 그렇게까지 화낼 일은 아니었는데……. 내가 원래 예민한데, 요새 좀 더 심해. 네가 이해해줘."

"그래, 조사. 하하."

"조사?"

"그래, 자습시간에 떠드는 사람을 혼내는 네 모습이 꼭 사감선생님 같아서 애들이 너를 '조사감'이라고 부르더라. 줄여서 조사."

그 날부터 나는 '조승우'라는 이름보다 '조사'라는 별명으로 더 많이 불리게 되었다. 그런데 처음에는 이렇게 웃어넘길 정도였던 나의 과민반응과 짜증이 시간이 지날수록 점점 심해졌다. 신경질적인 태도가 나날이 심해지자 친구들도 하나둘 나를 멀리하기 시작했다.

지우지 못한
왕따의 그림자

한일고에서의 스트레스는 중학교 때 받았던 스트레스와 비교할 수조차 없을 만큼 견디기 힘들었다. 고등학교 입시가 보이지 않는 이들과의 경쟁이었다면, 한일고에서는 함께 눈뜨고 잠드는 친구들과의 경쟁이었다. 그리고 그들은 나를 압도했다. 그 결과, 나는 한 번도 경험해보지 못한 열등감에 사로잡히게 되었다.

중학교 때부터의 고질병인 허리와 어깨의 신경성 근육통은 더 심해졌다. 하지만 치료방법이 없었기 때문에, 여전히 파스와 진통제에 의존하는 생활을 하고 있었다. 이제는 허리와 어깨뿐만 아니라 귀에까지 스트레스성 신경통이 옮겨왔다. 너무 아파서 병원에 갔더니 귀 안에서 귀의 기압을 조절해주는 기능에 이상이 생겼다고 했다. 의사선생님은 더 심해지면 수술을 해야 한다고 했지만, 수술을 하고 나면 오랫동안 학교를 떠나 있어야 했기 때문에 그럴 수도 없었다.

그러나 사실 가장 힘든 것은 공부나 몸의 통증이 아니었다. '결국 문제는 사람이다'라는 말처럼 친구들과의 관계에서 받는 스트레스는 다른 것들에서 받는 스트레스보다 훨씬 견디기 힘들었다. 한일고에서는 싫든 좋든 하루 종일 1분 1초도 친구들과 얼굴을 마주치지 않는 순간이 없었다. 혼자만의 공간도 없었다. 그러다 보니 힘들 때 서로에게 의지할 수 있었던 기숙사 생활이 갈수록 내겐 독毒이 되었다.

나와 함께 방을 쓰는 호실원들끼리는 성격차가 굉장히 심했다. 특히 성현이와 도규, 그리고 나는 반에서도 자기 주장이 매우 강한 편이어서 반 친구들과 마찰을 빚는 경우가 많았다. 특히 성현이와는 의도치 않게 '라이벌 구도'가 되어버렸다. 역시 남자의 자존심이라고 할 수 있는 운동이 문제였다. 항상 체육시간이면 반에서 축구를 가장 잘했던 나와 성현이가 팀을 나눠 친구들과 공을 찼다. 태권도 시간에도 마찬가지로 유단자였던 성현이와 내가 친구들 앞에서 시범을 보이는 경우가 많았다. 그러다 보니 자연스레 친구들도 성현이와 나를 '라이벌'로 몰아가는 분위기가 형성되었고, 우리 둘도 자기 주장이 강했던 만큼 부딪히는 일이 자주 발생했고 점점 서로에 대한 라이벌 의식이 커져갔다.

그런데 라이벌 관계의 한 축이었던 내가 점점 흔들리기 시작하면서 우리의 관계에도 금이 가기 시작했다. 시작은 나의 불면증 때문이었다. 라이트펜을 사용하다 사감선생님에게 걸린 이후로는 점호가 끝나면 꼼짝없이 잠자리에 들어야 했다. 하지만 난 잠을 자려고 아무리 침대에 누워 있어도, 공부를 더 해야 한다는 불안감에 잠이 오지 않았다. 숫자를 1부터 세거나, 조용한 음악을 듣거나, 따뜻한 우유도 마셔보는 등 온갖 방법을 취해보았지만 잠을 잘 수 없었다. 새벽 서너 시가 되어서야 지쳐서 겨우 잠에 들곤 했다. 불면증에 시달리다가 잠에 들다 보니 몸도 마음도 지쳐버려 공부할 의욕조차 생기지 않았고, 수업도 제대로 들을 수 없었다.

조느라 놓친 수업내용을 다시 공부하다 보니 해야 할 공부는 더 많아지고, 그만큼 스트레스가 더 쌓이는 악순환이 계속되었다.

그런 악순환에 호실원들도 한 몫을 했다. 난 입학 후 본격적인 수업 진도가 시작될 때부터는 화장실에서 늦게까지 공부하다 보니 새벽마다 나누던 친구들과의 대화에 끼지 않았다. 그런데 불면증에 시달리고 나서 소리에 예민한 나는 호실원들의 작은 말소리가 조금씩 거슬리기 시작했다.

'얘들아, 미안한데 나 잠이 안 와서 그래. 조금만 조용히 할래?'라고 시작했던 말들이 시간이 지나며 '좀 닥치라고! 잠 좀 자자'라는 짜증과 분노 섞인 말들로 바뀌어갔다. 불면증이 극에 다다랐을 때는 친구들의 조그만 숨소리에도 잠에서 깨곤 했다. 결국 친구들을 미워하고 질책하는 마음이 커져갔다.

처음엔 호실원들도 내 상황을 고려해 최대한 나를 이해하고 배려해주었다. 하지만 나의 짜증과 화가 병적인 정도로 심해지자, 호실 친구들도 하나둘씩 등을 돌리기 시작했다.

"이건 좀 심하잖아. 사람이 피곤하면 코를 골 수도 있지. 그렇다고 아침부터 짜증을 그렇게 내냐. 넌 피곤하면 코 안 골아?"

"나, 겨우 두 시간밖에 못 잤어. 너네야 공부 안 해도 점수가 잘 나오지만 난 아니라고. 온종일 공부를 해도 모자랄 판인데 너 때문에 잠도 못자고 공부도 못하면 네가 책임질 거야?"

"네가 잠 못 잔 걸 왜 우리 탓을 해? 다른 애들은 다 잘 자는데 너만 그런 거잖아. 네가 이상한거지. 우리가 이상한 게 아니야. 게다가 여기서 성적 얘기를 왜 꺼내. 네가 시험 못 본 게 우리 때문이야?"

열등감과 스트레스의 화살을 괜히 죄없는 친구들에게 돌려버렸다. 그 말에 항상 내 편에서 친구들에게 나를 이해시켜주려 했던 민규조차 참지 못하고 거들었다.

"나도 웬만하면 참으려고 했는데, 이번엔 도저히 못 참겠다. 요즘 너 진짜 좀 심한 거 알아? 너 배려하느라고 우리도 밤에 수다도 안 떨고 최대한 일찍 잤잖아. 그런데 너는 일어나자마자 우리한테 짜증내고, 화부터 낸 게 벌써 며칠 째야? 지금 이 상태가 계속되면 너랑 같이 못 살아."

그 날 이후, 호실원들과 같은 방에 살면서도 아예 모르는 사람인양 말한 마디 섞지 않았다. 분명 친구들의 잘못이라기보다는 내 잘못이었다. 스스로도 잘 알고 있었고, 미안하고 부끄러웠다. 하지만 그런 생각을 할 여유조차 없을 정도로 나의 심리상태는 불안정했다. 시간이 갈수록 우리 호실에서는 아침부터 다투는 소리가 그치질 않았고, 크게 싸우는 일도 자주 생겼다. 호실원들과의 관계가 틀어지면서 반 친구들과의 관계마저도 점점 틀어졌다. 그렇게 친구들이 하나둘씩 떠나간 나는 외톨이가 되었다.

초등학교 6학년 때 나는 친구들로부터 '왕따'를 당한 적이 있었다. 그때부터 또래 친구들보다도 친구관계에 영향을 더 많이 받고, 그만큼 상처도 쉽게 받았다. 마음 속 한구석에 남은 왕따의 트라우마는 한일고에 올 때까지도 지울 수 없는 상처였다. 그런 왕따의 트라우마는 호실원들의 관계를 더욱 힘들게 했다. 시간이 지날수록 친구들과 넘을 수 없는 담을 쌓아갔고, 온종일 말 한 마디 없이 지내는 날이 이어졌다. 왕따를 당했던 그때처럼 혼자서 식사하고, 자습시간이 끝나면 혼자 기숙사로 돌아와 아무런 말도 없이 잠자리에 들었다. 친구들과 멀어지자 의지할 곳도 없었다. 그럴수록 부모님과 집, 고향 친구들에 대한 향수만 심해졌다.

2008. 6. 8.

이곳에 더 이상 내가 발붙일 곳도, 의지할 사람도 없다. 모두가 내게 등을 돌렸다. 부산에 가고 싶다. 나를 반겨주는 부모님, 집, 고향 친구들이 너무 보고 싶다. 어머니의 무릎에 누워 낮잠을 잤던 어릴 때가 그립다.

그토록 보고 싶은 부모님이었지만, 차마 힘든 모습을 보여드리기 싫어 공부하기 바쁘다는 핑계를 대며 학교에도 못 오시게 했다. 가끔 전화를 하는 게 전부였다. 나날이 집에 대한 향수는 커져갔고, 시간이 갈수록 나의 몸과 마음은 점점 더 황폐해졌다.

수학책 속에 파묻히는 우스꽝스러운 꿈부터, 낭떠러지에서 떨어지거나 물에 빠지는 꿈, 가위에 눌려 목이 조여오는 악몽도 수도 없이 꿨다. 게다가 발작 증상까지 생겼다. 하루는 복도에서 영어단어를 외우고 있었는데, 갑자기 심장이 터질 것처럼 빨리 뛰기 시작했다. 가슴이 답답하고 숨이 막혔다. 손이 떨리며 죽을 것 같은 두려움이 느껴졌다. 공포는 한 시간 동안 지속되었고, 그 자리에서 한 발자국도 움직일 수 없었다. 나중에 알고 보니 이것은 공황장애의 주요 특징인 공황발작panic attack이라는 증상이었다. 악몽과 발작이 이어지면서 체중은 입학할 때보다 10kg나 빠졌고, 아무리 책을 붙잡고 있어도 공부에 집중할 수 없었다. 매일같이 불면증에 시달리며 잠을 이루지 못했고, 삶에서 아무런 재미도 느끼지 못했다.

중학교 시절, '그 일' 이후의 트라우마가 다시금 스멀스멀 나를 잠식해갔다.

죽음을
목격하다

이야기는 중학교 2학년 때로 거슬러 올라간다. 중학교 시절, 한일고에 진학하기로 결심을 하고보니 그때까지의 점수로는 한일고에 진학하는 것이 녹록치 않았다. 아무런 가산점 없이 한일고에 합격하려면 교과 성적이 평균 3% 이내에 들어야 했다. 그런데 1학기 중간고사 때, 계산식에 써놓았던 $2\sqrt{2}$를 $\sqrt{22}$로 잘못 보는 바람에 수학점수가 전교 50등까지 떨어진 적이 있었다. 결국 가산점을 받아 성적을 만회하기 위해서 올림피아드 입상을 준비하게 되었다.

문과 성향이 강한 내가 수학·과학을 이미 고교과정까지 선행학습한 영재학교, 과학고 준비생들 사이에서 그나마 해볼만 했던 것이 지구과학 올림피아드였다. 고1 공통과학도 배우지 않은 상태에서 그들을 따라잡기 위해서는 여름방학을 온전히 올림피아드 준비에 바쳐야 했다. 친구들과 연락도 끊은 채 집과 학원, 그리고 도서관만을 오가며 하루에 네 시간씩만 자고 공부를 했다.

지구과학 공부는 학교시험과는 달리 재미있었다. 그 중에서도 천문학에 흥미를 끄는 내용이 많았다. 우주가 어떻게 탄생했고, 무엇으로 구성되어 있으며, 140억 년의 시간 동안 어떤 과정을 거쳐 지금 내가 살고 있는 세상이 만들어졌는지 공부하면서 미지의 세계를 알아간다는 묘한 쾌감에 사로잡혔다. 거대한 우주와 마주하면 할수록 세상의 중심이라 알고 있던 우리 인간이 한없이 작아 보였다.

그렇게 올림피아드 시험이 다가오던 어느 날 새벽이었다. 그 다음 날이 방학식이었기 때문에 다른 날보다 늦게까지 공부를 하고 있었다. 9층인 내 방에서는 책상에 앉아 고개만 살짝 돌리면 창틀 너머로 뒷산의 풍경을 모두 볼 수 있었다.

그런데 귀뚜라미 소리가 온 동네를 뒤덮고 있던 새벽 무렵이었다. 기출문제에 몰입해서 수학식을 계산하고 있는데, 베란다 밖에서 갑자기 '악' 하는 비명소리가 들렸다. 평소 새벽에 간간히 들려오던 산짐승들의 소리와는 느낌이 달랐다. 불길한 느낌이 들었다. 온몸에 소름이 돋았다. 고개를 돌린 순간, 창문 뒤로 하얀 뭔가가 스쳐 지나갔다. 머리가 쭈뼛섰고, 몸은 움직일 수 없었다. 내가 본 건 분명 귀신이 아닌 사람이었다.

4:31 AM.

어릴 때 추리만화 '명탐정 코난'에서 봤던 것처럼, 혹시나 하는 마음에 그때의 시간을 노트 위에 적어놓았다. 영화에서 봤던 무서운 장면들이 머릿속에서 스치듯 떠올랐고, 해가 뜰 때까지 책상 앞에 얼어붙은 채한 발짝도 움직이지 못했다. 30분쯤 지났을까. 해가 뜨고 뒷산 너머로 햇빛이 조금씩 들기 시작했다. 그때서야 정신을 차리고 허겁지겁 안방으로 달려가 부모님을 깨웠다.

"아버지, 제가 좀 전에 사람이 떨어지는 걸 본 것 같아요."

아버지는 베란다로 상황을 확인하러 가셨고 어머니가 무서움에 떠는 나를 소파에 앉히셨다. 돌아오신 아버지는 내게 충격적인 말씀을 하셨다.

"네가 본 게 사람이 맞는 듯하구나. 일단 119에 신고하고, 내려가서 경비아저씨께 말씀드려야겠구나."

십 분쯤 지나고 나니 구급차와 경찰차가 왔고, 아버지는 상황을 살피러 1층으로 내려가셨다. 그제야 나도 베란다로 발걸음을 옮기고는 부들부들 떨며 고개를 살짝 내밀어 아래쪽을 내려다보았다. 보지 말았어야 할 것을 봐버린 것이다.

10미터는 족히 될 것 같은 높이의 소나무 옆에 긴 머리의 여자가 흰색 잠옷 차림으로 쓰러져 있었다. 9층의 높이에서도 그녀의 흰 옷과 주변 잔디에 흩어진 핏자국을 선명하게 볼 수 있었다. 쓰러진 그 여자는 조그만 미동조차 없었다. 119 대원들과 경찰들이 왔을 때는 그 여자는 이미 이 세상 사람이 아니었다.

조금 있으니 아버지가 올라오셔서 1층에서 들은 얘기를 말씀해주셨다. 그 여자는 25층에 살던 누나였다. 경찰의 말로는, 술을 과음한 상태로 베란다에서 발을 잘못 디뎌 추락한 것 같다고 했다. 그 누나는 연예인을 해도 될 만큼 예뻤고, 엘리베이터에서 만나면 친절하게 인사도 몇 번 건네준 적이 있어서 기억하고 있었다.

그때까지 난 단 한 번도 내 눈앞에서 누군가 죽는 모습을 본 적이 없었다. 그런 내가 창문을 스쳐지나가는 그 사람을 고스란히 지켜본 꼴이었다. 등 뒤로는 그치지 않는 식은땀이 줄줄 흘렀고 손은 떨리고 있었다. 한 시간 정도 지나서야 시신은 수습되었고 상황도 정리되었다. 정신을 차려보니 어느덧 등교할 시간이 되었다. 학교에 가서도 방학식을 하는 내내 온통 머릿속엔 새벽의 충격적인 장면의 잔상이 그대로 남아 있었다.

방학식이 어떻게 치러졌는지도 모른 채 교장선생님의 훈화말씀을 끝으로 학교를 마쳤다. PC방에 가자는 친구들을 뒤로 하고 집으로 왔다. 전날의 충격도 충격이었지만, 밤을 꼬박 샜기 때문에 온몸이 녹초가 되어 있었다. 침대에 눕자마자 그대로 뻗어버렸다. 그렇게 꼬박 반나절을 잤다. 자고 일어나니 오전의 충격은 한결 가신 듯했다. 신이 인간에게 준 최고의 선물은 망각이라는 말처럼, 새벽의 사건에 대한 생각은 금세 잊힐 것 같았다. 다시 얼마 남지 않은 올림피아드를 준비해야 한다는 긴장감이 나를 깨웠다. 그렇게 그 날 하루는 아무 일 없었다는 듯 학원에 가고, 도서관에서 공부를 하고 별탈없이 잘 지나갔다.

그런데 다음날부터가 시작이었다. 점점 공부에 집중이 되지 않았다. 귀를 스쳐갔던 비명소리, 창문 너머로 보았던 장면의 잔상, 말로는 설명할 수 없는 그 순간의 께름칙했던 느낌. 점점 시간이 지날수록 머릿속에서 선명해져만 갔다.

'시간이 지나면 잊혀지겠지.'

이번 올림피아드에서 입상하지 못하면 한일고 진학은 영영 물거품이 된다는 압박감에, 차마 책은 손에서 놓지 못했다. 공부에 집중하기 위해 한 시간에도 수십 번씩 '난 아무렇지 않다'라며 자기최면을 걸어가며 책을 보았다. 그렇게 시험까지 남은 2주 동안 잡념과의 사투를 벌이다가 마침내 올림피아드 시험을 치렀다.

외상 후 스트레스 장애를 겪다

나름 재미를 붙여서 했던 공부여서 그랬는지 예상보다 시험을 잘 치렀다. 대구에서 시험을 치르고 온 날 오후, 그간 누리지 못했던 방학의 즐거움을 만끽하겠다며 친구들과 영화도 보고, PC방도 가고, 노래방에서 목이 쉬어라 노래도 부르며 온종일을 싸돌아 다녔다.

사실 시험만 끝나고 나면 모든 것이 '리셋'될 수 있을 거라 생각했다. 그간 나를 힘들게 했던 이런저런 잡념들이, 어려운 지구과학을 고교과정부터 대학과정까지 공부하다 보니 받게 된 스트레스 때문이라고 믿었던 것이다. 그래서 시험이 끝나고 스트레스를 받지 않고 오랫동안 쌓인 몸의 피로까지 풀리면 머릿속도 맑아질 것이라 생각했다.

그런데 막상 시험이 끝나고 여유가 생기자 내 머릿속은 예상과는 정반대의 상태가 되었다. 시험이라는 장벽이 사라지자 온갖 상념들이 머릿속을 무섭게 치고 들어왔다. 그 날 목격했던 장면은 샤워를 할 때도, 밥을 먹을 때도 계속 머릿속에 떠올랐다. 또한 '죽음'이라는 단어를 접할 때는 물론이거니와, TV에서 누군가 죽는 장면이나 죽음과 연관된 대사만 나와도 마찬가지였다. 그 충격은 이유를 알 수 없는 불안과 무력감으로 퍼져갔다. 그 중에서도 나를 가장 힘들게 했던 것은 인생무상人生無常이라는 삶에 대한 회의감이었다.

'이렇게 열심히 살면 뭐하나……. 어차피 죽고 나면 아무것도 아닐 텐데.'

좋은 성적을 받기 위해 학원을 다니고, 독서실에 박혀서 참고서를 외우고, 그것도 모자라 TEPS, 올림피아드를 준비한다며 잠자는 시간까지 줄여가며 쉴새없이 달려왔던 지난 시간들이 덧없게만 느껴졌다.

어느새 일상생활조차 엉망이 되어버렸다. 며칠 동안 집밖으로는 한 발짝도 나가지 않았고, 밤낮으로 아무런 이유 없이 눈물이 나곤 했다. 바깥에 나가도 마찬가지였다. 평소 재미를 느꼈던 모든 것에서 흥미를 잃었다. 축구를 해도 무기력하게 운동장을 서성이다 나올 뿐이었고, 즐겨보았던 야구 중계도 눈에 들어오지 않았다. 가끔 친구들을 만나도 수다꾼 노릇을 했던 예전과 달리 친구들과의 대화에 끼지 않은 채, 외톨이처럼 구석에서 이야기를 듣고만 있었다.

그렇게 의문과 불안의 나날을 보내고 있던 여름방학이 막바지에 이를 무렵, 지구과학 올림피아드에서 전국 동상을 받게 되었다는 소식이 들려왔다. 뛸 듯이 기뻤다. 사실 남들에겐 그렇게 대단한 결과가 아닐 수 있었지만, 중학교 수학·과학 과정도 선행하지 못한 내가 영재학교 합격생들까지 제치고 수상을 했다는 사실이 놀라웠다.

하지만 지금 와서 돌이켜보면, 올림피아드 수상은 나의 '시험 노이로제'를 단적으로 보여주는 증거였다. 분명 사람이 죽는 장면을 두 눈으로 직접 목격한 그 날은 열다섯 살밖에 되지 않은 어린 나에게 커다란 충격이었다. 그런 충격을 받고서도, 치유할 틈도 없이 시험만을 준비해서 결국 상까지 받았다는 사실은 내가 얼마나 철저히 '공부하는 기계'가 되어 버렸는지를 증명해준 사건이었다.

죽음을 목격한 이후, 나는 그 사건에 대한 반복적인 회상과 악몽, 불면증과 우울감에 시달렸다. 이런 증상들은 흔히 전쟁이나 세월호 침몰 사고 같은 재난, 재해를 겪은 사람들에게서 나타나는 '외상 후 스트레스 장애PTSD'의 전형적인 모습이었다. 정신의학계에서는 외상 후 스트레스 장애를 '개인이 자신이나 타인의 실제적이거나 위협적인 죽음이나 심각한 상해를 가져다주는 사건을 경험하거나 목격했을 때' 주로 발병한다고 정의하고 있었다.

하지만 나의 외상 후 스트레스 장애 증상은 그 사건이 전적인 원인은 아니었다. 더 큰 이유가 있었다. 한일고에 가겠다는 결심을 하기 전까지는 '최선을 다해 시험을 준비했다면 어떤 점수가 나오든 기분 좋게 받아들이자'는 게 시험에 대한 나의 태도였다. 그러나 한일고에 진학하기로 결심한 이후에는 '만점만이 살 길이다'라는 압박감 때문에 시험 결과에 집착할 수밖에 없었다. 꽤 즐거운 마음으로 했던 공부가 언젠가부터 족쇄가 되어버렸다. 그렇게 압박감에 시달리며 시간을 보내다 보니 이미 내 심신은 극도의 스트레스로 지쳐 있는 상태였다. 성적에 대한 부담감과 항상 책을 붙잡고 있어야 마음이 편할 정도로 심각한 불안은 공부하는 매 순간을 고통스럽게 만들었다.

그렇게 누적된 스트레스는 고스란히 몸에도 영향을 끼쳤다. 어깨부터 허리까지 온몸이 돌덩이처럼 굳어 30분도 앉아 있기 어려울 만큼 아팠다. 병원에서는 X-ray 촬영 결과 아무런 이상이 없다고 했다. 하지만 시간이 지날수록 더욱 고통은 심해졌다. 정형외과는 물론이고 재활의학과, 한의원까지 다녀보고 그 비싼 MRI촬영까지 해봤지만 정확한 원인은 찾을 수 없었다. 대부분의 의사들은 심한 스트레스로 인한 신경성 근육통일 가능성이 높다고 진단할 뿐이었다. 학교를 조퇴하는 횟수는 점점 늘어갔고, 결국 불법으로 운영되는 침 시술소는 물론이고 한약, 진통제, 근육주사, 평발을 교정해주는 발교정기까지 동원해봤지만 통증이 줄어들지는 않았다.

일반 파스와 진통제로는 도무지 통증이 가라앉지 않자 뜨거운 열을 내서 통증을 잊게 하는 '핫파스'를 자주 사용했다. 그런데 어느 날은 갑자기 등이 후끈후끈 따가웠다. 파스를 떼고, 학교 화장실에서 거울을 보니 등에 검은색 피딱지들이 앉아있었다. 하루에도 3~4개씩 붙였던 핫파스의 뜨거운 온도를 견디지 못한 얇은 피부가 화상을 입은 것이었다. 그러나 핫파스의 따가움보다 근육통의 고통이 더 컸고 아프지 않기 위해서는 화상 입은 피부 위에 다시 파스를 붙여야 했다.

이처럼 나의 몸과 마음 모두 극도의 스트레스에 시달리고 있는 상황에서 죽음을 목격한 사건이 '기폭제' 역할을 한 것이다. 당시의 나는 누가 봐도 치료가 필요한 상황이었지만 끝내 아무런 조치를 취하지 않고 시간이 지날수록 증상은 악화되었다.

나는 더 바쁘게 살면 괜찮아질 거라며 삶의 고삐를 더욱 세게 잡아당겼고, 증상은 갈수록 나빠지는 악순환이 중학교를 졸업할 때까지 이어졌다. 두려움과 우울함, 한일고에 꼭 가야 한다는 의무감이 머릿속에서 자리 잡고 있어서 낮에는 누구보다 성실한 학생으로, 밤에는 공황에 빠진 우울증 환자처럼 하루하루를 보냈다. 치유되지 못한 나의 상처는 나도 모르게 시간이 지날수록 마음 속 깊은 곳에서 계속 곪아가고 있었고, 불행의 '씨앗'은 스트레스와 고독을 영양분 삼아 자라고 있었다. 상처를 덮으려는 노력이 지속될수록 나는 끝없는 번민의 바다 속으로 더 깊이 빨려 들어갔고, 그런 상황에서 나는 한일고에 진학했던 것이다.

2장

어떻게 살 것인가

삶은 끝나기 때문에 소중한 것이다.

— 카프카

미칠 것만 같았던
비 오는 날

한일고 합격 소식을 듣고 나서는 새로운 환경에 대한 설렘으로 한일고에만 가면 모든 것이 괜찮아질 거라는 막연한 기대감이 생겼다. 한일고에서 친구들과 기숙사 생활을 하게 되면 혼자 있는 시간도 없어질 것이고 공부도 열심히 해야 하기 때문에 상념들은 자연스럽게 잊혀질 거라 생각했다.

하지만 그 때의 내 생각은 환상에 불과했다. 한일고에서 한 학기를 보내고 나자 더 이상 내게 버틸 수 있는 힘이 없었다. 공부고 뭐고 다 때려치우고 싶었다. 어느 순간부터 참고서는 구석으로 미뤄둔 채 염세주의厭世主義(인간의 삶은 고통뿐이기 때문에 살만한 가치가 없다고 주장하는 철학적 사유)와 실존주의에 관한 책들로 책상 위를 메우기 시작했다.

'나의 모든 희망이 사라졌다. 나의 찬란했던 삶은 끝이 났기 때문에 완벽한 나를 지키려면 반드시 스스로 소멸해야 한다'라는 글을 마지막으로 남긴 채 엽총으로 자살한 헤밍웨이의 마음이 꼭 나와 같았다. 살아야 할 아무런 희망이 없는 듯했고, 슬픔과 공허감만이 내가 느끼는 감정의 전부였다. 열등감과 자괴감으로 인해 나의 자존감은 이미 바닥으로 떨어져 있었고, 친구들에게조차 외면당하는 나는 '잉여인간'일 뿐이었다. 지금껏 내 삶을 지탱해왔던 모든 가치와 이유는 모두 무의미해 보였다.

'인생은 고통과 허무 뿐'이라 말했던 쇼펜하우어의 철학을 답습했고, 우울증과 신경쇠약으로 그 자신마저 죽음에 이른 프란츠 카프카를 비롯해 까뮈, 사르트르 등의 실존주의 문학에 심취했다. 죽음이라는 단어가 내 일기장을 가득 메웠다.

그러던 어느 날, 결국 일이 터졌다. 〈잉여인간〉으로 유명한 전후소설 작가 손창섭의 초기작품 중에는 〈비 오는 날〉이라는 단편소설이 있다. 이 소설은 시작부터 끝까지 비가 내린다. 이 작품의 주인공이 차라리 '비'라고 하는 편이 타당하다는 어느 평론가의 말처럼, 작가는 '비'를 통해 암울한 현실이 주는 우울감을 표현했다.

그 소설을 일찍이 읽었기 때문이었을까. 소설처럼 비가 오는 날이면 나의 우울감 또한 극에 치달았다. 언젠가 점점 이상해지는 내 상태를 인지하신 어머니가 고향친구 종현이에게 이런 부탁을 하셨다.

"비 오는 날, 승우가 안 보이면 꼭 찾아주렴."

어머니의 말씀처럼 비가 오는 날엔 조금이나마 남아 있던 삶의 활력마저도 사라졌다. 고작 할 수 있는 거라곤 멈춰버린듯한 시간을 보내기 위해 음악을 듣는 것뿐이었다.

장마철이 되자 헤어날 수 없는 우울감에 미쳐버릴 지경이 되었다. 그렇게 지독했던 장마가 막바지에 이를 무렵 결국 나는 학교를 탈출하겠다는 계획을 세웠다. 희망을 찾기 위한 마지막 발악이었다. 자습 감독을 하시던 선생님께는 몸이 안 좋아서 양호실에서 좀 쉬겠다고 거짓말을 하고는 운동장 뒤로 이어진 논을 가로질러 학교를 나왔다.

하지만 막상 탈출하고 나니 갈 곳이 없었다. 온통 논과 밭뿐인 학교 주위엔 사람은커녕 불빛조차 찾기 어려운 어둠뿐이었다. 시간이 꽤 늦었지만 혹시나 하는 마음에 20분 정도를 걸어 학교 근처에서 유일한 광정리 버스정류장에 도착했다. 그러나 역시 버스는 끊기고 마을에 유일하게 한 대 있는 택시도 영업을 끝낸 상태였다. 결국 마을 밤거리를 방황하다가 '내일 조금 더 일찍 나와야지' 하는 생각으로 그 날은 세 시간 만에 학교로 돌아갔다.

그런데 아무도 나를 신경쓰지 않았을 거란 예상과는 달리 학교는 이미 나로 인해 발칵 뒤집힌 상태였다. 나를 찾느라 친구들과 선생님들이 랜턴을 들고 학교를 뒤지고 있었다. 자초지종을 들어보니, 호실 친구들이 기숙사에 들어가야 할 시간이 되어도 내가 돌아오지 않자 나를 찾아 나섰는데, 있어야 할 양호실은 물론이고 화장실, 컴퓨터실을 다 뒤져도 보이지 않자 선생님께 말씀을 드렸다고 한다.

일이 더 커진 것은 나를 걱정한 친구들이 그간의 이상했던 나의 상태를 선생님께 말씀드렸고, 그 과정에서 내 일기장을 발견했기 때문이다. 온통 '죽음, 우울, 슬픔'과 같은 내용이 일기장에 도배되어 있었으니, 선생님과 친구들이 끔찍한 상상을 하기에 충분했다. 혹시나 내가 잘못됐을까봐 선생님과 친구들이 온 학교와 기숙사를 뒤지고 다녔던 것이다.

다음 날, 어제의 소동으로 나의 심각한 상태를 알게 된 담임선생님은 부모님께 모든 상황을 말씀드렸다.

"승우 어머니, 승우의 일기장을 보니 조금이라도 늦었으면 큰 일 날 뻔했습니다."

수화기 너머로 들리는 목소리에서 어머니는 큰 충격을 받으신 듯했다. 어머니와 선생님의 긴 통화가 끝나고, 수화기를 넘겨받았다.

"어머니……"

한동안 말을 이을 수 없었다.

"죄송해요. 사실 요새 너무 힘들었어요. 도저히 이 상태로는 하루도 버틸 수가 없어요. 집에 갈래요. 차라리 자퇴하고 집 근처 학교에 다닐래요."

더 이상 어머니께도 숨길 수 없었고, 속마음을 쏟아내듯 말씀드렸다.

"아들, 엄마가 미안하다. 그런 것도 모르고 아들 얼굴 한번 보러 못 갔구나. 일단 내일 집으로 내려와. 내려와서 얼굴 보면서 얘기하자."

우울증
진단을 받다

그렇게 부산으로 도망치듯 내려갔다. KTX에서 내려 부산역 광장으로 나오자, 마중 나와 계신 어머니를 볼 수 있었다.

"많이 힘들었지?"

어머니의 첫 마디에 가슴 속에서 뭔가 뜨거운 것이 올라왔다.

"일단 집에 가서 밥부터 먹자. 네가 좋아하는 불고기 해놨어."

이틀 동안 어머니가 해주시는 따뜻한 밥을 먹고, 아버지와 가까운 곳으로 여행도 가고, 그간 나누지 못했던 대화도 나누며 행복한 시간을 보냈다. 하지만 이미 부모님의 위로와 사랑만으로 상처를 치유하기에는 너무 많은 시간이 지나버렸다. 집에 돌아왔다는 기쁨도 잠시, 우울감은 다시 밀려들기 시작했다. 결국 며칠 뒤, 어머니는 정신의학과 진료를 받아보자고 하셨다. 처음엔 내가 정신이상자도 아닌데 '정신과'에 왜 가야 하냐며 가지 않겠다고 했다.

"승우야, 꼭 정신과에는 이상한 사람들만 가는 게 아니야. 누구나 감기에 걸리듯 마음도 아플 수 있는 거란다. 몸이 아프면 병원에 가듯이 마음이 아플 때도 병원에 가는 건 자연스러운 거야. 그렇게 생각하고 우리 병원 한 번 가보자."

어머니의 간곡한 설득에 결국 정신과 진단을 받아보기로 했다. 해운대 근처의 조용한 카페에서 의사선생님을 만났다. 어머니 친구 분과 동창이셨던 의사선생님은 자기 자식을 바라보는 어머니의 마음으로 대화를 이끌어가셨다.

"음…… 승우는 최근에 어떤 것들이 가장 힘들었니?"

"학교에 입학하고 한 달째 될 때부터 공부에 대한 스트레스가 심해졌어요. 중간고사를 치르고 나서는, 태어나 한 번도 해보지 못한 등수를 보니 믿을 수가 없었어요."

학업 스트레스부터 친구들과의 일까지 모든 일들을 토해내듯 말씀드렸다.

"승우가 받은 스트레스가 왜 '죽음'이라는 생각으로 이어졌을까?"

듣고 보니 그랬다. 많은 친구들이 학교생활을 하면서 스트레스에 시달렸지만 나처럼 극단적인 상태로까지 이어지지는 않았다. 언제부터 죽음에 대한 상념들을 가지게 되었는지 생각해보니 중학교 때 죽음을 목격한 사건 이후부터였다.

"사실은 중학교 2학년 때, 같은 아파트에 살던 누나가 죽는 장면을 직접 목격했어요."

그동안 아무에게도 하지 않았던 말까지도 모두 털어놓았다. 그렇게 이어진 두 시간 여의 대화 내용과 내가 작성한 여러 설문지를 토대로 선생님은 진단내용을 어머니께 말씀하셨다.

"지금 승우는 어릴 때 죽음을 직접 목격한 충격에 학업, 인간관계로 인한 스트레스가 더해져 발생한 중증 우울증입니다. 그냥 방치하면 더 심해질 수 있어요. 약을 먹고, 치료를 시작해야 합니다."

선생님의 말씀에 따르면, 우울증을 겪게 되면 내적으로는 거의 매일 불면에 시달리고, 하루 종일 우울하며, 죽음에 대한 반복적인 생각을 한다. 신체적으로는 항상 피로에 시달리고, 명확한 원인이 없는 통증에 시달리고, 체중이 감소한다. 무엇보다 우울증이 무서운 것은, 우울증 환자의 2/3가 자살을 생각하고 10~15%가 실제로 자살을 하기 때문이다. 선생님의 말씀처럼 그동안 겪은 일들이 우울증의 증상과 똑같았다.

나는 큰 충격을 받았다. 정신적으로 문제가 있는 사람들만 앓는다고 생각했던 우울증을 내가 앓고 있다니……. 나로서는 진단결과를 받아들이기조차 힘들었다.

하지만 역시 어머니는 강하셨다. 어쩔 줄 모르는 나를 추스르시고는 그 길로 곧장 선생님이 추천해주신 병원에 나를 데려가 처방전을 받아오셨다. 그리고 약국에서 약을 받고 차에 오르자마자, 어머니는 나를 꼬옥 안아주셨다.

"승우야, 엄마는 누구보다 우리 아들을 믿는다. 승우는 강하니까 이 시련을 충분히 극복해낼 수 있을 거야."

어릴 때의 어머니 품으로 돌아간 듯 포근했다. 어머니의 진한 한 마디는 사막처럼 황량했던 내 마음에 촉촉한 빗방울이 되어주었다. 집에 돌아가니, 전형적인 경상도 남자라 생전 내게 살가운 말 한 마디 하신 적 없으시던 아버지도 나를 안아주셨다.

"승우야, 너는 아빠와 엄마에게 세상에서 가장 소중한 사람이다. 이것 하나만 기억하렴."

태어나 처음으로 아버지의 눈에서 금방이라도 떨어질 듯한 눈물을 보았다. 그제야 부모님이 나로 인해 마음 아파하시는 모습이 눈에 들어왔다. 어릴 때부터 부모님은 학교에서 받아오는 조그만 상장 하나에도 세상을 다가진 듯 기뻐하시며 '네가 아빠, 엄마가 살아가는 이유'라며 매번 고맙다는 말씀을 입에 달고 사셨다. 한일고에 합격했을 때는 동네방네 광고를 하고 다니실 만큼 좋아하셨다. 그랬던 아들이 학교를 자퇴하겠다고 하고, 살아야 할 이유를 모르겠다며 못난 소리나 하고 있으니 얼마나 가슴이 아프셨을까.

힘을 내야 할 이유는 멀리 있는 것이 아니었다. 나를 그토록 소중하게 키워주신 부모님을 위해서라도 이제는 정신을 차려야 했다. 무엇보다 지키고 싶었던 건 부모님의 믿음이었다. 항상 내가 어떤 행동을 하든 부모님은 '너를 믿는다'라는 말씀을 가장 먼저 하셨다.

또한 부모님은 내가 시험 점수를 잘 받아왔을 때나 학업우수상을 받아왔을 때보다 남들에게 '참 바르고 긍정적인 아이'라는 말을 들었을 때 훨씬 더 기뻐하셨다. 마트에서 억울하게 도둑으로 몰려 몸수색을 당했을 때도, 아무런 의심도 않고 우리 아들은 그럴 애가 아니라며 사장을 불러와 혼쭐을 내실만큼 나를 믿어주셨다. 그 믿음이 있었기에, 나는 한 번도 어긋나지 않고 바른 길을 걸어올 수 있었다. 그런 부모님의 믿음을 지키기 위해서라도 빨리 이 시련을 극복해내고 다시 자랑스러운 아들이 되고 싶었다.

그 날 이후, 2주 동안 열심히 병원을 다니며 상담치료를 받고 약도 꾸준히 챙겨먹었다. 덕분에 상태는 점점 호전되었고, 마침내 의사선생님이 추천해주신 한 권의 책에서 우울증을 극복할 수 있는 힘을 찾았다.

내 우울증의 가장 근원적인 곳에는 '살아봤자 무슨 의미가 있나?'라는 의문이 있었는데, 그 의문에 대한 지혜로운 해답을 얻게 된 것이다. 류시화 시인의 《지금 알고 있는 걸 그때도 알았더라면》이라는 시집에 수록된 라이너 마리아 릴케의 '젊은 시인에게 주는 충고'라는 잠언이었다.

마음속의 풀리지 않는 모든 문제들에 대해 인내를 가지라. 문제 그 자체를 사랑하라. 지금 당장 해답을 얻으려 하지 말라. 그건 지금 당장 주어질 순 없으니까. 중요한 건 모든 것을 살아 보는 일이다. 지금 그 문제들을 살라. 그러면 언젠가 먼 미래에 자신도 알지 못하는 사이에 삶이 너에게 해답을 가져다 줄 테니까.

정말 내게 딱 맞는 우문현답이었다. 지금 당장 삶의 의미를 찾겠다는 자체가 어리석은 질문이었기 때문이다. 인생을 아직 반도 살지 않은 어린 나이에 벌써 인생의 의미를 찾으려고 하니 그 답을 찾을 수 없는 건 당연한 일이었다. 그것을 깨닫고 나자 사막에서 오아시스를 찾은 듯 우울증을 극복해나갈 실마리가 보이기 시작했다. 그 실마리를 바탕으로 다시 정상적인 삶으로 돌아가기 위한 방법을 찾아 나섰다.

우선 호랑이를 잡으려면 호랑이굴로 들어가라는 옛말처럼 그 방법을 찾기 위해서는 문제가 시작된 원점으로 다시 돌아가야 했다. 상태가 호전되었다 해도 학교로 돌아갔을 때 우울증이 다시 발병한다면 그때는 정말 돌아갈 곳이 없었기 때문이다. 회피할 것이 아니라 언젠가는 정면으로 부딪히며 극복해나가야 할 일이었다.

"어머니, 저 학교로 돌아갈게요."

"치료 시작한 지 얼마 되지도 않았는데, 벌써 돌아간다고?"

"네, 이젠 뭐가 문제였고 어떻게 극복해야 할지도 방향을 찾았으니까 혼자 한 번 해볼래요. 어차피 학교를 자퇴할 게 아니라면 언젠가는 부딪혀야 할 일인데, 이렇게 계속 수업도 안 듣고 공부도 안 하고 있으면 나중에 더 힘들어질 것 같아요."

"그렇긴 하지. 그래도 의사선생님이 계속 병원에 와야 된다고 했는데, 정말 괜찮겠어?"

"어머니. 저 한 번 다시 믿어보세요. 부산에 다시 돌아올 때쯤엔 예전처럼, 아니 예전보다 더 자랑스러운 아들이 되어 있을 거예요."

"그래, 네가 정 그렇다면 엄마도 말릴 수가 없겠구나. 의사선생님께도 그렇게 말씀드리마."

"네, 그럼 내일 KTX표 예매 부탁드려요."

다음날 아침, 기차를 타기 직전 아버지는 내게 한 통의 편지를 건네셨다.

우리 아들 승우, 처음으로 글로써 불러보는 것 같다. 그간 참 힘든 시간들이 지나갔구나. 그래도 못난 아빠 밑에서 당당하게 성장해준 게 정말 고맙고 감사하다. 항상 긍정적이고 바른 우리 아들이니까, 앞으로도 이 힘든 시간을 잘 헤쳐 나갈 거라 믿어 의심치 않는다.

아버지가 네게 매일 싫은 소리를 했던 것도 아버지가 해보지 못한, 할 수도 없었던 그 목표를 너만큼은 꼭 이루기를 바랐기 때문이었던 것 같다. 아버지는 우리 부모 세대가 할 수가 없었던 그 꿈을 네가 꼭 이루어 주었으면 한다. 아버지는 승우를 믿는다. 좀 더 나은 미래를 위해 고통을 참을 수 있으리라 믿는다.

내 아들아, 승우야. 정말 정말 사랑한다.

편지를 읽으며 KTX 안에서 내내 눈물을 흘렸다. 아버지의 믿음. 어머니의 사랑. 무엇으로도 갚을 수 없는 것이었지만, 적어도 다시는 부모님이 나로 인해 마음 아파하시는 일은 없어야 한다는 생각으로 나는 삶의 여정에 다시 발을 내디뎠다.

죽음이 있기에
삶은 더욱 소중하다

학교에 돌아왔다. 그동안 서먹했던 친구들조차 나를 걱정하며 그간의 내 행동을 이해하는 듯한 눈치였다. 친구들에게 그동안의 행동을 사과하며 나에 대한 불편한 시선을 바로잡고 싶었지만, 스스로의 중심을 잡는 일이 먼저였다. 친구들과의 관계를 개선하는 것은 잠시 미뤄두기로 했다.

내 스스로를 다스리기 위해 가장 먼저 한 일은 그동안의 삶과 죽음에 대한 생각들을 정리하고, 앞으로 나아갈 방향을 설정하는 것이었다. 아직까지도 나의 '지적 멘토'를 맡고 있는 고향친구 준혁이가 학교로 돌아오기 전 내게 이런 말을 했다.

"실존주의는 죽음을 예찬하는 게 아니라 그만큼 삶이 소중하다는 걸 말하는 거야."

준혁이의 말을 듣고 까뮈와 카프카의 책들을 다시 숙독했다. 준혁의 말이 맞았다. 관점이 바뀌니 보지 못했던 것들이 눈에 들어왔다. 까뮈의《이방인》뒷부분에 수록된 사르트르의 비평문에는 이런 내용이 있었다.

인간은 모두 다 '사형수'다. 삶의 끝에서 기다리고 있는 죽음의 확신이 인간을 사형수로 만들어놓는다. 사형수는 죽음과 정대면함으로써 비로소 삶의 가치를 깨닫는다. 죽음은 삶의 가치를 더욱 돋보이게 하는 어두운 배경이며 거울이다. 삶과 죽음은 동전의 양면과 같다. 필연적인 죽음의 운명 때문에 삶은 의미가 없으므로 자살해야 하는 것이 아니라 이 한정된 삶을 더욱 치열하게 살아야 한다.

나의 회의감을 정당화하는 철학적 근원이라 생각했던 카프카조차도 '삶은 끝나기 때문에 소중한 것이다'라고 말했다. 그들의 말처럼 결국 모두 죽기 때문에 삶이 무의미한 것이 아니라, 죽음이 있기 때문에 죽기 전까지의 삶을 소중히 여기고 치열하게 살아야 하는 것이다.

힘들었던 지난 시간을 되짚어보니 내가 회의감에 시달렸던 것은 삶을 진정으로 소중하게 살고 있지 않았기 때문이었다. 치열하긴 했지만, 그것은 내 삶을 위한 것이 아닌 그저 경쟁과 불안에서 비롯된 껍데기뿐인 치열함이었다. 한일고에 오기 위해 시험은 물론 각종 '스펙'을 죽기 살기로 준비했던 중학교 3년, 그보다 더 죽어라 공부했던 한일고에서의 반년은 진정으로 내 삶을 위한 것이 아니었다. 그저 '남들이 다하니까', '경쟁에서 뒤처지지 않기 위해서' 살았던 시간에 불과했다. 높은 점수를 받고 좋은 대학교에 가고자 했던 것도 결국은 그 때문이었다.

문턱 증후군에 시름하는
레이스의 비극

여기서 내 스토리가 시작된 문제의식, 그리고 언젠가는 이런 생각을 하게 될 후배들을 위해서라도 당시 내가 느꼈던 우리나라 10대들의 삶에 대한 이야기를 해보고자 한다.

대한민국에서는 '고등학교 3년은 입시를 위한 시간'으로 정의된다. 10대의 존재이유가 입시가 되어버리는 것이다. 대학과 등수 앞에서 행복은 자연스레 반납해야 하고, 친구들과의 우정은 경쟁이 되고, 10대의 첫사랑은 사치가 된다. 공부를 잘하면 '좋은 학생, 좋은 아들, 좋은 친구'가 되고 공부를 못하면 '나쁜 학생, 못난 아들, 어울리면 안 되는 친구'가 되어버린다. 공부 외의 생각은 모두가 쓸모없는 것으로 여겨진다.

도대체 무엇이 이런 상황을 만들어내는가? 카피라이터 박웅현이 《여덟단어》에서 말했듯이 '그 문턱만 들어서면 인생이 달라진다'는 믿음에서 시작되는 '문턱 증후군' 때문은 아닐까?

초등학교 때부터 레이스가 시작되죠……. 초등학교 때부터 선행학습을 합니다. 그리고 명문 중학교에 가야 하죠. 거기 갈 때까지 행복을 유보해요. 명문 중학교에 가서 3일 정도 좋아하다가 다음부터 다시 행복을 유보하고 특목고를 향해 달립니다. 특목고에 들어가면 또 서울대에 가기 위해 다시 행복을 유보해요. 서울대에 가면 대기업에 들어가기 위해, 부장이 되기 위해, 임원이 되기 위해, 아파트 평수를 늘리기 위해 행복을 유보해요. 그러고 나면 나이 60, 70이 되죠. 지금 이 순간, 현재에 의미를 부여하지 않으면 행복은 삶이 끝나갈 때쯤에나 찾게 될 겁니다.

즉, 10대들이 삶을 소중하게 살지 못하는 이유는 명문대 합격이라는 '문턱'만 넘는다면 행복해질 수 있을 거라는 착각 때문이다. 하지만 그의 말처럼 '문턱'을 넘기 위해 현재의 행복을 유보한다면 정말 죽을 때가 다 되어서야 행복을 찾게 될 것이다.

어떤 사람들은 넘을 '문턱'을 정해놓고 그것을 넘기 위해 치열하게 노력하는 것이 가장 가치 있는 삶이 아니냐고 의문을 제기할지도 모르겠다. 물론 나 또한 목표가 있는 삶이 가치 있는 삶이라 굳게 믿는다. 그런데 그 '목표'와 '노력'이라는 단어 속에 우리가 주목해야 할 두 가지 오해가 있다.

첫 번째는 레이스의 모든 초점이 오로지 '목적지'에만 맞춰져 있다는 것이다. 목적지에 도달하는 것은 잠깐이지만 그를 향해 달려가는 데는 오랜 시간이 걸린다. 그렇기 때문에 목적지로 향해 달려가는 모든 걸음걸음은 목적지에 도달하는 것 이상으로 소중하다. 하지만 사람들은 그 걸음걸음을 그저 목적지에 도달하기 위해 어쩔 수 없이 희생해야만 하는 시간으로 여기고 있다. 입시에서도 마찬가지다. 10대들에게 왜 고등학교 3년은 '없는 시간'이 되어버린 것일까? 오로지 명문대에 가기 위해 희생하는 시간이기 때문이다. 명문대에 가지 못하면 고등학교 3년은 시간 낭비로 여겨진다. 그렇기 때문에 현재의 순간은 눈에 들어오지 않고, 초점은 오직 3년 뒤에 맞춰져 있다. 그래서 현재는 '3년 뒤'라는 창살 속에 갇혀 있는 감옥생활이 된다. 그 감옥에 몸을 담고 있는 한 우리는 오로지 시험만을 위한 '문제 푸는 기계'가 된다. 그 결과, 지금 내가 원하는 것, 느끼는 것, 생각하는 것 따위는 중요치 않고, 현재의 행복을 스스로 반납해야만 한다.

더욱 중요한 두 번째, 우리나라 10대가 걸어오는 길을 한번 되짚어보자. 길게는 12년, 짧게는 3년 동안 '입시'라는 레이스를 달리며 얼굴도 모르는 100만 명과의 무한경쟁에서 이겨야 한다. 그로 인해 레이스는 내가 원해서 달리는 것이 아니라 어쩔 수 없이 달려야 한다. 남들이 모두 달리니까, 남들보다 늦게 결승점에 도착하거나 혹은 결승점에 들어가지 못할까봐 불안해 하며 계속 달리는 것이다. 즉, 스스로 어떤 간절한 목표가 있어 공부하는 것이 아니라 경쟁 자체가 공부의 목적이 되어버린 것이다.

그런데 여기서 중요한 것은 그 멈추지 않는 레이스 속에서 '어디로' 가고 있는지에 대한 생각은 까맣게 잊어버린다는 것이다. 레이스의 거침없는 속도 속에서, 내가 가고 있는 목적지가 '내가 정말 가고 싶은 곳인지'에 대해 고민하고 선택할 여유가 없기 때문이다.

결국엔 자신이 간절히 원해서 정해놓은 목적지인 것 마냥 착각을 하기에 이른다. 수능이라는 마지막 '허들'을 넘고서도 점수가 높으면 본인이 원하지 않았음에도 의대에 가고, 점수가 좀 낮으면 본인의 적성과는 상관없이 조금 이름 있는 학교의 아무런 학과에나 발을 들인다. 결국 그 길에서 꿈은 점수에 의해 결정되고, 인생의 방향은 본인의 의지와는 상관없이 정해져버린다. 끊임없이 찾아오는 회의감에도 그것이 자신이 원하는 삶이라며 울며 겨자먹기 식으로 스스로를 속이고 위로한다. 생각하는 대로 살지 않으면, 결국 사는 대로 생각하게 되는 것이다.

10대 때 이 모순을 깨닫지 못한다면 영원히 남들이 바라는 것을 자신의 목표라 착각한 채, 간절히 원하는 꿈은 가슴 속 깊숙이 묻어둔 채 살아갈 것이다. 이것이 대부분의 대한민국 10대가 살아가고 있는 모습이다.

나 또한 우울증 진단을 받기 전까지만 해도 이런 삶을 살아왔다. 하지만 죽음이라는 화두를 정면으로 맞이하고 보니, 드넓은 세상과 한 번뿐인 인생 앞에서 '전교 1등, 명문대 합격' 따위는 행복한 삶의 본질이 아님을 깨달았다. 죽음 앞에서의 내 모습은 '대단한 1등'이 아닌 무한한 우주 속의 먼지보다 작은 조그마한 하나의 인간일 뿐이었다.

그래서 이제는 이러한 점수와 경쟁의 노예로 사는 삶의 방식을 갖다버리기로 했다. 뼛속부터 다시 태어나기로 했다.

어떻게
살 것인가

오랜 고민 끝에 '어떻게 살 것인가'라는 단 하나의 화두만 남았다. 이 질문의 빈칸만을 채운다면 꽤 오랫동안 멈추어 있었던 삶의 질주를 다시 시작할 수 있었다. 이 답을 찾기 위해 시험 공부를 할 때보다 더 열심히 책을 읽고, 치열하게 고민했다. 그 과정을 거쳐 하얀 도화지처럼 텅 비었던 공간은 조금씩 채워지고 있었다. 하루는 평소 학생들에게 '형'이라 불릴 만큼 우리의 마음을 잘 이해해주셨던 배성규 선생님께 이런 고민을 말씀드렸다.

"선생님, 어떻게 사는 게 인생을 소중하게 사는 걸까요?"

"벌써 그런 생각을 하다니, 지난 번 일을 겪고서 승우가 생각을 많이 했구나."

학교에서 나로 인해 소동이 벌어졌을 때 자습 감독선생님이셨기 때문에 자초지종을 모두 알고 계셨다.

"네, 열심히 한 번 살아보려고요. 그런데 예전처럼 아무런 의미도 없이 명문대에 가려고 점수의 노예로 살긴 싫어요. 행복하고 가치 있게 살고 싶어요."

"무슨 말인지 알겠다. 그러면 선생님도 생각할 시간이 필요하니까……음, 내일 너희 반 선생님 수업 있지? 그 수업 끝나고 얘기하자."

다음 날 수업시간, 나를 위해서였는지 선생님은 예고도 없이 영화를 한 편 보여주겠다고 하셨다. 〈죽은 시인의 사회〉라는 영화였다. 영화의 배경은 졸업생의 70% 이상이 아이비리그에 진학하는 미국 최고의 명문 웰튼 아카데미이다. 전원 기숙사 생활을 하면서 철저하고 엄격한 통제를 받는 '입시 사관학교'다. 학교와 학부모들의 목표는 오직 명문대 진학이다. 학생들 또한 자신이 원하는 꿈보다는 성공한 아버지를 따라 의료계, 법조계, 금융계로 진출할 목표를 세우고 있다.

그런 웰튼 아카데미에 이 학교의 졸업생으로 옥스퍼드대 장학생 출신인 존 키팅 선생이 부임하면서 변화가 일어나기 시작한다. 그는 색다른 교육방식으로 학생들을 사로잡는다. 키팅 선생은 '시의 이해'라는 기존의 교과서를 쓰레기 같은 이론이라며 찢어버리게 하고, 수업 중에 교탁에 올라서서 세상을 넓고 다양하게 바라보아야 한다고 말한다. 그는 학생들이 부모나 학교가 바라는 대로 명문대 진학만을 위해 공부하기보다는, 인생을 스스로 설계하고 그 방향대로 나아가는 순간순간의 중요성을 깨우치기를 바랐던 것이다.

학생들은 처음엔 그의 색다른 교육 방식에 의아해하지만 점점 그의 가르침을 깨우치면서 삶을 변화시키기 시작한다. 닐은 우연히 키팅 선생이 학창시절 활동했던 '죽은 시인의 사회'라는 고전문학클럽에 대해 알게 되고, 선생님이 그랬던 것처럼 친구들과 한밤중에 기숙사를 몰래 빠져나와 숲속에서 시를 낭송하며 억눌러온 자신들의 청춘을 발산하기에 이른다.

하지만 〈죽은 시인의 사회〉는 안타깝게도 비극적으로 끝난다. 연극배우가 되려던 닐은 결국 하버드에 가서 의사가 되라는 아버지와의 갈등으로 권총 자살을 하게 된다. 닐의 자살과 학생들이 〈죽은 시인의 사회〉 모임을 만든 책임은 모두 키팅 선생에게 전가된다. 결국 그는 책임을 지고 학교를 떠나게 되고, 그 결정을 내린 교장에게 반대한 찰리 달튼은 퇴학을 당하게 된다.

이 영화의 많은 부분이 입시와 점수의 노예가 되어버린 우리들의 삶과 비슷했다. 친구들은 영화 속 학생들의 모습에서 자신들의 모습을 볼 수 있었는지, 평소 같으면 귀마개를 한 채 자습을 했을 친구들도 모두 영화에 몰입하고 있었다. 특히 결말 부분에서 키팅 선생이 마지막으로 교실에 들렀을 때 학생들이 교장의 경고에도 불구하고 '캡틴, 오 마이 캡틴'을 외치는 장면에서는 나를 비롯해 많은 친구들이 눈물을 흘렸다. 선생님은 이 영화를 통해 나뿐만 아니라 모든 친구들에게 키팅 선생처럼 삶에 대한 어떤 메시지를 주시려고 하신 것이었다.

수업이 끝난 뒤, 선생님이 나를 찾아오셨다.

"내가 무슨 말을 하려고 하는지 알겠지?"

"네, 감사해요. 선생님. 이제 앞으로 어떻게 살아야 할지 확실히 답을 찾은 것 같아요."

선생님의 말씀처럼 〈죽은 시인의 사회〉는 '어떻게 살 것인가'라는 질문에 명쾌한 답을 주었다.

〈죽은 시인의 사회〉에는 '카르페 디엠Carpe diem'이라는 대사가 나온다. 우리말로는 '현재를 즐겨라' 정도로 바꿔볼 수 있겠다. 수업시간에 키팅 선생이 100여 년 전 학교를 다녔던 선배들의 사진과 트로피가 진열된 홀로 아이들을 데리고 가서 하는 말이다.

저 침묵의 목소리를 들어보아라. '카르페 디엠'이란 소리가 들리지 않느
냐. 우리 모두는 결국 죽는다. 시간이 있을 때 장미 꽃봉오리를 즐겨라.
너만의 일생을 살아라. 자신의 삶을 잊히지 않는 것으로 만들기 위해서.

자신의 꿈과 부모님이 바라는 삶을 놓고 어떤 길을 걸어야 할지 고민
하는 학생들을 향해 키팅 선생은 또 이렇게 말한다.

그 누구도 아닌 자기 걸음을 걸어라. 나는 독특하다는 것을 믿어라. 누구
나 몰려가는 줄에 설 필요는 없다. 자신만의 걸음으로 자기 길을 가거라.
바보같은 사람들이 무어라 비웃든 간에.

영원히 살 것처럼 꿈꾸고,
오늘 죽을 것처럼 살아라

:: 매순간이 즐거운가?

앞서 보았듯 명문대라는 문턱만을 넘기 위해 현재를 희생하며 사는 것, 내가 간절히 원하지도 않는 문턱을 넘기 위해 시간을 낭비하는 것, 둘 다 내가 찾는 해답이 아니었다. 그렇다면 '행복하면서도 가치 있는 10대를 보내는 것'에 대한 바람직한 접근은 무엇이었을까? 나는 앞에서 얘기했던 두 가지 모순을 되짚어봄으로써 그 실마리를 찾을 수 있었다.

1. 명문대 합격을 위해 '현재'를 희생하지 않고
2. 나의 '목적지'를 내가 간절히 원하는 곳으로 바꾼다

우선 현재를 희생하지 않는 것은 결국 현재 자체를 즐긴다, 즉 키팅 선생이 얘기했던 '카르페 디엠'의 정신이다. 그런데 영화를 본 뒤, 키팅 선생이 '현재'의 중요성을 말하고자 하는 것은 알겠는데, 현재를 소중하게 보낸다는 것이 정확히 어떤 의미인지에 대해서는 명확히 다가오지 않았

다. 그래서 '카르페 디엠'에 대해 나만의 해석을 내렸다.

카르페디엠Carpe diem : 하루하루 재미있게 사는 것

결국 매순간 재미있게 사는 것만큼 중요한 행복의 필요조건이 있을까? 아무리 높은 문턱을 넘더라도 내가 재미있거나 즐겁지 않으면 결코 행복한 삶이 아니다. 지금껏 살아오면서 가장 행복했던 순간을 떠올려보았다. 친구들과 뛰놀던 시간, 첫사랑의 설레던 시간, 부모님과 함께 멋진 곳으로 여행을 갔을 때가 떠올랐다. 그 순간들의 공통점은 생각만 해도 재미있고, 즐거워서 시간이 가는 줄도 몰랐다는 것이었다.

하루하루가 합쳐진 것이 인생이다. 넘은 문턱의 합이 아니라 레이스의 모든 걸음의 합이 인생인 것이다. 그러므로 모든 걸음이 즐겁다면 당연히 인생 또한 행복해질 것이라 생각했다. 매순간 재미있는 일을 하면서 즐거운 시간을 보낸다면 그것이 '카르페 디엠'이 아니겠는가.

무엇보다 재미있게 사는 것, 3년 뒤가 아니라 오늘을 즐기는 것이 삶을 소중하게 사는 첫 번째 조건이었다. 단 한번뿐인 삶을 '내일은 행복하겠지, 명문대만 가면 행복하겠지'라고 하면서 낭비한다면 그 행복은 하버드를 간다고 해도 오지 않을 것이기 때문이다.

'어른이 된 후 다시 어린 시절로 되돌아가기를 갈망하는' 어리석은 인간의 모습을 보며 신이 탄식을 금치 못했다는 어느 시인의 이야기처럼, 나의 고등학교 3년은 서둘러 빨리 통과하고 싶은 지긋지긋한 시간이 아니었다. 인생에서 가장 찬란하고 소중한 시간이어야 했다. 명문대라는 문턱에 집착해 다시는 돌아오지 않을 지금 이 순간을 희생하지 않기로 했다.

:: 매순간은 어디로 향하고 있는가?

그런데 '현재를 재미있게 살자'라는 말은 요즘 10대들이 흔히 말하는 '오늘도 롤LOL, 내일도 롤LOL. 오늘도 TV, 내일도 TV'를 뜻하는 것은 아니다. 순간순간을 즐겁게 사는 것은 행복한 삶의 필요조건일 뿐 충분조건은 아니다. 순간의 쾌락을 좇는 것과 행복한 순간을 보내는 것은 다른 의미였던 것이다.

초등학교 때 나는 '바람의 나라'라는 RPG게임부터 '스타크래프트', '카운터 스트라이크' 등 '만렙'을 찍어보지 않은 게임이 없을 정도로 게임중독에 빠진 적이 있었다. 중학교 때는 축구에 빠져서 방학 내내 새벽 한 시가 넘어 집에 온 경우도 허다했다. 분명 그 순간순간은 즐거웠다. 그런데 그 순간이 지나면 즐겁지가 않았다. 공허함이 밀려왔다. 왜 순간순간은 즐거웠는데 행복하지 못했을까?

순간의 쾌락만을 주는 즐거움은 지속가능할 수 없기 때문이다. 반드시 해야 할 일이 있을 때, 게임을 하거나 TV를 보며 할 일을 미루고 있을 때의 찝찝한 기분을 떠올려보면 쉽게 이해할 수 있다. 즉 오늘의 즐거움이 내일의 행복을 방해할 수도 있다.

임상심리학자 매슬로Maslow는 '욕구단계이론'에서 사람을 가장 행복하게 만들어주는 욕구를 5단계에 해당하는 '자아실현의 욕구'라고 정의내린다. 즉 자신의 잠재력을 최대한 발휘하기 위해 노력하며 지속적인 자기발전과 창조적인 생활을 도모할 수 있을 때 가장 행복할 수 있다는 말이다. 자기발전과 자아실현에 큰 도움을 주지 못하는 게임과 TV는 '자아실현의 욕구'를 충족할 수 없는 것이다.

모든 순간순간을 즐겁게 살아야 하지만, 지금 이 순간을 내가 가고자

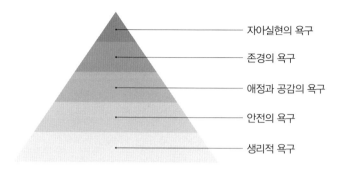

| 매슬로 욕구 피라미드 |

하는 목표와 상관없는 것들에 낭비해서도 안 된다. 게임, 축구, 이성친구와의 데이트 모두 삶을 풍요롭게 만들어주긴 하지만, 그것들이 삶의 목표와 조화를 이루지 못한다면 미래의 내 모습은 내가 바라던 그것이 아닐 것이기 때문이다. 결국 행복이 완성되기 위해서는 목표라는 큰 그림이 있어야 한다.

그러면 매순간이 향하는 목표가 어떤 것일 때 행복이 완성될 수 있을까? 여기에 대한 해답이 키팅 선생의 두 번째 가르침이라 할 수 있다. 남들이 모두 가는 길을 따라가는 것이 아닌, 나만의 인생을 살라고 했던 가르침 말이다.

'인생은 숨을 쉰 횟수가 아니라 숨 막힐 정도로 벅찬 순간을 얼마나 많이 가졌는가로 평가된다'라는 미야 앤절로의 말처럼 내 가슴을 뜨겁게 뛰게 하는 것, 다른 건 눈에 들어오지 않을 만큼 몰입할 수 있는 것, 그 목표를 이룬 나를 떠올리면 심장이 두근거리는 것, 그것이 내가 지향해야 할 목표이다.

이렇게 간절한 목표가 있는 사람에게는 '노력'과 '재미' 또한 결코 모순의 관계가 아니다. 목표를 향해 달리는 매순간이 가슴 뛰고 설레기 때문에 어떤 일을 할 때보다 재미있고 즐거울 수밖에 없다. 가끔은 고통스러운 순간이 있을지라도, 그 목표를 이루는 것이 너무나도 간절하기에 그 시간이 힘든지조차 모른다.

Dream as if you'll live forever, Live as if you'll die today

(영원히 살 것처럼 꿈꾸고, 오늘 죽을 것처럼 살아라)

– 제임스 딘

아버지가 심어준
꿈의 씨앗

'어떻게 살 것인가'라는 질문의 답을 채우고 나니, 이제는 '간절한 목표'를 찾아나서는 일만 남았다. 사람들은 간절한 목표를 다른 말로 '꿈'이라 불렀다. 따라서 무엇보다 먼저 내 꿈이 무엇인지를 명확히 아는 것이 소중한 고등학교 3년을 보내는 출발점이다.

내 꿈은 어릴 적부터 수도 없이 바뀌었다. '경찰, 검사, 변호사, 선생님, 정치인…….' 초등학교 때는 장래희망 조사서에 1년에도 몇 번씩 다른 꿈을 적어 넣었다. 앞으로도 얼마나 바뀔지 몰랐다. 하지만 그건 진정한 의미의 '꿈'이 아니었다. 꿈은 어떤 직업을 의미하는 것이 아니다. 직업은 꿈을 이루기 위한 부수적인 것일 뿐이다. 평생에 걸쳐 해나갈 사명mission을 나는 꿈이라고 부른다.

백범 김구 선생의 〈나의 소원〉이라는 글은 진정한 꿈이 무엇인지를 보여준다. 크게 '민족국가, 정치이념, 내가 원하는 우리나라'라는 세 가지의 소제목으로 나누어진 이 글은 백범 선생이 평생을 바쳐 지향해나갔던 자신의 사상을 담고 있다. 그 중에서도 '내가 원하는 우리나라'는 그가 평생에 바쳐 이루고자 했던 꿈을 잘 담고 있다.

> 나는 우리나라가 세상에서 가장 아름다운 나라가 되기를 원한다. 가장 부강한 나라가 되기를 원하는 것은 아니다. 우리의 부는 우리 생활을 풍족히 할 만하고, 우리의 힘은 남의 침략을 막을 만하면 족하다. 오직 한없이 가지고 싶은 것은 높은 문화의 힘이다. 문화의 힘은 우리 자신을 행복하게 하고, 나아가 남에게도 행복을 주기 때문이다.

김구 선생은 임시정부의 내무위원으로 선출되었을 때, 그것을 사양하며 '임시정부의 문지기'를 시켜달라고 했다. 그에겐 직위 따위는 중요치 않았다. 오직 이 꿈만이 전부였던 것이다. 그는 이 꿈을 나침반 삼아 평생을 독립운동과 조국통일을 위해 헌신했다. 내게도 김구 선생처럼 평생을 바쳐 이루고 싶은 꿈이 있었다. 내 꿈의 씨앗은 어릴 때로 거슬러 올라간다.

초등학교 때부터 우리 집은 다른 집들과는 조금 달랐다. 나가서 일을 하고 돈을 벌어 오시는 건 항상 어머니였다. 아버지는 내가 초등학교에 입학하기 전에 다니시던 회사를 그만두고 사업을 시작하셨는데, 1997년 IMF 금융위기로 인해 사업은 실패로 끝났고, 많은 빚만을 남겨주었다. 이후 나의 식사를 챙겨주시고, 등하교와 학교 숙제를 도와주신 분은 어머니가 아닌 아버지였다. 그때만 해도 제대로 된 축구화 하나 사주시기 힘들만큼 우리 집은 경제적으로 힘든 상황이었다.

아버지가 집에 계시는 시간이 많아지다 보니, 내 어린 시절은 언제나 아버지와 함께였다. 아버지는 여의치 않은 집안 사정에도 학군장교ROTC

로 임관하여 군복무를 하셨을 만큼 국가관과 역사관이 투철하시다. 그것이 풍부한 독서와 사색을 바탕으로 형성된 가치관이었음은 집 한 켠을 가득 채운 책장만 봐도 짐작이 간다.

어렸을 때를 되돌아보면, 아버지 곁에는 항상 책이나 신문이 있었다. 아버지의 책장엔 《태백산맥》, 《아리랑》 등의 대하소설을 비롯해 《전환시대의 논리》, 《새는 좌우의 날개로 난다》처럼 우리나라의 근현대사와 정치 문제를 다룬 책들이 놓여 있었고, 책상 위엔 항상 조선일보, 경향신문, 부산일보가 가지런히 놓여 있었다.

아버지는 어린 내게도 하루에 두세 시간씩 책과 신문을 읽도록 하셨다. 학교를 다녀오면 아버지는 항상 TV 리모컨을 숨겨두었다가, 그 날 정해진 분량의 책과 신문을 다 읽고 나면 리모컨을 내어주시곤 했다. 신문도 한 가지만 읽다 보면 객관적인 시각을 갖추지 못한다며 아버지는 정반대 성향이었던 조선일보와 경향신문을 꼭 함께 읽도록 하셨다.

하지만 처음부터 내가 책과 신문을 좋아했던 것은 아니다. 사실 어릴 때 난 ADHD(주의력결핍 과다행동장애)는 아닐까 하는 의심이 들 정도로 산만한 성격이었다. 각종 오락거리와 운동에 '환장한' 아이였고, 그런 놀이가 지겨워질 때쯤이면 뒷산에 올라 친구들과 계곡에서 가재를 잡으러 뛰어다니곤 했다.

그만큼 활동적인 성격이었기 때문에 쉽사리 아버지처럼 독서를 할 수 없었다. 그래서 아버지는 책 읽는 것을 힘들어하던 나를 위해 새로운 방법으로 내게 독서습관을 길러주셨다. 그 날 읽을 책을 몇 권 가방에 챙겨 함께 지하철을 타는 것이다. 지하철을 타고 독서를 하다가 책이 지루해질 만하면 지하철에서 내려 여기저기를 구경하고 맛있는 음식도 먹은 후, 다시 지하철을 타서 책을 읽는 식이었다.

새로운 곳들을 가본다는 호기심에 지하철을 타는 일이 즐거워졌고, 그 덕분에 책 읽는 습관도 덩달아 얻게 되었다. 그때부터 학교를 다닐 때도 주말이나 방학에 특별한 일이 없으면 혼자서 지하철을 타고 책을 읽다가 종점에서 종점까지 몇 바퀴씩 돌기도 했다.

내가 가장 좋아했던 분야는 위인전이었다. 특히 링컨, 처칠, 드골, 케네디 같은 위대한 리더들의 이야기는 어린이용 위인전은 물론 성인용 평전과 자서전까지 모두 섭렵할 정도로 좋아했다. 위인전들을 읽으면서 역사 무대에서 빛을 발했던 그들의 삶에 대한 동경은 어린 소년의 마음속에 뿌리 내리기 시작했다.

또한 아버지의 영향으로 어린 나에게는 어려울 수도 있었던 우리나라 근현대사에 관한 책들을 많이 읽게 되었다. '역사를 잊은 민족에게 미래는 없다'라며 나와 내 가족, 내 나라의 뿌리를 아는 것이 그 무엇보다 중요하다는 말씀을 항상 하시곤 했다. 처음엔 다소 어려웠지만, 어려운 내용이 나오면 항상 아버지가 재미있게 설명해주신 덕분에 어느 새 만화책보다도 근현대사 책을 붙잡고 있는 시간이 더 많아졌다.

독서와 신문만큼이나 여행을 좋아하셨던 아버지는 내가 점점 근현대사에 관해 흥미를 붙이게 되자, 함께 역사 유적지들을 여행하며 그 호기심을 해결하도록 하셨다. 역사의 현장을 직접 보고 느꼈던 경험들은 내가 역사와 국가에 대한 가치관을 정립하는 데 큰 밑거름이 되었다.

특히 아버지와 나는 일제강점기, 6.25전쟁, 그리고 민주화운동의 흔적이 담긴 근현대사의 현장들에 자주 갔다. 천안의 독립기념관부터 고성의 통일전망대, 서울의 서대문형무소, 광주의 5.18민주공원…… 그 속에서 보았던 19세기 이후의 우리나라 역사 현장에는 영광보다는 상처와 비극의 흔적들만이 남아 있었다. 책을 볼 때와는 달리 우리나라의 아픈 과거를 뼛속 깊이 체감할 수 있었다.

그 중에서도 가장 기억에 남는 곳은 산책 삼아 자주 갔던 부산의 국립 UN묘지(현 UN평화공원)다. 한국전쟁에서 전사한 미국, 영국, 캐나다, 터키 등 외국 참전용사들의 영혼이 잠들어 있는 그곳은 항상 고요하고 평화로웠다.

하루는 우산을 챙기지 않은 탓에 소나기를 피하려고 공원 안에 있는 교회 처마 밑에 아버지와 함께 섰다. 그런데 저 멀리 머리가 새하얀 어느 백인 노인이 휠체어를 탄 채 한 전사자의 비석 앞에서 눈물을 흘리고 있었다. 무슨 사연이 있는 것일까 궁금해진 나는 비가 그치자마자 아버지의 손을 잡고 그 노인이 있는 묘지 앞으로 갔다. 눈물을 그치신 할아버지에게 인사를 먼저 건넸다. 자리를 막 떠나려던 할아버지는 잠시 자리를 멈추고 내 인사를 받아주셨다. 나와 아버지 모두 원어민과 대화를 할 정도의 영어 실력은 없었기 때문에 안내원으로 보이는 한국인 아저씨에게 통역을 부탁했다.

"왜 여기서 울고 계신 거예요?"

통역을 듣고 난 할아버지는 무언가를 말씀하시더니 6.25전쟁을 아느냐고 물어보시는 듯 손가락으로 6,2,5라는 숫자를 펼쳐 보이셨다. 안내원 아저씨가 통역을 해주었다.

"이 분은 한국전에 파병온 영국 참전용사시란다. 이 묘에 누워 계신 분이 그때 함께 전투에 참가했다가 목숨을 잃은 친구 분이라고 하시는구나."

할아버지의 말씀에 무슨 말을 해야 할지 몰라 나는 '아임쏘리I'm sorry' 와 '땡큐Thank you'라는 말만 계속 되풀이했다. 그 말을 듣고는 할아버지 는 내게 뭔가를 말씀하셨지만 부족한 영어실력 때문에 알아들을 수는 없 었고, 할아버지께 손만 흔들며 작별인사를 했다.

나도 모르게 눈물이 흘렀다. 태어나서 한 번 갈까 말까 한 먼 극동의 나라에서 민주주의와 자유를 위해 싸우다 친구를 잃은 할아버지에 대한 감사함의 눈물이었다. 왜 다른 나라도 아닌 같은 민족끼리 총부리를 겨 눈 채 싸워야 했고, 그 싸움에 왜 다른 나라 젊은이들까지 목숨을 잃어야 했을까. 어디서부터 우리의 역사가 엇나가기 시작했던 것일까.

그 날 저녁, 아버지와 서점에 가서 6.25전쟁에 관한 책들을 열 권도 넘게 샀다. 집에 돌아와서는 6.25전쟁에 관해 여태껏 읽었던 책들을 모 두 꺼내 새로 산 책들과 함께 며칠 밤에 걸쳐 읽었다. 책을 읽다 보니 6.25전쟁은 소련의 원조를 받은 북한의 남침으로 시작되었지만, 그 배경 엔 여러 가지 원인들이 복합적으로 얽혀 있었음을 알 수 있었다.

18세기부터 시작된 산업혁명과 그로 인해 생겨난 제국주의의 그림자 가 한반도에 들어오기 시작한 순간부터 이미 한반도의 비극은 시작된 것 이나 다름없었다. 세도정치로 이미 안으로부터 곪아가고 있던 한반도는 결국 일제강점이라는 치욕의 역사를 겪게 되었고, 2차세계대전을 거치 며 한반도는 강대국들의 이해관계가 충돌하는 지정학적 요충지가 되었 다. 그 결과 광복 후의 한반도는 '자유주의 대 공산주의'의 싸움터로 전락 하고 세계 패권 다툼의 희생양이 된 것이다. 그 모든 역사적 비극의 중심 에 '국제 정치'가 있었다. 아무리 한반도가 지리적 요충지라 해도 일제강 점, 6.25전쟁 같은 비극의 희생양이 된 데는 우리나라가 국제정세에 제대로 대처하지 못했던 원인이 컸다.

어린 나는 이런 아픔의 역사가 억울하고 분통했다. 하지만 반세기가 흐른 지금도 한반도는 남북분단, 미국과 중국의 패권경쟁, 일본·러시아의 부상 등으로 인해 더욱 복잡한 국제정세의 중심에 놓여 있다. 그로 인해 언제 또 과거와 같은 역사가 반복될지도 모른다. 통일전망대, 독립기념관, 서대문 형무소 등 여러 역사 현장을 둘러보았을 때처럼 '다시는 안 된다'라는 한 가지 생각만 떠올랐다. 내가 살아가는 이 땅에서 다시 그런 역사가 되풀이되도록 할 수 없었다.

그래서 나는 '국제 정치'를 공부하겠다는 결심을 했다. 이 땅의 평화와 사람들의 행복을 지켜주고 싶었다. 더 나아가 김구 선생의 말씀처럼 우리나라가 세계평화의 중심이 되고, 모든 나라가 부러워할 만큼 살기 좋은 나라를 만들고 싶었다. 그렇게 어린 내 마음 속에서 원대한 꿈의 씨앗이 자라고 있었다.

누군가를 위한 배려,
그리고 전태일 평전

　6살 때였다. 어머니와 함께 시장을 가기 위해 버스정류장으로 향하던 길이었는데 도로 위에 버려진 커다란 압정이 내 눈에 들어왔다. 나도 모르게 차도로 뛰어들어 압정을 가지고 다시 뛰어나왔다.

　"왜 갑자기 위험한 차도에 뛰어든 거야?"

　어머니는 크게 놀라 다그치셨다.

　"지나가는 차들 바퀴가 구멍 나면 사고 나잖아요. 그럼 사람들이 다치고 아프잖아요."

　어머니는 그래도 내가 다칠 수 있었다며 크게 꾸중을 하시며 다시는 그러지 말라고 하셨다.

　감수성이 점점 더 예민해진 사춘기 시절엔 이런 일도 있었다. 좋아하는 여자아이와 함께 나와 같은 이름을 가진 배우 조승우가 출연한 영화 '말아톤'을 보러 갔다. 그런데 영화를 보다가 나도 모르게 눈물이 났다. 좋아하는 여자아이가 옆에 있다는 사실조차 잊어버렸다. 영화가 끝나고 도무지 창피해서 그 아이의 얼굴을 볼 수 없었다. 물론 남자가 눈물을 흘릴 수도 있지만, '남자는 여자 앞에서 눈물을 보이면 안 된다'고 믿고 있던 어린 경상도 소년의 생각으로는 도저히 용납할 수 없는 일이었다. 그 길로 곧장 집으로 갔고 그 아이와는 다시는 말 한 마디 섞지 못했다.

이처럼 난 눈물이 많고, 타인의 아픔이나 슬픔을 잘 공감하는 편이다. 어릴 때부터 다른 사람들이 아프고 슬프면 왠지 모르게 그 사람의 감정이 나에게 그대로 이입되었고, 그 사람들이 아프거나 슬프지 않기를 바라는 마음이 컸다.

이런 성향 덕분에 나는 다른 사람들의 삶을 행복하게 만드는 직업을 장래희망으로 가지게 되었다. 그 중에서도 변호사가 되고 싶다는 생각을 강하게 가진 적이 있었다. 뉴스나 신문에서 많은 사람들이 억울한 일을 당해 힘들어하는 모습들을 자주 보는데, 그럴 때마다 괜히 내가 화가 나고 마음이 아팠다. 그래서 변호사가 되면 많은 사람들이 억울하지 않게끔 구해줄 수 있을 거라고 생각했다.

이후에도 장래희망은 계속 바뀌었지만, 여전히 다른 사람들을 행복하게 해주는 사람이 되겠다는 꿈만큼은 변함이 없었다. 이런 나의 꿈은 한 사람과의 운명적 만남을 통해 거친 바람에도 흔들리지 않는 바위처럼 확고해졌다. 사람들이 위인이라 부르진 않지만 내겐 그 어떠한 위인보다도 위대한 인물, 바로 전태일 열사이다.

초등학교 6학년 때였다. 학교가 끝나고 서점을 기웃거리던 중 조영래 변호사가 쓴 《전태일 평전》이라는 책을 보게 되었다. 책을 펼치자마자 그의 일기가 담긴 첫 장을 보는 순간, 심장이 뜨거워졌다.

이 결단을 두고 얼마나 오랜 시간을 망설이고 괴로워했던가? 지금 이 시간 완전에 가까운 결단을 내렸다. 나는 돌아가야 한다. 꼭 돌아가야 한다. 불쌍한 내 형제의 곁으로 내 마음의 고향으로, 내 이상의 전부인 평화시장의 어린 동심 곁으로.

생을 두고 맹세한 내가, 그 많은 시간과 공상 속에서, 내가 돌보지 않으면 아니 될 나약한 생명체들. 나를 버리고, 나를 죽이고 가마. 조금만 참고 견디어라. 너희들의 곁을 떠나지 않기 위하여 나약한 나를 다 바치마. 너희들은 내 마음의 고향이로다.

– 전태일의 1970년 8월 9일 일기에서

페이지를 넘길 때마다 한 구절 한 구절에서 전율이 일었다. 수많은 위인들을 봤지만 한 인간으로서 누군가의 삶에서 경외감을 느끼기는 처음이었다. 그의 사상적 깊이가 대단하거나 노동운동사에 큰 발자취를 남겼기 때문이 아니었다. 그저 평범한 인간이었던 그가 자신이 가진 모든 것을 희생하면서도, 옳다고 믿는 것을 행동으로 실천한 그의 절실한 양심과 밝은 세상을 만들겠다는 불굴의 의지 때문이었다.

전태일은 재단보조사를 거쳐 상대적으로 좋은 대우를 받는 재단사가 되었지만, 열악한 환경에서 일하는 어린 여공들의 어려움을 외면하지 않았다. 여느 사람들처럼 눈 한번 질끈 감고 넘어갈 수도 있었지만, 그의 양심은 그렇게 할 수 없었다.

'때때로 그는 점심을 굶고 있는 시다들에게 버스값을 털어서 1원짜리 풀빵을 사주고 청계천 6가부터 도봉산까지 두세 시간을 걸어가기도 했다.'

스스로도 지독한 가난에 시달렸지만 다른 이의 아픔을 차마 보고 넘기지 못하는 전태일의 선한 마음이 느껴졌다. 좋은 교육을 받고 출세한 많은 사람들이 말로만 '힘없고 약한 사람들을 위해 일하겠다'라며 머뭇거리고 있을 때, 가난 때문에 초등학교조차 제대로 마치지 못한 그는 그의 말처럼 '우선권이 있는 우회전'을 마다한 채 언제나 '좌회전'의 길을 택했다.

근로기준법을 공부하고, 그 내용을 사람들에게 알리며 몸소 노동운동의 선봉에서 섰다. "근로기준법을 준수하라! 우리는 기계가 아니다"라는 구호와 함께. 수많은 시련과 좌절이 전태일을 가로막았지만, 그는 끝까지 스스로의 양심을 저버리지 않았다. 세상은 그를 좌절시키려 했지만 전태일은 '분신'이라는 마지막 선택을 통해 다시 일어났다.

'내 죽음을 헛되이 말라'고 외치며 스스로 불타올라 죽음을 앞둔 순간까지도 어머니에게 자신이 못다 이룬 일을 이뤄달라고 부탁하며 생을 마감하는 부분을 읽을 때는 걷잡을 수 없는 눈물이 흘렀다. 전태일은 어린 나에게 한 인간이 실천할 수 있는 모든 '선善과 용기, 그리고 사람에 대한 사랑'을 보여주었다.

'나는 언제부터인지 모르지만 감정에는 약한 편입니다. 조금만 불쌍한 사람을 보아도 마음이 언짢아 그 날 기분은 우울한 편입니다'라고 적은 그의 글은 어린 나의 감수성마저 그 무엇보다 뜨겁게 만들었고, 꺼지지 않을 내 삶의 '횃불'로 만들었다. 나는 《전태일 평전》을 보며 흘렸던 눈물을 통해 그가 뜨겁게 만들어준 나의 심장이 닳아 없어질 때까지 이 세상의 가난하고 힘없는 사람들을 위해 살아가겠다는 다짐을 했다.

인생의 큰 그림을
그리다

이렇게 심어진 꿈의 씨앗들은 고등학생이 되어서도 여전히 마음속에서 흔들리지 않고 자리 잡고 있었다. 이제는 그 씨앗들을 나무로 키워야했다. 1학년 가을이 되어 고대했던 일본 수학여행을 떠나기 전 날 밤, 조그마한 수첩을 펼쳤다. 수첩에 다음의 것들을 써내려갔다.

1. 평생에 걸쳐 이루고 싶은 나의 꿈
2. 꿈을 이루기 위해 필요한 것들

여기서 1번은 다른 말로 사명mission, 내 삶의 '목적'이라고 할 수 있다. 그리고 2번은 비전vision, 목적을 이루기 위한 '수단'으로서의 목표이다. 이 두 가지가 크게는 앞으로의 내 삶을, 작게는 한일고에서의 3년을 이끌어주는 내비게이션이 되어줄 것이었다.

나의 꿈

내 꿈은 우리나라가 평화롭고 이 땅에서 사는 모든 사람들이 행복해지는 것이다. 더 나아가 그렇게 이루어진 평화와 행복이 모든 인류에게로 퍼져나갔으면 한다.

그 꿈을 위해서,

첫째, 국제정치 전문가가 되어 동아시아를 둘러싼 국제정세를 정확히 읽어내고, 그것을 바탕으로 우리나라가 나아갈 방향을 제시할 수 있는 리더가 되고 싶다.

둘째, 이 땅의 모든 사람들이 소중한 삶을 행복하게 살 수 있도록 도와주는 사람이 되고 싶다. 힘없고 가난한 사람들에게는 더 나은 복지환경을 만들어주고, 보통 사람들에게는 모두가 자유롭게 행복의 기회를 누릴 수 있는 사회를 만들어주고 싶다.

직업의 귀천은 상관없다. 오직 이 꿈을 이룰 수 있다면 어떤 길이라도 마다하지 않을 것이다.

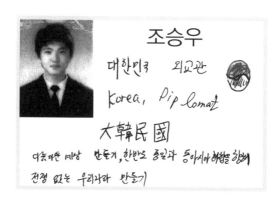

| 지금까지도 지갑에 넣고 다니는 나의 꿈 명함 |

096
성적표 밖에서 공부하라

꿈을 이루기 위해 필요한 것들

1. 사람의 마음을 얻는 법을 배워야 한다. 또한 그 사람들을 화합시키고 행복하게 만들어줄 수 있는 리더십을 배워야 한다.

2. 인간과 사회에 대한 기본적인 지식과 능력이 있어야 한다.

3. 세상을 밝게 만들려는 선한 의지를 키워야 한다. 또한 그 의지를 사람들과 함께 공감하고, 공유할 수 있어야 한다.

4. 정치와 외교(국제 정치)에 대한 전문적인 지식이 있어야 한다.

5. 다른 사람들을 배려하고 먼저 생각하는 삶의 바탕이 될 봉사정신과 이타심을 길러야 한다.

그 날부터 이 두 장의 종이를 3년 동안 항상 지갑에 넣고 다니며 내 삶의 지침으로 삼았다. 그리고 일본 수학여행에서 돌아온 이후 꿈을 이루기 위한 구체적 실천에 들어갔다.

학/종/이 10단계 전략 INTRO

학생부종합전형이란 무엇인가?

학생부종합전형에서는 어떤 학생들을 선발할까? 대표적으로 서울대학교에서 학생부종합전형을 통해 선발하고자 하는 학생의 유형은 다음 여섯 가지와 같다.

- 학교생활을 성실히 수행하고 학업능력이 우수한 학생
- 학교생활에서 적극적이고 진취적인 태도를 보인 학생
- 모집단위와 관련된 분야에 재능이나 열정을 가진 학생
- 사회적 약자에 대한 배려와 공동체 의식을 가진 학생
- 글로벌 리더로 성장할 수 있는 자질을 지닌 학생
- 다양한 교육적, 사회적, 문화적 배경과 경험을 지닌 학생

– 2016학년도 서울대학교 학생부종합전형 안내 중에서

그 외에도 연세대, 고려대를 비롯한 여러 상위권 대학의 학생부종합전형 선발요강을 분석해본 결과, 공통적으로 모든 대학이 다음 다섯 가지 요소에 중점을 두어 학생을 평가하고 있었다.

　학생부종합전형에서는 위 다섯 가지 요소를 학교생활기록부, 자기소개서, 추천서, 포트폴리오 등의 서류전형과 논술, 면접 등의 대학별고사를 통해 학생을 선발한다. 그렇다면 이 다섯 가지 요소들을 어떻게 대비해야 할까? 다음 쪽 그림은 내가 생각한 학생부종합전형에서 이기는(줄여서 '학/종/이') 전략의 핵심이다.

　간단히 학/종/이 전략의 개요를 설명하자면, 가장 핵심적인 명제는 '나만의 스토리를 만드는 것'이다. 왜 차별화되는 스토리가 중요한지는 5장에서 소개할 것이다.

　'나만의 스토리'를 구성하는 세 가지의 주제는 전공에 대한 열정, 비전과 연계된 포트폴리오 활동, 자기주도학습이다. '학업능력, 모집단위에 대한 재능과 열정, 리더십, 봉사활동, 다양성'의 다섯 가지 요소를 세 가지로 엮어낸다는 것이다. 앞으로 이 책에서는 학/종/이 10단계 전략을 통해 다섯 가지 요소가 각각 왜 중요하고, 그 다섯 가지를 어떻게 나만의 스토리와 세 가지의 주제로 엮어낼 수 있는지 세부적으로 살펴볼 것이다.

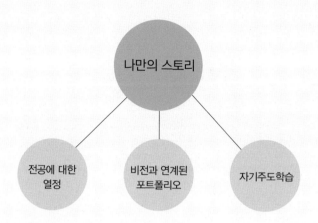

　학생부종합전형은 시험만 잘 보면 되던 예전의 입시제도보다 훨씬 더 복잡하고 골치 아픈 것으로 여겨질 수도 있다. 그로 인해 많은 사람들이 학생부종합전형의 핵심을 놓치고 길을 헤매고 있다. 하지만 누구보다 빨리 학생부종합전형의 핵심을 꿰뚫고 그에 맞추어 입시전략을 세우는 학생이라면 이미 남들보다 반 이상은 앞서 나가는 것이나 다름없다. 이 책의 독자들만큼은 이 책을 통해 학생부종합전형의 핵심을 꿰뚫고 대비 전략을 세워 반드시 원하는 학교, 원하는 학과에 당당히 합격할 수 있기를 바란다.

꿈 명함과 비전 나침반을 만들어라

학생부종합전형은 학생과 학생을 지켜본 선생님의 이야기를 통해 학생의 역량과 잠재력에 대해 평가하겠다는 전형이다. 따라서 학생부종합전형은 하나의 '이야기'를 만들고 그것을 보여주는 과정이다. 이야기의 쉬운 예는 우리가 흔히 접하는 영화, 드라마, 소설 등이 있다. 그렇다면 학생부종합전형에서는 무엇을 진정한 이야기라고 할 수 있는가?

> A : 나는 고등학교 시절 자기주도적으로 열심히 공부했다. 학생회장을 했
> 고, 전국청소년정치외교연합이라는 동아리를 만들었다. 그리고 동아시
> 아 공동체 연구를 하면서 국내외 탐방과 소논문 작성을 하였다.

이것은 이야기가 아니다. 왜냐하면 나열된 사실들 간에 연결성이 없기 때문이다. 그저 사실fact을 서술한 것에 불과하다. 그렇다면 이것을 이야기로 만들기 위해서는 무엇이 필요한가? 모든 영화, 드라마, 소설 등이 그것을 통해 보여주고 싶은, 그리고 이야기들을 하나로 이어주는 작품의 주제가 있듯 우리의 이야기에도 그것을 통해 보여주고 싶은 하나의 주제

가 필요하다. 그렇다면 학생부종합전형을 준비하는 학생들의 이야기는 무엇이 그 주제가 될 수 있는가? 바로 학생의 '꿈과 비전'이다.

> B : 나는 한반도의 통일과 동아시아의 통합을 이루기 위해 국제정치전문가가 되겠다는 꿈을 가지고 있다. 그 꿈을 이루기 위해 고등학교 시절 동아리 활동을 통해 정치외교학을 공부하였고, 동아시아 공동체에 관한 개인적인 연구를 진행하며 국내외를 탐방하고 그 결과물로 '동아시아 공동체에 관한 각국의 관점' 등과 같은 소논문을 작성하였다. 이후 서울대학교 외교학과에 진학하여 한반도 정세와 동아시아 국제정치에 관해 더 깊은 공부를 하기 위해, 고등학교 시절에도 동아리 활동과 다양한 독서활동 및 나만의 자기주도학습법을 통해 공부하여 대학에 진학해서도 자기주도적으로 전공을 공부할 수 있는 역량을 길렀다. 또한 꿈을 이루기 위해서는 리더십이 필요하다는 생각으로, 학생회장이 되어 '빈곤퇴치 캠페인', '말벗 되기 프로젝트'와 같은 일들을 통해 리더십과 이타심을 배웠다.

A와 달리 B는 하나의 이야기라고 볼 수 있다. B에는 '자기주도학습', '학생회장', '동아리 활동', '동아시아 공동체 연구'라는 네 가지 사실들을 이어주는 하나의 주제의식이 있기 때문이다. 그 주제의식은 바로 B에 제시된 것처럼 나만의 꿈과 비전이다. 굵은 글씨로 표시한 것처럼 무엇을 하더라도 내가 그것을 왜 했는지에 대한 목표의식이 담겨 있어야 한다.

이처럼 자신만의 꿈과 비전은 바로 그 사람이 만들어나갈 이야기, 그리고 자기소개서와 학생부 등 다양한 서류를 통해 대학에 보여주고 싶은 이야기의 주제가 된다. 이 주제가 없다면 아무리 좋은 '스펙'들이 있더라도 그 스펙들은 이야기가 될 수 없다. 주제를 통해 그 스펙들이 하나의 연결된 구성을 가지고 있을 때만 이야기가 된다.

따라서 학생부종합전형을 준비하는 학생이라면, 그 무엇보다 자신만의 꿈과 비전을 찾는 것이 중요하다. 목표의식과 그에 따르는 동기부여가 있어야만 학생부종합전형을 위한 자신만의 이야기를 만들어낼 수 있고, '나는 왜 공부하는가?'라는 질문에 대해 답할 수 있다. 이를 통해 남들보다 훨씬 더 자기주도적이고 효율적인 공부를 할 수 있게 된다. 꿈과 비전을 찾지 못한 학생이라면, 학습서는 잠시 놓아두고 아래의 순서를 따라 자신만의 꿈과 비전을 찾아보라. 앞에서 제시한 내용(96~97쪽)을 참고하면서 보면 더 이해가 빠를 것이다.

1. 꿈과 비전 탐색

○ 자신에게 큰 영향을 끼친 책 3권과 각각 무슨 영향을 끼쳤는지 적어보라.

○ 어릴 때부터 일기, 편지, 독후감, 수행평가 과제 등 자신의 생각이 담긴 모든 글들을 찾아서 읽어보라.

○ 어릴 때부터 가장 기억에 남는 사건 세 가지가 무엇인지 적어보라.

○ 어떤 공부를 했을 때 가장 재미있었는지 적어보라. 꼭 교과과목이 아니어도 좋다. 예를 들어 신문을 볼 때, 가장 많은 시간을 들여 읽었던 기사들이 주로 어떤 면에 있었는지 생각해보라.

2. 꿈과 비전 접근

○ 죽기 전 가장 해보고 싶은 일 20가지를 적어보라.

○ 자신에게 가장 소중한 가치들(예를 들어 '권력, 우정, 가족, 정의, 사랑, 건강, 지식,

봉사, 명예, 도전, 신앙') 중 가장 소중한 5가지와 그 이유를 적어보라.

○ 살면서 꼭 이루어야 할 사명mission이 있다면 1~3가지를 적어보라.

3. 꿈과 비전 구성

○ 2번에 적었던 항목을 이루기 위해서는 대학에 가서 어떤 공부를 전공하는 것이 좋을지, 그리고 어떤 직업을 가져야 할지 적어보라.

○ 그 전공과 직업을 위해서는 (중학생이라면 어떤 고등학교에 진학하는 것이 좋을지부터) 어떤 대학교에 진학하는 것이 좋을지 적어보라.

○ 앞서 2번에서 작성한 사명을 이루기 위해서는 어떤 것들이 필요한지 5~10개의 키워드를 적어보라.

4. 꿈과 비전 완성

○ 꿈 명함 만들기 : 30, 40년 뒤 자신이 다른 사람들에게 나누어줄 명함이다. 직업이 한 가지일 필요는 없다. 그 아래에 한 줄로 자신의 사명을 적어보자.

○ 비전 나침반 만들기 : 명함 뒷장 또는 조금 더 큰 종이에 따로 적도록 하자. 먼저 구체적으로 내 삶의 사명의 내용을 적어보라. 그리고 앞서 3번에서 작성한 5~10개의 키워드들을 적고, 각각 그것이 왜 필요하고 그것을 이루기 위해서는 어떤 노력을 해야 하는지 적어보라.

이렇게 만들어진 꿈 명함과 비전 나침반을 지갑에 넣어 항상 들고 다녀라. 여기에는 여러분이 '왜 공부를 해야 하는지'부터 '앞으로 어떤 방향을 향해 살아가야 하는지', 그리고 학생부종합전형을 준비하며 어떤 주제로 '나만의 스토리'를 만들어갈지에 대한 답이 담겨 있기 때문이다.

3장

남들과
다른 길을 가다

길이 없으면 길을 찾아라.
찾아도 없으면 만들어라.

— 정주영(현대그룹 창업자)

꿈을 향한 첫 번째 도전,
유패드

　모든 것이 다시 정상으로 돌아왔다. 이제는 꿈이라는 확고한 버팀목이 있었기에 더 치열하게 살 수 있었다. 소원했던 호실 친구들과의 관계는 일본 수학여행 마지막 날, 호텔방에서 내게 여태까지 있었던 일들과 그 일을 거치며 했던 여러 생각들을 친구들에게 털어놓음으로써 다시 정상으로 돌아왔다. 그리고 반 친구들과의 관계도 예전처럼 다시 정상으로 돌아왔다. 저녁마다 친구들과 치킨을 시켜 먹고, 주말이면 친구들과 함께 축구를 하며 행복했던 한일고 첫 달의 생활로 다시 돌아가고 있었다. 일본 수학여행에서 돌아온 지 한 달쯤 되던 날, 모든 생활들이 정상 궤도에 올랐기에 이제부터 본격적인 꿈을 위한 실천을 하기로 결심했다.

　YUPAD의 설립목적은 정치와 외교에 관심과 열정이 있는 전국의 고교생들이 미래 대한민국과 세계의 헌신적 리더로 성장하기 위해 서로의 꿈과 열정을 공유하는 것에 있다. – 전국청소년정치외교연합 홈페이지 전국청소년정치외교연합Youth Union of Politics and Diplomacy, YUPAD은 위와 같은 목적으로 2009년 설립된 이래, 현재까지 전국 50여 고교가 가입되어 누적 회원 수만 4,000여 명에 이르는 대한민국 최대의 청소년 단체이다. 규모뿐만 아니라 활동의 측면에서도 우리나라 최고의 청소년 단체로 자리매김하고 있다.

"전국청소년정치외교연합, 글로벌리더십 배움의 장"

"명사 만나고 토론하며 정치외교 분야 진출 꿈꿔요"

"전국 17개 도심 청소년들, '사할린 희망 캠페인' 열다"

유패드에 대한 각종 언론보도의 제목들이다. 이처럼 유패드YUPAD에서는 교내활동을 비롯하여 한중일 청소년 포럼, 전국 토론회, 명사초청 강연, 캠페인 등의 다양한 활동을 펼치며 전국의 수많은 고등학생들이 스스로, 그리고 함께, 정치와 외교에 대한 열정을 키우고 있다.

5년 전, 나 한 사람으로부터 시작된 유패드의 꿈이 이제는 어느새 정치외교를 꿈꾸는 학생들 모두의 꿈이 된 것이다.

도망치듯 부산으로 학교를 떠난 이후부터 오랫동안 골방에 박혀 삶에 대한 사색과 고뇌의 시간을 보냈다. 오직 내가 할 수 있는 일은 '지금, 여기서' 한걸음씩 꿈을 향해 나아가는 것뿐이었다. 그 첫 시작은 그토록 하고 싶었던, 그리고 대학에 가서 내 전공으로 삼을 정치외교학 공부를 하는 것이었다.

사실 지금도 입시에 쫓겨 딱히 하고 싶은 전공이 없거나, 하고 싶은 전공이 있어도 그 전공에서 무엇을 공부하는지 알지도 못한 채 전공을 선택하는 학생들이 많다. 하지만 대학의 전공은 삶의 방향을 결정하는 데 굉장히 큰 영향을 끼친다. 그저 점수에 맞춰 전공을 정했거나, 막상 공부를 해보니 적성에 맞지 않아 다시 전공을 선택하려고 하면 그때는 이전보다 더 많은 시간과 에너지를 소모해야 한다.

그래서 나는 중고등학교 때 대학에 가서 깊이 배우게 될 학문인 전공을 미리 공부해봄으로써 그 전공이 어떤 학문인지, 앞으로도 계속 공부해도 될지 아는 것이 가장 중요하다고 생각했다. 그런데 우리나라 교육제도 아래에서는 10대들이 자신의 전공을 미리 공부해보고 싶어도 그럴 기회가 없다. 내가 희망했던 정치외교학만 해도 그랬다. 외교학은 고교 교과과정에서는 찾아볼 수 없었고, 그나마 정규 과목으로 있는 '정치'는 수능에서 등급을 받기 힘들다는 이유로 많은 학교에서 선택과목으로 채택하지 않아 학교수업에서는 거의 들을 수 없었다.

학교 선생님의 도움 없이 혼자서 책을 읽으며 전공 공부를 하는 것은 거의 불가능에 가까웠다. 그렇다고 혼자 공부를 하려니 내신 공부 따로, 수능 공부 따로 두 번 공부해야 한다는 부담감 때문에 쉽게 '정치' 과목을 수능에서 선택할 수도 없었다.

유패드를 시작하기 전 한 친구가 이렇게 물은 적이 있었다.

"승우야, 난 어릴 때부터 정치외교학을 전공해서 우리나라를 좀 더 살기 좋은 나라로 바꾸는 게 꿈이었거든. 근데 부모님은 네가 무슨 초등학생이냐며 무슨 말도 안 되는 소리를 아직도 하고 있냐고 그러셨어. 부모님은 수능 잘 봐서 의대나 경영대, 아니면 경찰대로 진학해서 안정적인 삶을 살길 바라셔. 사실 처음에는 부모님 말씀이 귀에 안 들어왔었는데,

한편으로는 불안하기도 해. 나중에 후회하지 않을까? 과연 내가 그걸 전공하는 게 맞을까?"

그 친구만의 고민은 아니었다. 나를 포함한 많은 친구들의 고민이었고, 전국 모든 학생들의 고민이었다. 자신만의 꿈을 이야기하면 어른들로부터 '살아보니까 꿈이 밥 먹여 주진 않더라'라는 어른들의 냉소적인 핀잔을 듣기 마련이었다. 결국 결론은 '사士'자로 끝나는 전문직이나 대기업 취직, 고시 패스처럼 출세가 보장되는 '현실적인 꿈'을 꾸라는 말로 끝났다.

하지만 이제는 더 이상 돈과 권력이 보장되는 직업을 선택하는 것이 성공한 인생은 아니라고 생각했다. 당장 내일 죽어도 하고 싶은 일을 하며 행복하게 살아가는 삶이 성공이라 부르는 시대가 되었기 때문이다. 그래서 나는 '정치외교학' 공부와 '세상을 밝게 만드는 데 기여하겠다는' 꿈을 엮어 전국 단위의 청소년 동아리를 만들겠다는 목표를 세웠다. 이렇게 '유패드'의 첫걸음은 꿈조차 마음대로 꿀 수 없고, 인생을 마음대로 계획할 수 없게 만든 이 교육제도와 기성세대들에 대한 저항으로 시작된 것이다.

내가 구상했던 전국 정치외교 동아리는 같은 꿈을 가진 학생들이 마음껏 서로의 꿈을 이야기할 수 있는 곳, 서로의 꿈을 향한 도전에 격려와 자극을 만들어주는 곳이었다. 입시경쟁에 치여 꿈에 대한 열정을 쏟아낼 곳이 없던 학생들의 '열정 배출구'를 만들 계획을 세웠다.

추진력 하나는 끝내줬던 나는 그 날부터 이 계획의 성공 여부를 따질 겨를도 없이 실천에 착수했다. 먼저 학교에서 내 뜻을 함께 해줄 친구들을 모으기로 했다. '정치외교학 동아리원 모집'이라는 전단지를 전교생이 볼 수 있게 학교식당 앞에 붙였다. 그리고 밤마다 문과 아이들 호실을 헤집고 다니며 동지들을 찾아나섰다.

"정치외교 동아리를 만들 생각인데, 혹시 정치외교학에 관심 있는 사람 없어?"

"뜬금없이 웬 정치외교 동아리?"

"정치외교를 공부하고 싶다고 생각은 하지만, 막상 정치외교학이 어떤 학문인지 겪어본 적도 없고, 자세히 알지도 못하잖아. 자기가 선택하는 전공이 뭔지도 모르면서 인생을 맡기는 건 너무 무책임하지 않을까?"

"음, 그건 맞는 말이지. 그럼 정치외교 동아리에선 어떤 걸 할 생각인데?"

"일단 학교에서 함께 정치외교학을 공부하고, 토론도 하고, 관련 책들을 읽어나가는 거지. 그리고 그 외에는 정치외교 전문가들의 강연도 듣고, 정치외교의 현장도 함께 견학해보기도 하고."

뜬구름 잡는 얘기로 들릴 수 있다는 생각에 우선 전국 동아리에 대한 계획은 말하지 않았다. 그렇게 2주간 고군분투 한 끝에 다섯 명이 모였다. 지수, 지승이, 동빈이, 호진이, 그리고 나. 이 다섯 명이 유패드의 최초 멤버다. 우리는 자습이 끝나면 매일같이 연등실에 모여 앞으로 동아리를 어떻게 구성해나갈지, 어떤 공부를 해갈지에 대해 구상했다.

매주 토요일 저녁엔 정기적인 토론시간을 가졌다. 그리고 일요일 오전에는 각자 정치외교 분야에 관련된 책을 보름마다 한 권씩 읽고 자신만의 생각을 발표하는 세미나를 열었다. 정규 수업시간에서는 부족했던 토론활동과 평소 꿈꾸었던 분야의 책을 읽고 그것을 친구들에게 강의하는 등의 능동적인 활동은 늘 똑같던 일상에 새로운 자극이 되었다.

하지만 그렇게 한 달쯤 지났을까. 역시 내가 예상했던 대로 동아리원들과 나는 서서히 한계를 느껴갔다. 입시 공부에 지친 우리 모두에게 동아리 활동은 '힐링캠프'나 다름없었지만, 5명이서 나누는 토론은 매번 각자 고정된 정치적 관점에 맞추어 비슷한 결론으로 끝났다. 그럴수록 우리는 점점 더 큰 세상, 더 다양한 생각에 대한 동경이 커져갔다.

"이렇게 매일 똑같은 결론이 나니까 꼭 우물 안 개구리 같지 않아?"

지승이가 오랫동안 기다렸던 말을 먼저 꺼냈다.

"그러게 말이야. 좀 더 많은 사람들이랑 토론도 해보고, 생각도 공유하고 싶은데 사람이 적으니까 그렇게 할 수 없네."

호진이도 같은 고민을 토로했다.

"방법이 없을까?"

드디어 전국 동아리 창설에 대한 이야기를 할 때가 되었다.

"우리가 지금 하고 있는 걸 전국 단위로 한 번 해보면 어떨까?"

나의 오래된 계획을 친구들에게 설명했다.

"그거 재밌겠는데? 그렇게만 할 수 있다면 정말 최고지. 우리나라에 똑똑한 애들이 얼마나 많은데. 걔네랑 토론할 수 있다면 좋을 거 같아."

"근데 그렇게 만들 수가 없잖아. 우리는 휴대폰이 없으니까. 그렇다고 노트북이 있는 것도 아니고. 더군다나 학교에서 우리를 내보내줄까?"

"이 계획을 선생님께 말씀드려봤자 여자애들이나 보고 싶어서 놀러간다고 생각하실걸?"

"난 충분히 가능하다고 봐. 혹시 내 도움이 필요하면 말해. 내가 전국에 있는 여고들 리스트 다 추려올게."

"난 반대야. 원래 취미도 직업이 되면 하기 싫어진다잖아. 그렇게 여기에 집중할 시간이 과연 우리들에게 있을까? 매일 잠 한 시간씩 더 자는 게 나을지도 몰라."

"빌게이츠가 그랬어. 시작하기도 전에 결과를 예상하지 말라고."

결국 동아리원들을 모두 설득하고 뜻을 함께하기로 했다.

전국연합 동아리,
마침내 든든한 지원군들을 얻다

    학교 선생님들에게 내 계획을 말씀드렸다. 하지만 대부분의 선생님들로부터 돌아온 대답은 'No'였다. 당연한 결과였다. 지금껏 한일고 22년 역사상 그런 도전을 했던 선배는 단 한 명도 없었다. 사회와 단절된 학교에서 바깥 세상에 대한 관심을 끈 채, 묵묵하게 학업에 정진해서 수능 고득점으로 명문대에 진학하는 것이 지금의 한일고를 있게 한 원동력이었다.

    "그런 동아리를 만들면 공부는 언제 하니?"

    "동아리에서는 열심히 동아리 활동하고, 공부할 땐 공부를 열심히 하면 되죠."

    "그게 말처럼 쉬운 게 아니란다. 더욱이 우리 학교에서 그런 전국 단위의 활동을 하려면 시간도 많이 뺏기고, 공부하는 데 필요한 에너지들도 많이 분산될 거야. 네 뜻은 좋지만 포기하는 게 좋을 것 같구나."

    이후 선생님께 이 활동이 수시전형에서 충분히 활용될 수 있다고 설명해드렸음에도 불구하고, 수시전형에서조차 내신과 모의고사 성적, 학교

생활에 충실하는 것이 가장 절대적인 요소라는 핀잔만 되돌아왔다.

선생님의 말씀처럼 전국 단위의 단체를 만들려면 많은 시간과 에너지가 투자되어야 했다. 더군다나 한일고에서 나의 계획은 누가 봐도 불가능한 것이었다. 우선 서울에 가기 위해서는 학교에서 천안까지, 다시 천안에서 서울까지 세 시간 넘게 차를 타고 가야 했다. 그리고 한 학년에 열 대도 되지 않는 컴퓨터를 160명이 나눠 쓰고, 휴대폰도 없어 공중전화를 사용해야 하는 어려움을 극복해야 했다. 마지막으로 어른들이나 기존 단체의 도움 없이 학생들만의 힘으로 모든 것을 준비해야 했다. 무엇보다도 선생님들의 입장에서는 전국연합 동아리 활동에 몰입하다 보면 학업에 방해가 된다고 걱정했던 것이다.

그러나 모든 선생님들이 반대하신 것은 아니다. 처음엔 사회교과의 임홍수 선생님도 여느 선생님과 다르지 않은 우려를 보내셨다. 하지만 무엇보다도 학생들이 꿈꾸는 인생을 살아가는 것이 중요하다고 믿는 분이셨기 때문에 나의 계획을 차근차근 설명해드렸다. 나의 기나긴 설득에 동아리 지도교사를 맡아주셨다.

"부디 너의 그 열정이 용두사미가 되지 않기를 바란다. 쉽지 않은 길이 되겠지만 포기하지 않기를 바란다."

그리고 역사교과 담당이자 2학년 때 담임인 전대희 선생님께서는 두 시간 넘게 걸린 설득 끝에 유패드가 학교에서 원활하게 운영될 수 있도록 지원을 약속해주셨다. 물론 '학업에 소홀하지 않고 이전보다 더 나은 성적을 보여드리겠다'고 선생님께 다짐을 했다.

마지막으로 우리는 우연찮게 천군만마를 얻었다. 교무실에서 선생님들에게 우리들의 구상을 설명하던 장면을 교장선생님께서 목격하시고는 교장실로 우리를 부르셨다.

"무슨 계획이기에 학교를 이렇게 휘젓고 다니는 거니?"

교장선생님께서 반대하시면 여태껏 선생님들을 설득하고 받았던 지원들이 모두 물거품이 될 것이기에 대답을 망설였다.

"저…… 친구들과 함께 전국 단위의 정치외교연합 동아리를 만들어보려 합니다."

기왕 말이 나온 김에 소신껏 밀어 부쳐보자는 생각으로 구체적인 계획까지 모두 말씀드렸다.

"직접 외교부, 국회의사당 같은 곳들도 견학하고, 국회의원, 교수, 외교관 등 정치외교에 관련된 명사들을 초청하는 강연회도 열고요. 전국 단위의 대토론회도 개최해볼 생각입니다."

교장선생님의 입에 우리의 모든 관심이 쏠렸다. 그런데 호통을 치실 것이라는 예상과 달리 교장선생님의 반응은 의외였다.

"너희 고려 성종 때 서희장군의 외교담판 사건을 알고 있니?"

"네, 외교담판으로 거란족으로부터 고려를 구한 사건이지 않습니까."

"그래, 지금 우리나라에 가장 필요한 게 서희장군과 같은 인재들이다. 천 년 전보다도 국제정세는 훨씬 복잡하고, 세계무대는 치열한 경쟁의 장이 되었지. 정치, 외교를 아우르며 세계를 보는 안목이 더욱 필요한 오늘날 이 방면에 너희 같은 청소년들이 있다면 우리나라의 미래도 밝을 거란 생각이 드는구나. 내가 도와 줄 수 있는 게 있으면 뭐든 말해보렴."

천군만마를 얻은 우리는 그 구상이 용두사미가 되지 않도록 재빠르게 작업에 착수했다. 우선 전국 단위의 동아리를 만들려면 전국적으로 학생들을 모집해야 했는데, 어른들이 하는 것처럼 신문이나 인터넷에 모집광고를 낼 수는 없는 노릇이었다. 결국은 내가 가진 인맥을 활용할 수밖에 없었고, 이미 그 작업은 처음 계획을 구상했을 때부터 조금씩 해오고 있었다.

먼저 중학교 때 친구들에게 연락을 했다. 정치외교학, 혹은 시사 이슈에 관심이 많았던 친구들이 대략 열 명 정도 있었다. 휴대폰이 없었기에 알지도 못했던 친구들의 휴대폰 번호를 수소문해서 찾은 후, 공중전화 너머로 나의 구상을 장황하게 설명했다.

2주간의 숙고의 시간이 지나고, 네 명의 친구에게서 알려줬던 메일로 동아리에 참여하겠다는 연락이 왔다. 외대부속외고의 주상이, 김해외고의 효정이, 상산고의 유준이, 그리고 성남외고의 경섭이. 그러나 이 정도로는 부족했다. 이미 전국 단위 규모의 단체를 구상하고 있었기 때문에 더 많은 학교의, 더 많은 친구들의 참여가 필요했다.

그래서 나는 초·중학교 때 학교끼리의 축구시합을 주선했던 경험을 톡톡히 써먹었다. 얼굴도, 이름도 모르는 사람들도 뜻만 있다면 어렵지 않게 친구, 동료가 될 수 있다는 게 내 생각이다. 즉 전국 각지의 많은 친구들이 모여 있는 우리 학교의 강점을 활용했다. 한일고에 다니는 친구들은 대부분 각자의 지역에서 우수한 성적으로 중학교를 졸업한 녀석들이었다. 그래서 한일고 친구들의 중학교 동창들 중에서도 전국의 명문고에 진학한 친구들이 많았다.

그 날부터 일주일간 기숙사에서 만나는 친구들을 붙잡으며 내 계획을 설명하고 중학교 때 여기에 관심 있는 친구들이 없었냐고, 어느 학교에 아는 친구 없냐는 당황스러울만한 수소문을 하고 다니기 시작했다. 덕분에 얼굴도 모르는 많은 '잠재적 동지'들의 번호를 얻을 수 있었다.

생전 보지도 못한 수많은 사람들에게 추운 날 밤마다 공중전화 박스에서 전화를 걸었고, 그들에게 내 생각과 계획을 이야기하면서 그들을 설득했다. 전화로도 부족하다 싶으면 메일, 싸이월드 쪽지, 편지 등 모든 수단을 총동원해서 내 계획을 설명하고 참여를 제안했다.

예상했던 것보다 훨씬 반응이 좋았다. 이화외고의 채형이, 대원외고의 치원이, 부일외고의 태준이 형 등 꽤 많은 친구들이 답장을 해왔다. 한 친구는 뜻밖의 편지도 보내왔다.

"미안하게도 난 경제학과로 진학할 생각이라 이 동아리에 참여할 수가 없을 것 같아. 하지만 네가 보내준 편지에 담긴 너의 열정은 감동적이었고 이렇게 열심히 꿈을 위해 노력하는 경쟁자가 있다는 자극이 되어주었어. 그래서 내가 우리 학교 애들한테 네 계획을 설명하고 참여할 사람을 수소문했더니 우리 학교에서도 네 구상에 참여해줄 친구들을 구했어. 연락처 남길 테니 연락해봐. 얼굴은 모르지만 이 정도 열정이라면 충분히 네 계획은 성공할 수 있을 것 같아."

그렇게 한 달 남짓 해온 노력이 결실을 맺어 대원외고, 상산외고, 청운고, 외대부속외고, 해운대고, 부산외고, 김해외고 등 총 10개 학교의 친구들이 최초의 창립멤버가 되었다.

마침내 2009년 3월 28일, 성남 정자 청소년 수련원에서 유패드의 첫 창립모임이 개최되었다. 유패드의 시작에 함께한 10개 학교 모두가 참가했다면 더할 나위 없이 좋았겠지만, 여러 사정으로 인해 대원외고, 상산

117

고, 청운고, 한일고, 김해외고 등 다섯 학교의 대표를 비롯해 10여 명이
첫 모임에 참석했다.

사실 대부분의 친구들은 중학교 동창이거나 동창의 친구였다. 또한 그
런 관계가 아닌 친구들도 창립과정에서 수십 번씩 통화를 하고 이메일을
주고받은 사이였기 때문에 이미 서로에 대해 잘 알고 있었다. 우리는 금
세 오랫동안 알고 지낸 친구처럼 친해졌다.

"우리 동아리 이름은 뭘로 할까?"

"뜻도 담겨 있고, 부르기도 편하면 참 좋을 텐데."

"음…… 유패드 어때?"

"유패드? 그게 무슨 뜻이야?"

"YUPAD는 'Youth Union of Politics And Diplomacy'의 약자로 전
국청소년정치외교연합 정도로 해석할 수 있겠지?"

"오, 그거 좋은데? 입에 착착 달라붙어. 의미도 정확하고."

이렇게 대한민국 많은 청소년들의 입에 오르내리게 될 '유패드'라는
이름이 정해졌고, 앞으로 유패드가 나아갈 방향이 하나둘씩 정해져갔
다. 사실 이 날이 공식적인 출범식이었지만 출범식이라고 하기엔 다소
조촐했기 때문에, 출범식은 5월에 계획한 첫 총회로 잠시 미루어두기로
했다.

다음 총회 계획과 함께 첫 모임은 마무리 되었다. 우리는 앞으로 우리
가 활동할 온라인상의 공간을 네이버 카페에 개설하고, 청소년신문 '나린
뉴스'와 다양한 청소년 단체들의 도움을 얻어 '유패드의 시작'을 전국의 청
소년들에게 알리기로 했다. 또한 5월달 중으로 1차 전국 총회를 개최하
고, 총회에서 회원들의 의견을 모아 앞으로의 활동계획을 정하기로 했다.

조촐하긴 했지만 청소년들이 어른들의 도움 없이 우리 스스로 꿈을 위해 동아리를 꾸렸다. 그 자리에 모인 모두의 목표는 하나였다. '빽'도 없고, 든든한 서포터도 없는 우리 유패드에 수많은 사람들이 관심을 가지도록 '정치외교'라는 꿈을 가진 청소년이라면 한번쯤은 경험해보고 싶은 '꿈의 터전'으로 만들어보자고. 우리는 그렇게 위대한 도전의 첫 걸음을 내딛었다.

시작부터 닥쳐온
고난

순조로울 것만 같았던 우리의 구상은 예상치 못한 난관에 봉착했다. 지역 명문고인 C고에서 교장선생님까지 나서서 유패드 활동을 반대하신다는 것이었다. 이유는 비슷했다. 한일고와 마찬가지로 '수능 고득점, 정시 올인'이라는 입시전략으로 SKY 합격생 숫자를 전국 최고 수준으로 끌어올린 C고도 한일고 선생님들과 같은 이유로 활동을 반대하셨다. C고는 학교 차원에서 '전면적인 외부 동아리 활동 금지 방침'을 못박았다. 초기부터 적극적으로 활동에 참가했던 C고 학생들은 매우 난처해했다.

"우리 교장선생님이 안 된대."

"왜?"

"공부에 방해된다고. 아무리 설득을 해도 워낙 대쪽 같으신 분이라 들질 않으셔."

"교장선생님이 너희 인생을 책임지는 건 아니잖아."

"그렇긴 해도 30년 동안 선생님 말씀 들어서 잘못되는 학생 못보셨다고 완강하게 나오시는데, 어떻게 해……."

"일단 다른 학교 회장들이랑 상의 한 번 해볼게. 너희도 너희 나름대로 방법을 한번 강구해봐."

"그래, 고맙다. 조만간 다시 연락하자."

상의를 해본다고는 했지만 참 막막했다. 예상했던 일이긴 하지만 막상 대면할 수도 없는 분들이 여기저기서 유패드 활동을 반대하신다니 취할 수 있는 방법이 없었다. 하지만 이런 문제를 하나둘씩 해결하는 것 자체가 유패드를 통해 얻을 수 있는 큰 배움이고 경험이라 생각했다.

'정치 : 사람과 사람, 혹은 집단 사이에 생기는 이해관계의 대립 등을 조정·통합하는 일'이라는 사전의 정의처럼 우리가 유패드를 창립하면서 부딪히는 이런 문제들이 모두 '정치 문제'였다. 전국의 모든 친구들이 머리를 맞대고 할 수 있는 방법을 강구했다. 오랜 논의 끝에 C고 선생님들의 심기를 건드리지 않는 선에서 유패드 회원들의 이름을 담아 C고 교장 선생님께 편지를 쓰기로 했다.

"○○고 교장선생님께.

안녕하십니까. 저희는 전국청소년정치외교연합 동아리의 학생들입니다. ……유패드는 대한민국의 10대들이 자신이 가지고 있는 정치외교에 대한 꿈과 열정을 마음껏 펼칠 수 있도록 학생들 스스로 만든 동아리입니다. C고 학생들 또한 유패드를 시작할 때부터 참여하며 남다른 노력을 기울여왔습니다. ……교장선생님께서 누구보다 학생들을 걱정하는 마음으로 그런 방침을 내리셨다는 것을 잘 알고 있습니다. 하지만 좋은 대학을 가는 것만큼이나 자신들의 진로와 전공을 미리 경험해보는 것 또한 중요하다는 것도 교장선생님께서 잘 이해해주실 것이라 생각합니다……."

결국 C고 교장선생님으로부터 주말시간만 이용하고, 교외활동은 자제하는 등 학업에 방해되지 않는 선에서 활동을 허락하겠다는 승낙을 받았다.

우리가 두 번째로 맞닥친 문제는 재정 부족이었다. 어른들의 도움이라고는 애초부터 받지 않고 시작했기 때문에 유패드를 운영할 만한 재정적인 면은 생각도 하지 않았다. 하지만 어떤 일을 추진하거나 기획할 때도 항상 우리의 발목을 붙잡는 것은 돈 문제였다.

예를 들어, 지방 곳곳의 유패드 회원들이 매번 회의 때마다 서울에 올라오기 위해서는 적지 않은 교통비가 소요되었는데, 이 때문에 총회를 매번 서울에서만 해야 하는가 하는 형평성의 문제까지 제기되었다. 게다가 총회 장소를 마련하거나, 책자를 발간하는 데도 회원들의 십시일반으로 감당하기에는 너무 많은 돈이 들었다.

강연자들을 초청하는 데도 항상 재정적인 어려움이 뒤를 따랐다. 처음에는 고등학생들인 우리의 순수한 의도를 어필하고, 강연을 요청하면 당연히 강연자들이 제안에 응해줄 것이라 생각했었다. 그러나 우리의 예상과는 사뭇 달랐다.

강연을 해주겠다고 하면 누구를 최종적으로 섭외해야 할지 고민하던 우리들에게 돌아온 대답은 의외였다. 강연료로 얼마를 줄 것인지를 대놓고 묻는 사람들이 있는가 하면, 자기처럼 대단한 사람이 강연을 하기에 단체규모가 너무 적다며 거절하기도 했다. 처음엔 제안에 응해줄 것처럼 하면서 우리가 누군가의 지원을 받는가 싶어 은근슬쩍 떠보고는 순수한 청소년단체임을 알고 연락이 두절된 사람도 있었다. 너무나 순진했던 우리는 어른들에게 적지 않은 상처를 받았다.

하지만 결국 '정치외교'에 대한 우리들의 진지한 태도는 어른들 세상의 냉정한 논리를 이겨냈다. '한 사회의 청소년을 보면 그 사회의 미래를 알 수 있다'라고 생각했던 몇몇 강연자들은 우리의 열정에 감동했고 흔쾌히 강연에 응해주었다.

서울대라는 또 하나의 목표를 얻다

지금에서야 많은 사람들은 유패드 활동이 나의 서울대 합격에 가장 중요한 열쇠가 되었다고 말한다. 결과적으로 보면 맞는 말이다. 하지만 유패드를 시작할 당시에만 해도 사람들은 유패드 활동이 입시에 심각한 해害가 될 거라는 말들을 하며 활동을 만류했다.

"공부는 하기 싫고, 학교를 벗어나 놀고 싶어서 만들어낸 핑계거리 아니야?"

"여학생들이나 만나고 노는 동아리 활동이겠지."

몇몇 선생님들과 친구들은 이렇게 상처가 되는 말들도 서슴지 않았다. 안타깝긴 했지만 유패드를 향한 나의 진심을 이해하지 못한 사람들의 비판과 비아냥을 그냥 무시해버렸다. 그들의 말처럼 오히려 수능, 내신에 좀 더 집중했다면 높은 점수로 서울대에 합격할 수 있었을지도 모른다. 왜냐하면 당시 나의 모의고사 성적은 예전과는 달리 날개를 단 듯 거침없이 오르고, 내신 성적도 학교에서 최상위권에 서서히 가까워지고 있었기 때문이다.

이런 상황에서 최고의 대학을 가고 싶은 욕심이 없었던 것은 아니다. 누구나 가고 싶은 학교의 학생이 된다는 것을 누가 마다하겠는가. 또한 한일고에 진학하기를 원했던 것처럼 우리나라에서 가장 뛰어난 인재들이 모이는 대학에서 그들과 경쟁하며 더 넓은 세상을 볼 수 있다면 나의 꿈과 비전에 한 걸음 더 가까이 다가갈 수 있으리라 생각했다.

하지만 점수와 시험의 노예가 되어야만 서울대를 갈수 있다면, 기꺼이 그 욕심은 접겠다는 것이 내 생각이었다. 서울대 합격이라는 유혹도 매순간 행복하겠다는 내 삶의 원칙보다 우선할 수는 없었다. 게다가 사람들의 걱정과는 달리 꿈을 위한 여러 활동을 한다고 해서 공부를 포기하는 것도 아니었다. 앞서 말했듯 꿈을 위해서라도 기본적인 지식과 학업은 필요했다. 그저 주어진 시간에 공부를 열심히 하고 최선을 다해 시험을 치렀다면 결과에 만족하자는 것이 내 결론이었다. '최고'가 아닌 '최선'이 내 목표이자 원칙이었기 때문이다.

그런데 우연한 계기를 통해 더 이상 시험과 점수의 노예가 되지 않고, 내 삶의 방식대로 3년을 보내도 서울대에 갈 수 있음을 알게 되었다. 오히려 서울대는 나처럼 3년을 보낸 학생들이 더 쉽게 합격할 수 있는 전형으로 학생들을 뽑고 있었다.

유패드 전국 총회를 열심히 준비하고 있던 어느 날, 점심을 먹고 교실에 들어와 다음 수업을 준비하고 있는데 교실 스피커에서 교감선생님의 목소리가 울렸다.

"강당에서 서울대학교 입시설명회가 있으니 2,3학년은 전원 참석하기를 바랍니다."

"가봤자 도움 되는 게 있겠어? 설명회가 다 거기서 거기지."

호건이가 먼저 부정적인 반응을 내보였다.

"그럼 우리 설명회 가는 척 하다가 탁구 치러 갈래?"

평소 입시설명회가 거기서 거기라는 생각을 하고 있던 나 역시 설명회에 가야 할 필요성을 느끼지 못했으므로 호건에게 탁구를 치러 가자는 제안을 했다. 설명회를 갔다가 화장실 가는 척 하면서 탁구장으로 가겠다는 게 우리의 계획이었다.

그런데 설명회가 시작되자 탁구를 치러 가겠다는 생각은 금세 사라져버렸다. 예상했던 입시설명회의 내용과는 너무도 달랐기 때문이다. 우선 설명회를 하셨던 분이 학원강사나 입시전문가가 아니라 실제 서울대에서 학생들을 뽑는 입학사정관이었기 때문에 이전의 설명회를 들을 때와는 달리 한 마디 한 마디에 신뢰가 갔다. 또한 설명회를 듣기 전까지만 해도 서울대는 오직 수능과 내신으로만 학생들을 선발하는 줄 알았는데 그것이 아니었다.

그 분의 말씀을 들어보니, 서울대에서 특기자전형을 만든 이유와 내가 기존 입시제도에 대해 가지고 있던 문제의식들이 많은 부분에서 일치하고 있음을 알 수 있었다.

"여러분, 수능과 내신 성적이 높으면 무조건 똑똑한 학생인가요? 아니죠. 서울대에서도 수능과 내신 성적이 학생의 잠재력을 모두 보여주지 않음을 잘 알고 있습니다."

입학사정관은 서울대학교 특기자전형에 대해 전체적으로 설명하고 나서 어떤 학생을 이 전형으로 뽑고자 하며, 어떤 관점에서 학생이 우수하다고 평가하는지에 대해서 꼼꼼히 설명했다.

"특기자전형은 전반적인 학교생활이 우수하고, 자신이 선택한 진로에 대한 남다른 열정과 노력을 보여준 학생을 선발합니다. 또 봉사정신이 투철해야 하지요. 즉 다양한 면에서 우수함을 보이는 학생들을 선발하는 전형입니다."

내가 생각했던 것처럼 시험 성적만 높은 학생이 아닌, 학업은 물론 꿈을 위해 자신만의 특별한 노력을 하는 학생들을 뽑겠다는 말이었다. 어느 정도의 학업 성적만 뒷받침된다면, 유패드 활동처럼 내가 꿈을 이루기 위해 '지금, 여기서' 하고자 했던 계획들 그 자체가 특기자전형에서 원하고 있던 것들이었다. 이 특기자전형 설명회를 통해 내가 3년 동안 나만의 길을 가겠다고 했던 계획이 오히려 서울대에 가는 더 쉽고 유익한 방법일 수 있음을 깨달았다.

이러한 생각에 결정적으로 힘이 실리게 된 이유가 또 하나 있다. 설명회를 듣다 보니 내가 유패드를 시작하면서 생각했던 것처럼 유독 입학사정관도 '전공에 대한 열정'을 거듭 강조했기 때문이다.

"특기자전형을 만든 가장 큰 이유는 전공에 대한 열정이 강한 학생을 뽑기 위해서입니다."

처음에는 대학 측에서 형식적으로 내세우는 내용과 실질적인 선발 기준이 다른 경우가 많기 때문에 주의 깊게 듣지 않았는데, 그 분은 '전공에 대한 열정'에 굉장한 무게를 두고 설명회를 이어나갔다. 실제로 '전공에 대한 열정'이라는 단어를 들을 때마다 노트에 횟수를 기록해보니, 한 시간 동안 무려 열세 번이나 그 단어를 사용하고 있었다. 그제야 정말 진심에서 우러나서 하는 말임을 알 수 있었다.

전공에 대한 열정을 그토록 강조한 이유를 그녀는 이렇게 말했다.

"우수한 성적만으로 서울대학교에 합격한 학생들이 막상 대학에 와서 공부를 하다보면 자신의 전공을 왜 공부하는지 그리고 어떤 의미가 있는지에 대해서 전혀 모르고 있는 학생들이 많아요."

평소 내가 가지고 있던 문제의식과 정확히 일치했다. 이러한 문제들로 인해 서울대학교에서 입학사정관제를 통해 학생들을 선발하기 시작하였고, 특기자전형에서도 자신의 전공에 대한 열정을 가진 학생들을 가장 우선적으로 뽑겠다는 것이었다. 입학사정관의 강연 내용을 듣고 나니 더욱 확신이 생겼다.

'특기자전형은 나를 위한 전형이다.'

특기자전형 덕분에 내겐 꿈과 자유를 향해 걸어가는 과정이 서울대로 향하는 지름길이 된 것이다.

설명회가 끝날 때쯤 나는 '서울대 합격'이 꿈을 위해 소중한 3년을 매 순간 행복하고 치열하게 보냈다는 증거가 될 수 있다고 생각했다. 또한 나와 같은 생각을 하는 다른 친구들과 후배들에게 행복하게 고등학교 3년을 보내도 서울대에 갈 수 있다는 '살아있는 증거'가 되고 싶었다. 그래서 나와 같은 길을 따라 유패드 활동을 하는 민기, 재현, 재엽 등과 같은 많은 후배들이 더 이상 남의 눈치를 보지 않기를 바랐다. 유패드 활동을 할 때 비판하고 비아냥댔던 사람들에게는 '전공에 대한 열정'을 실천하는 것이 결코 입시와 반대되는 길이 아님을 깨우쳐주고 싶었다.

전공에 대한 열정이
중요한 이유

　내가 서울대 특기자전형 설명회를 듣고 얻었던 가장 큰 수확은 '전공에 대한 열정'이 입학사정관제에서 매우 중요하다는 사실을 알게 된 것이다. 전공에 대한 열정은 학생부종합전형의 핵심 5요소 중 한 가지인 '모집단위에 대한 재능과 열정'과 같은 말이다. 그렇다면 왜 전공에 대한 열정을 입학사정관이 그렇게 강조했고, 결과적으로도 그렇게 중요할 수밖에 없는지 따져보자.

　입학사정관제도(현 학생부종합전형)의 핵심은 제도의 이름에서 알 수 있듯 당연히 입학사정관이다. 그런데 대부분의 경우 입학사정관은 그 학교의 교수이며, 전담 입학사정관과 교수가 함께 심사에 참여한다.

　내가 대학을 다니며 여러 교수님들을 보면서 느낀 결과, 교수들은 평생을 한 학문에 빠져 그 학문의 발전을 위해 살아가는 사람들이다. 자신이 공부하는 학문에 대한 자부심, 열정은 타의 추종을 불허한다. 단적인 예를 한 번 들어보자. 여러분이 철학을 30년간 공부한 철학과 교수인데, 철학과 학생들을 뽑는 입학사정관으로 심사에 참여하게 되었다.

A학생 : TEPS 점수가 만점에 가깝고, 내신 성적도 1.1등급 대이다. 수학 경시대회, 영어경시대회 등 다양한 경시대회에서 많은 수상을 했다.

B학생 : 점수도 합격자의 평균도 안 되고, 내신 성적도 2등급 대로 공부를 잘하긴 했지만 A학생만큼은 아니다. A학생만큼 특별한 스펙이 있는 것도 아니다. 다만 B학생은 철학분야에 관한 책을 200권 이상 읽었고, 칸트의 철학에 대해 깊이 이해하고 있음을 다양한 탐구활동을 통해 보여주었다. 게다가 교수 자신이 저술한 책을 읽고 그에 대해 나름의 비판과 대안을 포트폴리오를 통해 보여주었다.

(*참고로 현재는 대학에서 영어능력시험이나 교외 수상 경력 기재를 금지하고 있다.)

당신이 철학과 교수라면 과연 어떤 학생을 뽑겠는가? B학생의 '철학'에 대한 태도가 진실성 있게 느껴졌다면 교수는 당연히 B학생을 뽑을 것이다. 철학과 교수에게는 학생의 '철학'에 대한 태도만큼 중요한 것이 없다. 다른 학생들보다 성적이나 스펙이 조금 떨어진다 해도 자신이 쓴 책을 가지고 철학을 공부했고, 비록 부족하긴 하지만 나름의 비판도 해봤다는데, 당연히 교수의 호기심을 자극하지 않겠는가. 또한 학생의 철학에 대한 태도가 그토록 진지하고 열정적인데 어떤 교수가 이런 기특한 학생을 뽑지 않겠는가.

입학사정관들은 입시에서 완벽한 학생을 선발하려는 것이 아니라 우수한 인재로 성장할 수 있는 잠재력을 가진 학생을 선발하고자 한다. 영어 실력은 대학에 와서도 충분히 향상시킬 수 있다. 또 내신 성적이 높아야만 반드시 철학 공부를 잘할 수 있는 것도 아니다.

공자는 논어에서 학문의 경지를 다음과 같이 세 가지로 나누었다. "어떤 사실을 아는 사람은 그것을 좋아하는 사람만 못하고, 좋아하는 사람은 즐기는 사람만 못하다知之者不如好之者, 好之者不如樂之者." 즉, 학문을 즐길 수 있을 만큼의 열정을 가지는 것이 학문을 하는 데 필요한 최고의 덕목이다. 이처럼 처음에 대학에 들어갈 때는 부족한 면이 있더라도, 자신이 그토록 뜨거운 열정을 가지고 있다면 누구보다도 성실히 공부하고 최대의 역량을 발휘할 것이다. 그렇기 때문에 스펙보다는 '전공에 대한 열정'이 우선순위에 있는 것이다.

특기자전형 설명회 후
달라진 공부법

특기자전형 설명회는 나만의 길을 가겠다는 구상에 날개를 달아주었다. 남들과는 다른 나만의 길을 고집하면서도 서울대에 갈 수 있다는 사실이 나를 설레게 했다. 그 덕분인지 점점 공부에 재미가 붙기 시작했고, 유패드도 어느새 자리를 잡아가기 시작했다.

우선 예전에는 수능과 내신을 다소 부정적으로 여겼었는데 '가르쳐주는 것만 공부하면 되는 수능과 내신조차도 정복하지 못하면서 무슨 큰일을 하겠나'라는 긍정적인 시각으로 바뀌었다. 그러다 보니 스트레스의 원흉이었던 공부가 어느 새부터 승부욕을 자극하는 하나의 도전이 되었다. 오랫동안 나를 힘들게 했던 수학 공부도 포기하지 않고 하나둘씩 풀어내다 보니 예전엔 느끼지 못했던 희열을 느낄 수 있었다.

공부를 재미있게 하다 보니 좋은 결과는 자연스레 따라왔다. 수학, 언어, 영어 등 모든 과목의 성적이 향상되었다. 그리고 마침내 2학년 5월, 전국 모의고사에서 기적 같은 결과를 거뒀다. 난생 처음 '전국 11등'이라는 등수에 오른 것이다.

"어머니, 저 이번 모의고사에서 전국 11등 했어요."

"뭐? 전교 11등도 아니고, 전국 11등?"

"네. 전국 11등이요!"

"정말 대단하구나, 엄마는 네가 충분히 해낼 거라 생각했다."

친구들이나 선생님들도 다들 놀라기는 마찬가지였다.

"모의고사 성적 잘 안 나온다고 징징대던 게 엊그제 같은데, 그거 다 엄살이었네."

"아니야, 운이 좋아서 그런 거지."

"운도 실력이지. 다음번엔 내가 더 잘 볼 거니까 긴장해."

전국 11등이라는 성과는 큰 성취감을 안겨주었다. 하지만 이번 결과의 진짜 가치는, 내가 꿈을 위한 여러 활동을 하면서 학업에서도 최상의 결과를 거둘 수 있음을 확인한 데 있었다.

특기자전형 설명회 이후 서울대에 가겠다고 수능, 내신 점수를 올리려 책만 붙잡고 있었던 것은 아니다. 오히려 얼마 남지 않은 유패드 첫 총회를 준비하느라 분주히 움직였고, 그럴수록 남는 시간에만 학업에 집중했다.

다만 예전과는 달랐던 것이 하나 있었다. 바로 실질적인 공부를 하기 시작한 것이다. 예전에는 공부의 질質보다 '책상에 얼마나 오래 앉아 있었는가'라는 공부의 양量에 집착하는 경향이 있었다. 하지만 아무리 책상에 오래 앉아 있어도 실질적인 공부는 앉아 있는 시간에 비례하지 않음을 어느 순간부터 깨닫기 시작했다. 책상에 앉아도 '무엇을' 공부해야 한다는 생각보다는 '빨리 뭐든지' 공부해야 한다는 불안이 컸기 때문에 계획 없이 눈에 보이는 책을 공부하기 급급했다. 결과적으로 머리에 남는 것이 하나도 없는 공부였던 셈이다. 실질적인 공부가 아니라 껍데기뿐인 공부의 함정에서 벗어나지 못하면 365일 24시간 책을 붙잡고 있어도 얻는 것이 없는 시간낭비일 뿐이었다.

이 글을 읽는 학생들에게도 이 지면을 빌어 스스로를 되돌아보라고 말하고 싶다. 공부를 하고 나서 '오늘 뭘 공부했다'라는 생각보다 '몇 시간이나 공부했다'라는 안도감이 먼저 든다면 그것은 실질적인 공부가 아니라 '죽은' 공부를 한 것이다. 나는 이 문제를 해결하기 위해 원점으로 돌아가 스스로를 냉정하게 평가해보았다.

우선 내게 필요한 수준의 학습교재와 과목에 따른 학습량을 꼼꼼하게 계획했다. 그 시작으로 학년별, 학기별, 분기별로 큰 그림부터 그렸다. 그리고 그 큰 그림을 바탕으로 매월 마지막 날, 다음 달의 학습계획을 세웠고, 일요일 저녁에는 다음 주의 학습계획을, 하루 공부를 마칠 때에는 다음 날의 학습계획을 세웠다. 그것을 바탕으로 매일 아침마다 30분 단위 계획표를 세웠는데, 왼쪽에는 전날 밤에 세운 학습계획, 즉 오늘 해야 할 공부의 목록을 적고, 오른쪽에는 그 날 혼자 공부할 수 있는 순수 자습시간을 적었다. 그리고 30분 단위로 공부할 목록들을 알맞게 분배했다. 그러다 보니 자연스럽게 책상에 앉으면 무엇을 공부해야 할지 고민하지 않고 바로 공부를 시작할 수 있었다.

공부할 때 효율성과 집중력을 높이기 위해서도 여러 가지 노력을 했다. 우선은 책상 주변을 말끔하게 정리하고, 계획에 맞추어 그 시간에 필요한 교재와 노트만을 책상 위에 올려두었다. 또한 필기한 것과 교과서 내용을 펜으로 베껴 적기만 하며 '눈에 보이는' 공부의 흔적들을 늘리는 데 집착한 공부법을 버렸다.

손보다는 머리를 최대한으로 쓸 수 있게, 머릿속의 노트에 내용을 새겨 넣는다고 생각하며 공부를 해나갔다. 예를 들어, 수학 문제를 풀 때는 닥치는 대로 공식을 대입하고 식을 쓰기보다는, 이 문제가 어떤 개념을 요구하는 문제인지, 그리고 어떤 식으로 개념을 적용해야 하는지 풀이 계획을 머릿속으로 세우고 나서야만 펜을 집어 들었다. 영어 단어를 외울 때도 무조건 반복해서 끼적거리기보다는 머릿속에서 단어를 쓰고, 입으로 발음하고, 손으로도 따라 적으며 최대한 짧은 시간에 효율적으로 암기를 했다.

그 결과, 손과 머리가 따로 놀았던 예전의 공부와는 달리 모든 정신과 몸이 하나의 내용에 몰입하게 되었다. 그러다 보니 예전 같으면 열 시간이 걸릴 내용도 서너 시간이면 더 완벽하게 숙지할 수 있었다. 또한 손보다 머리를 쓰는 공부를 하다 보니 손에 교재나 노트가 없어도, 길을 걸을 때나 밥을 먹을 때도 조금 전에 공부한 내용을 머릿속으로 다시 복습할 수 있었다.

껍데기가 아닌 알맹이를 공부하게 되니 성적이 오르는 것은 당연했다. 이 모든 변화는 의무감과 불안감에서 하는 공부와 실질적인 내용을 얻고자 하는 공부를 구별하는 데서 시작되었다. 공부 집중력을 높이는 데는 특별한 기술이 있는 것이 아니다. 삶과 목표에 대한 진지함, 시간의 소중함을 깨달으면 집중력은 자연스레 따라온다.

유패드의
첫 총회

특기자전형 설명회의 내용은 학업만큼이나 유패드 활동에도 많은 동기부여가 되었다. 설명회를 듣기전만 해도, 내가 시작한 유패드 활동이 함께하는 친구들이나 후배들의 미래, 즉 그들의 입시에 부정적인 영향을 끼칠지도 모른다는 불안과 미안함을 가지고 있었다. 하지만 특기자전형 설명회를 듣고 나니, 그들의 입시에도 유패드 활동이 많은 도움이 될 수 있을 거란 생각이 들었다. 덕분에 더 기쁜 마음으로 유패드 활동에 집중할 수 있었다.

마침내 6월 6일 서울시 중구 청소년 수련관에서 유패드의 출범식 및 제1회 총회가 개최되었다. 첫 총회에는 13개 학교의 100여 명의 학생들이 참가했다. 유패드가 괄목할 만한 성장을 하고 있었던 것이다. 게다가 이 날은 특별한 손님이 유패드의 시작을 빛내주시기로 되어 있었다. 뉴욕 UN본부에서 한국 대표부 차석대사로 일하고 계시던 박희권 외교관이 유패드 최초의 강연자가 되어준 것이다.

나는 유패드 회원들 외에 문과 친구들에게도 공지하여 강연 참석을 희망했던 여러 친구들과 함께 서울행 버스에 몸을 실었다. 초행길이라 서울에 도착해서도 사람들에게 길을 묻고 또 물어 강연이 열리는 수련관에 겨우 도착했다. 우리가 그곳에 들어갔을 때는 이미 강연이 시작된 상태였다.

박희권 대사는 다양한 주제에 대해 말씀을 하셨는데, 그 중 가장 인상 깊었던 내용이 있었다.

"6.25전쟁 이후 반 세기만에 우리가 세계 10위의 경제대국이 될 수 있었던 것에는 국제사회가 어느 지역보다도 우리나라에 많은 원조를 기울였기 때문입니다. 만약 우리에게 주어진 원조들이 아프리카 나라들에 주어졌다면, 반대로 우리나라는 지금 그들처럼 빈곤과 질병 속에서 사투를 벌이고 있을지도 모릅니다."

그 말을 듣고 보니, 1000원짜리 영양죽 한 그릇이면 영양실조로 죽어가는 아프리카 아이들을 여럿 살릴 수 있는데도, 5000원짜리 커피를 아무렇지 않게 사서 마시는 우리들의 모습을 되돌아보아야 한다는 생각이 들었다. 이 날의 강연을 계기로 '내가 입고 있는 이 따뜻한 옷이 지구 반대편 사람들의 희생 덕분은 아니었을까' 하는 책임감이 생겼다.

그 외에도 박희권 대사는 독도 영유권 문제가 걸린 한일어업협정의 비화 등 책에서는 볼 수 없었던 외교현장의 실감 나는 이야기들을 들려주셨다. 외교관을 꿈꾸고 있던 그 자리의 많은 친구들은 선배 외교관의 경험담을 들으며 강연 내내 열심히 메모를 했다. 처음에는 단지 정치외교에 대해 좀 더 알고 싶다는 이유로 시작했던 유패드가 얼굴도 몰랐던 친구들의 꿈을 키우는 데 도움을 주고 있다는 생각에 자신도 모르게 뿌듯해졌다.

두 시간여의 강연이 끝나고 본격적인 유패드의 첫 총회가 시작되었다.

"유패드 제1회 총회를 시작하겠습니다."

첫 모임에서 임시회장을 맡기로 한 대원외고의 유진이가 사회를 맡았다.

"먼저 3월과 5월에 있었던 유패드 설립 회의 때 논의된 내용을 말씀드리겠습니다."

유패드의 성격에 대해서 이런저런 얘기가 많았기 때문에 유진이는 그 이야기부터 시작했다.

"유패드는 어떠한 정치적 색깔도 띠지 않고 어른들의 간섭을 받지 않는 고등학생들만의 순수한 학술단체의 성격을 유지하기로 의견이 모아졌습니다."

'전국청소년정치외교연합'이라는 동아리의 이름 때문인지는 몰라도 유패드가 정치적 단체가 아니냐 하는 의문을 제기하는 친구들이 많았다. 그래서 유진이는 창립 총회에서 아예 못을 박아버린 셈이었다.

"이번엔 유패드 교내활동에 대한 소개를 위해 유패드 창립을 시작한 한일고의 조승우 군에게 마이크를 넘기겠습니다."

나는 마이크를 건네받았다.

"안녕하세요. 한일고 유패드장을 맡고 있는 조승우입니다. 유패드를 구상한 지 반년 만에 이렇게 많은 분들이 참여했다는 것에 가슴이 벅찹니다. ……이제 저희 한일고에서 어떤 교내활동들을 하고 있는지 소개드리겠습니다."

이 총회를 계기로 유패드에 참가하는 학교들이 우리 학교의 활동을 참고하여 좀 더 내실 있는 교내활동을 할 수 있기를 바라는 마음으로 준비했던 발표였다.

"저희는 기숙사학교라는 장점을 활용해 다양한 활동들을 하고 있습니다. 우선 모두 매일 신문을 읽고, 각자 선정한 기사를 스크랩한 후 요약하고 자신의 생각을 적습니다. 그 스크랩을 가지고 매주 월, 수, 금요일 저녁에 야간 자습이 끝나고 모여 돌아가며 발표를 합니다. 모두의 발표가 끝나면, 다른 친구의 비평에 대한 각자의 의견을 이야기하며 토론을 이어갑니다."

신문 스크랩 자료와 토론 기록장을 찍어 PPT로 보여주었더니 다들 놀라는 눈치였다.

"두 번째로는 일반토론과 독서토론을 2주에 한 번씩 번갈아가며 실시하고 있습니다."

실제로 우리는 토요일 오전에 일반토론을 할 때는 사회자를 맡은 사람이 토론 주제를 정하고 관련 자료를 정리해오면 다 함께 토론을 진행했다. 그리고 독서토론을 할 때는 홉스의 《리바이어던》, 로크의 《시민정부론》과 같은 고전부터 《후불제 민주주의》《정치학으로의 산책》등 다양한 책들을 읽어 나가며 토론을 했다.

"마지막으로 이 PPT를 한번 봐주십시오. 이 자료는 제가 지난 달에 친구들에게 발표했던 '동아시아 군비 경쟁'에 관한 PPT 자료입니다. 이처럼 저희는 한 달에 한 번씩 돌아가며 국제정치 현안에 관해 한 시간 정도 세미나 활동을 하고 있습니다."

여기저기서 부러움과 감탄의 박수소리가 터져나왔다. 사실 유패드의 많은 친구들이 유패드 활동의 중점이 총회, 강연회와 같은 교외활동에 있다고 생각하고 있었다. 하지만 나는 유패드를 시작할 때부터 정치외교에 대한 꿈을 키우고 실질적인 지식을 넓히겠다는 목표를 위해 토론, 독서, 발표와 같은 교내활동이 중요하다고 생각했다. 오히려 교외활동은 그런 교내활동의 결과를 공유하고, 교내에서는 할 수 없는 활동을 보완할 뿐이었다.

이 부분에 대해 좀 더 얘기해보자. 요즘 학생부종합전형의 확대 때문인지 전국 단위의 고등학생 동아리들이 우후죽순 생겨나고 있다. 자신의 꿈을 찾아나서는 10대들이 늘어나고 있다는 점에서는 긍정적인 변화이다. 다만 아쉬운 것은 동아리의 외적인 측면이나 눈에 보이는 활동에만 집착하는 경향이 있다는 점이다. 수시자료로 활용하기 위해서는 뭐든지 '크고 있어 보이는' 활동이 중요하다는 생각 때문인 듯하다. 하지만 거기에만 집착하다 보면 동아리 활동을 통해 얻어야 할 '진짜 알맹이'를 놓치는 경우가 생길 수 있다.

대학에서는 공교육으로 채워줄 수 없는 학습의 연장선상으로 동아리 활동을 평가한다. 그 때문에 동아리를 통해 실질적인 내공을 쌓지 못한다면 동아리 활동은 좋은 수시자료로 활용되기가 어렵다. 그러므로 동아리 활동을 하고 있는 학생이라면, 동아리 활동을 시작한 초심이 무엇인지 되돌아보고 그에 맞게 내실 있는 활동을 해야 자신의 삶과 입시에서 훨씬 더 많은 도움이 될 것이다.

나의 발표가 끝나자 전국 단위의 유패드 활동에 대한 토의가 시작되었다.

"여러분들이 유패드를 통해 하고 싶은 교외활동이 있으면 손을 들고 발표해주십시오."

유진이는 카랑카랑한 목소리로 총회를 이끌어갔다. 유진의 말에 다양한 의견들이 나왔다.

"국회의사당이나 외교부, 청와대 같은 정치외교의 현장을 견학하고 그곳에서 정치외교를 이끌어가는 분들의 이야기를 직접 들어보면 어떨까요?"

김해외고의 효정이가 먼저 의견을 냈다. 이전 모임에서도 현장 견학이 가장 많이 나온 의견인만큼 많은 친구들의 호응을 얻었다. 상산고의 유준이는 또 다른 의견을 냈다.

"유스호스텔을 빌려서 1박2일로 한 가지 주제를 놓고 토론회를 개최하는 건 어때요? 교수 같은 전문가들이 통일이나 외교정책 같은 주제로 며칠씩 세미나를 하잖아요. 세미나를 꼭 교수님들만 하라는 법은 없지 않나요?"

이 의견들 외에도 캠페인 활동, 청소년 관련 정책 청원 운동처럼 다소 실천적인 활동부터 해외 청소년들과의 교류 프로그램 같은 스케일이 큰 활동까지 다양한 의견이 나왔다. 또한 평소 자신이 만나고 싶던 명사를 초청해 강연회를 열어달라는 친구들도 제법 많았다. 안철수 교수, 한비야 팀장, 손석희 앵커, 정치인과 외교관, 심지어는 외교부장관, 대통령까지 초청하자는 제안도 있었다.

마침내 회의 종료 시간 5분여를 남기고서야 지금까지 나온 의견을 토대로 최종 안건이 정해졌다. 다음 총회에서 임원진을 구성하기로 하고, 그후 세부 운영방침을 의결에 부치기로 했다. 또한 앞으로의 여러 활동 계획이 정해졌다. 앞서 말했듯 독서, 토론, 발표 외에도 교내 캠페인 등의 활동을 학교별로 자율적으로 실시하기로 했다. 그리고 스크랩, 토론 자료 등 교내활동 자료를 매달 학교별 유패드장이 카페에 게시하고, 다른 학교 친구들도 그것을 공유하기로 했다.

교외활동으로는 1~3개월에 한 번씩 전국 총회를 개최하고, 총회와 더불어 외교부, 국회의사당과 같은 현장 견학, 명사초청 강연회, 1박2일 토론회 등을 순차적으로 개최하기로 했다. 그렇게 우리들의 치열했던 첫 총회는 마무리되었다.

가고자 하는 학교의 입시전형 전문가가 되어라

서울대학교 외교학과에 진학하겠다고 결심한 이후, 나는 서울대학교 입학처 홈페이지부터 네이버 지식인, 수만휘, 오르비, 파파안달부르스와 같은 입시 커뮤니티를 모두 뒤지며 서울대학교 입시전형과 관련된 자료들을 수집했다. 공식적인 자료부터 신문기사, 합격생들의 면접 후기 등 닥치는 대로 모든 자료들을 검토하고 한글파일 하나로 정리해두었다. 특히 특기자전형과 관련해서는 학교에서 열린 입시설명회는 물론이거니와, 인터넷을 통해 다양한 전형 관련 동영상들을 찾아보았다. 또한 학교 선생님들이 간간히 알려주시는 입시전형에 관한 모든 말씀들을 받아 적었다. 그 덕분에 고등학교 시절의 나는 어떤 입시전문가보다도 특기자전형(현재의 학생부종합전형)의 핵심과 본질을 날카롭게 꿰뚫을 수 있었다.

최근 강연을 다니다 보면, 입시전문가들보다도 학생부종합전형에 대해 더 잘 알고 계신 부모님들을 볼 수 있다. 하지만 입시는 부모님이 치르는 것이 아니다. 학생 스스로 가고자 하는 학교의 입시전형을 정확하게 알고 있어야 그에 맞추어 자기주도적인 입시전략을 세울 수 있다. 특히 학생부종합전형은 대학마다 전형의 특색이 조금씩 다르므로 학생 스스로 가고자 하는 학교의 학생부종합전형에 대한 모든 자료를 직접 찾아보고, 나름대로 분석하여 자신만의 입시전략을 수립하는 것이 굉장히 중요하다. 따라서 진학하고자 하는 목표 학교가 생겼다면, 다음의 방법을 통해 그 학교의 입시전형을 마스터하라.

- 목표 학교의 입학처 홈페이지에 들어가 입시전형에 관한 모든 자료들을 인쇄하여 클리어파일로 정리하라.
- 목표 학교의 입학처장이나 입학사정관 등이 언론과 인터뷰한 기사들이 있다면 모두 수집하라.
- 고3이 되기 전까지 적어도 두 번 이상은 학교의 입시설명회에 부모님과 함께 참석하라.
- 수만휘, 오르비, 파파안달부루스와 같은 입시 커뮤니티 등 가능한 모든 경로를 통해 목표 학교에 합격한 선배들의 합격 수기를 모두 모아라.
- 부모님께는 일간지의 입시 관련 섹션 또는 입시 관련 주간지, 월간지 등의 정기구독을 부탁드려서 관련자료를 수집하라. 부모님이 해줄 수 없는 상황이라면 학생이 직접 하는 것도 좋다. 입시자료 외에도 다양한 정보와 동기부여를 얻을 수 있다.
- 학생부종합전형과 관련된 도서를 3권 이상 구매하여 정독하라.
- 위의 과정을 통해 수집한 자료들을 목표 학교, 목표 학과별로 한글파일에 정리해두라. 인쇄하여 클리어파일에 꽂아두고 항상 눈에 보이는 곳에 놓아두라.

전공에 대한 열정, 930시간의 법칙

전공에 대한 열정을 보여주기 위해서는 어떤 활동에 얼마만큼의 시간을 투자해야 할까? 우선 동아리 활동(10단계 전략 4 참조)과 소논문 작성(10단계 전략 7 참조), 전공과 연관된 깊이 있는 독서 활동(10단계 전략 10 참조) 등이 대표적이다. 이에 관해서는 이후 세부적으로 살펴볼 것이다. 그렇다면 얼마만큼의 시간을 투자해야 할까? 3년 동안 최소한 930시간 이상을 투자해야 원하는 대학, 원하는 학과에 진학할 수 있는 가능성이 높아진다.

왜 930시간일까? 고등학교 3년은 일日수로 1095일, 주週로 환산하면 약 155주가 된다. 그런데 내 경험과 다른 합격자들의 사례를 검토해본 결과, 합격자들은 평균적으로 전공과 관련한 활동에 최소 일주일에 여섯 시간을 투자하였다. 따라서 155주마다 일주일에 최소 여섯 시간 이상, 즉 3년간 최소 930시간 이상은 전공과 관련한 활동에 투자해야 한다는 것이다.

왜 하필 여섯 시간인가? 예를 들어 동아리 활동을 한다고 치면, 일주일에 한 번씩 토론 또는 세미나 활동을 한다고 했을 때, 최소 두 시간은 개인적으로 준비하는 시간이 필요하고, 두 시간은 친구들과 토론이나 발표시간을 가져야 한다. 그리고 활동 후에 친구들과 함께한 활동으로부터 얻게 된 자료와 배운 것들, 느낀 점들을 개인적으로 다시 정리하는 시간이 두 시간 정도 필요하다. 이 세 가지 과정이 모두 갖추어져야 남들과는 차별화되는 자신만의 동아리 활동이 될 수 있다.

소논문 작성에 있어서도 마찬가지다. 일주일에 주제와 관련된 독서활동이 최소 두 시간은 뒷받침되어야 실질적인 연구가 될 수 있고, 두 시간은 기존 도서 외의 다른 자료들을 찾는 데 투자해야 한다. 그리고 나머지 두 시간은 그 독서와 자료 탐사를 정리하고, 자신만의 생각을 글로 표현하는 데 필요하다. 이처럼 소논문 작성에 있어서도 일주일에 최소한 여섯 시간 이상은 필요하다.

따라서 전공에 대한 열정과 관련된 활동을 할 때는 3년간 꾸준하게 930시간 이상을 투자하는 것이 중요하다. 아무런 준비 없이 고3이 되고 나서야 급하게 이 시간들을 투자하려고 하면 '수시'와 '정시' 두 마리 토끼를 모두 놓칠 수 있다. 그러므로 적어도 1학년 여름방학 때까지는 나름대로의 '전공에 대한 열정' 활동계획을 세워보고, 1학년 2학기 이후부터 꾸준하게 그 시간들을 자신의 상황에 맞게 잘 분배하는 것이 중요하다. 예를 들어 학기 중에 꾸준하게 시간을 투자하기 힘든 상황이라면, 방학 중에 시간을 조금 더 집중적으로 투자하는 것도 좋은 방법이다.

4장

불가능은 없다

모두 현실주의자가 되자.
하지만 가슴 속에 불가능한 꿈을 품자.

— 체 게바라

왕따의 트라우마를
극복하다

2학년 여름, 학교 곳곳에 포스터가 붙었다.

'한일고 22기 학생회장 선거.'

드디어 올 것이 왔다. 꿈을 위해 할 일을 적어나갈 때 꼭 하고 싶었던 것이 '학생회장'이었다. 한일고에서는 학생회가 갖는 상징성이나 실질적인 업무, 학교에서 철저히 보장해주는 학생회의 자율성 등을 고려했을 때 학생회장은 아무나 할 수 있는 일이 아니었다. 그만큼 친구들과 후배들의 신뢰를, 다시 말해서 그들의 마음을 얻는 사람만이 될 수 있었다. 그 무엇보다도 인간관계가 좋은 사람만이 학생회장이 될 수 있다는 뜻이었다.

'어떤 사람이 성공한 사람인지를 보려면 그 주위 사람에게 물어보면 된다'라는 말이 있다. 인생에서 인간관계만큼 중요한 것이 없다는 뜻이다. 나 또한 내 꿈을 이루려면 무엇보다 인간관계, 즉 사람의 마음을 얻는 것이 가장 중요하다고 생각했다. 하지만 그런 생각과는 달리 운동, 학업 등 모든 분야에서 자신감이 넘쳤던 나였지만 인간관계라는 약점 앞에서는 한없이 작아졌다.

어릴 때부터 맞벌이를 하는 부모님 아래 외동아들로 자란 환경 탓인지 나는 유독 친구들에 대한 배려심이나 이해심이 부족했다. 자기밖에 모르는 이기적이고 고집이 센 아이였다. 게다가 친구들에게 상처가 될 행동과 말을 참 많이 했다. 나 또한 사소한 말 한 마디에도 상처를 받을 만큼 소심했지만, 다른 친구들에게 심한 놀림과 창피를 주는 언행이 일상이었다. 그러다 보니 결국 초등학교 6학년이 될 때쯤 친구들은 그런 나에게서 멀어졌고 나는 '왕따'를 당했다. 두 달 동안 나는 '혼자'였다. 혼자 밥을 먹고, 혼자 학교를 오갔고, 학교가 끝난 뒤에도 친구들은 나를 찾지 않았다. 6학년 봄의 두 달은 20년보다도 길게만 느껴졌다.

나를 안타까워했던 한 친구의 도움으로 결국 그것이 나 자신으로부터 잘못된 것임을 깨닫고 이기적인 성격을 고쳐나가기 시작하면서 다행히 친구들은 다시 조금씩 마음의 문을 열었다. 하지만 전학을 가게 되면서 그때의 '왕따 트라우마'는 온전히 극복되지 못한 채 여전히 마음속에 깊은 상처로 남아 있었다.

그 때문인지 한일고에 와서도 무엇보다 힘들었던 것이 친구들과의 인간관계였다. 1학년 2학기부터는 호실 친구들, 반 친구들과의 관계가 정상으로 돌아오긴 했지만, 그렇다 해도 내가 친구들의 중심에 설 수 있었던 것은 아니다.

하지만 나의 꿈을 이루기 위해서는 무엇보다 먼저 이 트라우마를 극복해야 했다. 그 극복의 전환점으로 학생회장 출마를 선택했다. 학생회장이 되면 '리더십'을 글이 아니라 직접 경험으로 배울 수 있다고 생각했기 때문이다. 그 길로 곧장 학생회장 선거에 출마하겠다고 선언했고 학생회사무실에 신청서를 제출했다.

학생회장을 하면 공부할 시간을 많이 뺏겨 서울대에 못 간다는 인식 때문에 선배 기수들에서는 단독 출마나 두 명 정도가 출마하는 경우가 대다수였다. 그러나 우리 기수에서는 학생회장을 하고 싶어 하는 친구들이 굉장히 많았고, 그럴 만한 그릇이 되는 친구들도 많았다. 신청마감 전날까지 누가 출마할지 전교생들의 이목이 집중되었다.

마침내 선거에는 나를 포함해 총 네 명이 출마했다. 나를 빼고는 모두 유력한 후보라는 것이 전반적인 여론이었다. 졸업 후 동창들과의 술자리에서 들은 친구의 표현을 빌리자면, 그 친구들을 상대로 한 나의 도전은 '계란으로 바위치기'였다.

성현이, 은준이, 지수 이렇게 세 명이 경쟁 상대였다. 먼저 성현이는 1학년 때 나와 같은 호실을 썼던 룸메이트였다. 나와 싸우기도 많이 싸웠지만 힘들 땐 내 고민을 가장 잘 들어줬던 친구였다. 나의 '소울메이트'가 될 정도로 인간적인 매력이 넘치는 녀석이었다. 또한 1학년 때 반장이 아니었음에도 불구하고 반 행사나 다른 반과의 축구시합 등에서 반의 실질적인 리더 역할을 할 정도로 리더십도 뛰어났다. 잘생긴 얼굴에, 운동도 잘하고 성적도 좋아서 친구들 사이에서 '한일고 엄친아'라는 별명을 가지고 있었다. 게다가 네 명 중 유일한 이과생이어서 이과 친구들 대다수의 지지를 받고 있었기에 가장 유력한 후보였다.

그에 반해 은준이는 강한 리더십을 가진 성현이와는 달리 서글서글한 웃음과 좋은 인간관계로 '따뜻한 카리스마'를 가진 스타일이었다. 그럼에도 '옳고 그름'이 분명해서 할 말은 꼭 하는 성향이라 친구지만 나조차도 가끔 놀랄 때가 있었다. 은준이의 가장 큰 장점은 그를 아는 사람들이라면 모두 호감을 가지고 있어 적이 없다는 것이었다. 적이 없는 만큼 문과, 이과를 구분 짓지 않고 많은 아이들의 지지를 받고 있었다.

그리고 뒤늦게 선거에 출마한 2학년 때 룸메이트 지수. 이 친구는 유학을 다녀와서 우리보다 한 살이 많았다. 또한 굉장히 독실한 크리스천이었다. 그런 신앙 때문인지 1년간 나를 포함한 네 명의 친구와 같은 방을 쓰면서 단 한 번도 화를 내거나 싫은 소리를 한 적이 없었다. 항상 친구들에게 따뜻하게 대하고, 남들이 하기 싫은 궂은일도 아무렇지 않게 나서서 하곤 했다. 그 모습이 꼭 예수와 같다고 해서 친구들은 그를 '지저스Jesus'라고 불렀다. 게다가 지수의 1학년 때 반 친구들 모두가 그의 선거준비 캠프에 들어갈 만큼 확고한 지지층이 있었다.

그렇다면…… 나는?

누가 봐도 선거 판세는 세 명의 '골리앗'과 '다윗'의 싸움이었다. 지수처럼 확고한 지지층도 없었고, 은준이나 성현이처럼 폭넓은 인간관계를 가진 것도 아니었다. 고작 해봐야 1학년 때 반 친구들, 호실 친구들과의 관계가 대부분이었는데 성현이가 출마했기 때문에 그 친구들은 겉으로는 중립적 입장을 견지했다. 그러다 보니 나만의 확고한 지지층이 없었다.

2년간 나를 오랫동안 지켜보셨던 담임선생님이 그런 사정을 모를 리가 없었다. 담임선생님은 아이들과 축구도 매일 같이 하고, 우리들 사정에 대해 가장 많은 것을 알고 있었다. 그런 선생님이 하루는 점심시간에 나를 부르시더니 캔 커피 하나를 건네며 '힘내라 승우야'라는 짧은 격려 한 마디를 하시곤 가셨다.

나중에 선거가 끝나고 들어보니 내가 처한 상황을 아시던 선생님이 부모님께 전화를 하셨다고 한다.

"자존심 세고 승부욕 강한 승우가 학생회장 선거 때문에 큰 상처를 받지 않을까 걱정이 됩니다. 어머니께서 말려주시는 게 어떨까 싶습니다만."

배려 깊은 선생님의 걱정만큼이나 나에게는 감동적인 어머니의 믿음이 있었다.

"저는 승우를 믿습니다. 마음먹으면 그것이 뭐든 꼭 해내는 녀석입니다. 꼭 봐주십시오. 승우가 이 상황을 어떻게 헤쳐 나가는지요."

학생회장 선거,
내 인생의 터닝포인트

'Veni, Vidi, Vici.' 왔노라, 보았노라, 이겼노라. 줄리우스 시저의 명언이다. 홍정욱이 자신의 책《7막 7장》에서 초우트에서의 학생회장 당선을 적은 챕터에 붙인 제목이다. 그는 낯선 미국 땅에서 1년 만에 이질감을 극복하고 갑부의 아들, 학교 운동부 스타, 기존의 회장, 동급생들의 우상들 틈바구니에서 당당히 학생회장으로 당선되었다. 여러모로 나의 상황과 그가 처했던 상황이 비슷했다.

학교에서 가장 인기가 많은 '슈퍼스타'들을 상대로 가장 뒤쳐진 출발점에서 고군분투해야 하는 상황이었다. 선거가 얼마 남지 않은 시점에서 인기몰이를 도와줄 수 있는 인적 네트워크도 없었고, 그렇다고 나만의 특별한 강점이 있는 것도 아니었다. 그러나 난 너무나도 학생회장이 되고 싶었다. 내게 불가능할 거라고 얘기했던 주위의 많은 사람들에게 '내가 어떤 사람인지, 그들이 얼마나 잘못된 판단을 했는지' 보여주고 싶었다. 이미 마음속에는 당선될 것이라는 믿음이 가득 차 있었다.

스스로에 대한 무조건적인 믿음이 목표달성의 원동력이 되고, 매번 온

몸으로 그저 밀고나가는 '무대포 정신'이 내 인생의 최대 무기였다. 일단 결과에 대한 무조건적인 긍정과 믿음으로부터 출발한다. 무엇을 해야 한다고 결심하면 '할 수 있다, 도전해보자'라는 식이 아니라 '할 수 있다는 것은 기정사실'이라는 자기최면이 필요하다. 이후 필요한 것은 상황을 냉정하게 통찰함으로써 내가 가진 조건을 객관적으로 분석하는 일이다. 그 분석을 바탕으로 결과에 도달하기 위한 가장 효과적이고 효율적인 방법을 찾아낸다. 마지막으로 자신의 모든 에너지를 동원하여 미친 듯이 노력하는 것뿐이다.

이것이 바로 불가능한 목표도 실현 가능하게 만들어주는 나만의 행동 메커니즘이다. 누구나 목표를 세우고 효과적인 방법을 찾아서 노력하지만 '과연 성공할 수 있을까?'라는 의심과 불안으로 많은 에너지를 낭비하는 경우가 많다. 그 의심과 불안을 버리고, 무조건적인 확신을 가지고 노력한다면 그만큼 결과에 대한 믿음도 강화되고, 노력의 실질적 효과에 대해 끊임없이 고민하게 되어 목표달성에 더욱 가까워진다.

'학생회장 당선'이라는 목표는 세워졌기에, 다음 단계인 내가 가진 상황과 조건을 분석했다. '경쟁자들은 나보다 친구들의 훨씬 높은 지지를 받고 있고, 그만큼 더 유리한 인적 네트워크를 가지고 있다. 게다가 선거가 3주 밖에 남지 않은 상황에서 그것을 역전할 만큼의 시간적인 여유가 없다.'

주목해야 할 점은 두 가지였다. 첫째, 선거는 1학년과 우리 학년인 2학년을 대상으로 치러지는데, 2학년에서 아무리 많은 지지를 받는다고 하더라도 1학년 후배들에게 지지를 받지 못한다면 선거에서의 승리는 불가능하다. 반대로 과반수인 1학년 후배들의 표를 모두 받는다면 2학년에서 최다득표를 받지 못한다고 해도 충분히 당선될 수 있었다.

둘째, 아무리 후보와 친하다고 해도 비밀투표로 진행되고, 학생회가 학생들에게 미치는 영향력이 크기 때문에 좋은 공약과 탁월한 능력을 보여준다면 친구들의 마음을 충분히 얻을 수 있다고 판단했다. 결국 1, 2학년 모두의 '머리'와 '가슴'을 동시에 잡을 수 있는 기회는 선거 전날 치러지는 합동연설뿐이었다. 합동연설에서 학생들의 감성을 자극함으로써 그들의 마음을 얻고, 학생들에게 가장 필요하고 신선한 공약으로 그들의 표를 얻는 것이 내 선거 전략의 핵심이었다. 이것이 내가 가진 조건에서 할 수 있는 최선의 방법이었다.

다른 경쟁자들보다 학생들에게 더 유익하고, 그들이 공감할 수 있는 공약을 준비해서 한 방에 역전할 수 있는 멋진 연설을 준비해야 했다. 이제 패는 던져졌고, 그 두 가지를 위해 내가 가진 모든 에너지를 투입하는 일만 남았다.

그런 결론이 내려질 때쯤, 다른 세 친구들은 각자의 선거 진영을 꾸리고 있었다. 염두에 두었던 여러 친구들이 이미 발 빠르게 움직인 다른 경쟁자들의 선거 캠프에 속해 있었다. 그들과 달리 나는 제대로 된 선거 캠프도 꾸리지 못하고 있었다.

혼자 고군분투하는 모습이 불쌍해 보여서일까. 제석이가 나를 찾아왔다. 제석이는 재미있으면서도 쿨한 성격으로 많은 친구들이 좋아했다.

"조사, 내가 도와줄게."

"정말? 성현이도 너를 자기 캠프에 데려가겠다고 한다는 소문을 들었는데."

"이미 왔었어. 근데 걔네 캠프엔 이미 성현이를 도와줄 수 있는 친구들이 많이 있던 걸. 난 네가 충분히 학생회장이 될 자격이 있다고 생각해서 널 도와주러 온 거야."

"고마워! 너를 생각해서라도 꼭 당선될게."

이 일을 계기로 제석과는 둘도 없는 친구가 되었다. 그 후 재진이를 비롯한 여러 친구들과 동아리 후배들이 제석이처럼 나를 도와주겠다고 찾아왔고, 다른 세 친구만큼은 아니더라도 소박한 '드림팀'이 꾸려졌다.

먼저 팀원들과 나는 학생들이 공감할 수 있는 공약을 만들기 위해 쉬는 시간마다 약 100명 가량의 친구들과 후배들을 인터뷰했다. 학생들이 학생회에 진짜 바라는 것이 무엇인지 알기 위해서였다. 그것을 바탕으로 우리는 신선하면서도 공감을 형성할 수 있는 공약들을 만들어갔다. 심지어는 공약에 대한 학생들의 신뢰를 높이기 위해 교장선생님을 찾아가 공약에 대한 전폭적인 지원까지 약속받았다. 선거 팀끼리는 다른 팀의 공약을 알기 위해 대통령선거를 방불케 하는 첩보전이 벌어졌다.

공약집이 어느 정도 틀을 잡게 되자 연설 준비를 시작했다. 훗날 정치를 할 수도 있다는 생각을 갖고 있었기에 내 정치 인생의 첫 걸음이라는 각오로 연설을 준비했다. 현대 정치에서 연설이 굉장히 중요하다는 것을 당시 진행되던 미국 대선의 오바마 대통령이 충분히 보여주었기 때문이다.

연설문을 작성하기 위해 《세계의 명연설집》이라는 책을 구입했다. 이 책에는 링컨, 처칠, 워싱턴, 케네디, 부시, 엘리자베스여왕 등 역사를 바꾼 연설의 원고가 모두 담겨 있었다. 쉬는시간은 물론이고 수업시간에도 연설문 작성에만 매진했다. 그 원고들을 한 문장씩 분석하면서 연설문에 어떤 단어를 쓰고 어떤 어투와 제스처로 사용해야 하는지에 대해 일주일 내내 밤새워가며 분석하고 구상했다.

　그 후 남은 일주일 동안은 완성된 원고를 가지고 매일 아침저녁으로 아무도 없는 학교 뒷산에 올라가 혼자 연설 연습을 했다. 이때 오바마 대통령의 연설 영상을 PMP에 담아 일주일간 100번 넘게 봤다. 그의 제스처, 말투, 눈빛 등 모든 것을 따라 하기 위해 노력했다.

　그렇게 2주가 지나니 10분 분량(대략 A4 3장 정도)의 연설문을 따로 외울 필요조차 없었다. 2주 동안 세 시간 이상 잔 날 없이 밤낮으로 연설만 생각하고 연습했으니 내 입에서 문장이 술술 흘러나왔다. 말 그대로 내가 가진 모든 에너지를 쏟아 부은 엄청난 몰입의 결과였다. 그러나 공약과 연설만으로는 확실한 승리를 예상할 수 없었다. 다른 후보들 모두 말도 잘하고 굉장히 머리가 좋은 친구들이었기 때문에, 그들과는 다른 신선한 '무언가'가 필요했다.

　신은 스스로 돕는 자를 돕는다고 했던가. 며칠 째 머리를 쥐어짜고 있던 어느 날 저녁, 선거 캠프에 놀러 오신 기숙사 사감선생님의 한 마디에서 답을 찾았다.

　"요새 대세는 UCC지."

　"UCC요?"

　"그래. 요새 광고나 선거, 뭘 해도 UCC가 빠지질 않잖아."

　"아 선생님, 감사해요!"

　감사의 포옹을 몇 번이나 하고는 바로 팀원들과 구상에 착수했다. UCC 내용은 무엇보다 진솔하고 인간적인 모습을 보여주는 것으로 의견이 모아졌다. 그간 내가 학교생활을 하면서 힘들고 어려웠던 점을 내 목소리와 함께 UCC로 제작한다면 시각적 자료에 익숙한 우리 세대에겐 분명 먹힐 것이라고 생각했다.

그래서 그 날 밤, 동영상 제작에 일가견이 있던 남균이를 섭외했고, 함께 밤을 새워가며 UCC를 만들었다. 우리의 계획은 UCC를 틀어 학생들의 이목을 집중시킨 뒤, 준비한 연설로 '잭팟'을 터뜨린다는 것이었다. UCC와 연설이 모두 준비되고 나니 어느새 선거가 코앞으로 다가왔다.

다음 날 저녁 일곱 시, 식사를 마치고 난 1,2학년 학생들이 강당으로 모였다. 한일고 개교 이래 이렇게 열띤 경쟁은 없었다는 학교 선생님들의 말씀처럼 2주간 학교 전체가 학생회장 선거로 시끌벅적했기 때문에 모두 기대에 가득찬 눈빛들이었다.

합동연설이 시작되고, 추첨에 따라 나는 제일 마지막에 연설을 하게 되었다. 러닝메이트의 찬조연설 10분, 후보자의 연설 10분을 더해 총 20분이었다. 운명의 20분이다.

세 팀의 연설이 차례로 이어졌다. 모두 좋은 연설이었지만, 세 친구들의 명성에 큰 기대를 품고 온 청중들의 기대를 채우지는 못한 듯했다. 오히려 큰 기대를 받지 않았던 내가 그들을 뛰어넘는 연설을 보여준다면 승리를 거머쥘 수 있었다.

내 차례가 되어 나는 연단에 올랐다. 그와 동시에 팀원들이 조명을 일제히 끄고 UCC를 틀어주었다. UCC는 스티브 바라캇의 '플라잉Flying'이라는 음악에 맞춰 한일고 친구들, 후배들과 함께했던 추억을 떠올릴 만한 사진들로 채워졌다. 육성으로는 1학년 때 마주했던 낯선 기숙사 생활, 성적으로 인한 스트레스 등으로 인해 굉장히 힘들었고, 그 어려움은 우리 모두가 가진 공통분모라는 내용을 담았다. 이후 유패드 활동을 했던 사진들을 담고, 내가 어려웠던 시간을 어떻게 극복했고, 이를 딛고 친구들과 함께 동아리 활동을 하면서 얼마나 열정적으로 살아가고 있는지, 그런 열정으로 학교와 친구들을 위해 무엇을 할 것인지 등에 대한 내용으로 마무리를 했다.

UCC가 끝나고 불이 켜지자 그 이전의 후보들이 연설을 시작했을 때보다 청중들의 집중도는 훨씬 높아져 있었다. 강당을 가득 채운 320명의 눈이 나를 향해 있었고, 어느 때보다도 긴장되었다.

"저는 입학하고 얼마 되지 않아 어느 친구와 다툰 적이 있습니다. 그 친구는 같은 호실을 쓰는 친구였는데, 어릴 때부터 혼자서 방을 써왔던 저는 그 친구가 밤마다 떠드는 소리 때문에 잠을 잘 수 없었습니다. 그 때문에 며칠 밤을 꼬박 새우게 되었고, 결국 그 친구에게 화를 내고, 다투게 되었습니다.

처음에 저는 그 친구를 이해하기가 너무나 어려웠습니다. 그 친구도 마찬가지였을 것입니다. 그러나 깨지고 부딪히는 과정을 통해 우리는 끝내 서로를 이해하고 배려하게 되었습니다. 1년간의 호실 생활은 저와 그 친구를 형제와 다름없는 소중한 친구로 만들어주었습니다. 서로의 얼굴만 봐도 서로의 마음을 알 수 있을 정도로 말입니다. 저는 이것이 어느 곳에서도 배울 수 없는 한일고만의 가치라고 생각합니다."

머릿속의 원고를 읽어갈수록 가슴 속에서 뜨거운 것이 올라왔고, 내 목소리에는 점점 더 힘이 실렸다.

"이 공약들을 실천에 옮기다 보면 어려운 점이 생길지도 모릅니다. 제가 타협하고 협상을 해야 할지도 모릅니다. 설사 그렇게 될지라도, 저는 우리의 앞길을 가로막는 무언가에 대한 두려움 때문에는 협상하지 않겠습니다. 대신 협상하는 것을 피하지도 않겠습니다. ……여러분, 여러분이 촛불이 되십시오. 제가 여러분을 위한 양초가 되겠습니다."

마지막 마디가 끝나는 순간, 스스로 확신했다.

'이겼다!'

연설이 끝나자 누구 하나 먼저라고 할 것도 없이 320명 모두가 그 자리에서 일어나 기립박수를 쳐주었다. 여기저기서 환호성도 튀어나왔다. 모두가 내 이름을 외치고 있었다. 나의 진심이 그들에게 감동으로 전달된 것이다.

이미 승부에 대한 의구심은 없었다. 누가 봐도 내 연설이 최고였다. 연단에서 내려온 후 이름도 모르는 친구들, 후배들까지도 찾아와 '최고의 연설' '감동의 10분'이라는 말을 해줄 때 이미 내가 당선될 것이라는 확신이 들었다.

다음 날 투표가 진행되었고, 선거 결과가 발표될 즈음 나는 팀원들과 함께 결과를 기다리고 있었다. 승리에 대한 확신은 있었지만, 그래도 다른 후보들도 좋은 공약과 멋진 연설을 보여줬기에 긴장감을 늦추지 않았다.

그런데 투표 결과를 알려주기로 했던 친구들의 모습이 예정된 시간이 지나도 보이지 않았다. 조금씩 초조해지기 시작했다. 그리고 30분쯤 지났을까, 개표장에서 달려오는 제석의 목소리가 들렸다.

"하마터면 떨어질 뻔했어. 2표차로 네가 이겼어!! 축하한다, 승우야. 네가 이제 한일고 학생회장이야!"

2표차 밖에 나지 않아서 두 번이나 더 확인 개표를 하는 바람에 예정된 시간보다 늦게 온 것이었다. 아무도 예상하지 못했던, 모든 사람이 불가능할 거라고 했던 조건에서 내가 이뤄낸 것이다. 그러나 마냥 승리의 기쁨에만 도취해 있을 수는 없었다. 나만큼이나 다른 세 친구들이 얼마나 이 선거를 열심히 준비했는지 잘 알기 때문이었다.

'2표차로 떨어진 성현이 녀석, 자존심이 진짜 센 녀석인데 얼마나 아쉬울까?'

모든 방면에서 나보다 한 걸음 앞서 있었던 녀석이었기에, 늘 완벽한 녀석이었기에 쓰라림이 클 것이 분명했다. 그래서 당선이 확정되고 나서 가장 먼저 성현이, 그리고 은준이, 지수를 찾아갔다. 친구들은 모두 나에게 축하와 함께 '잘하는지 예의주시하겠다'는 경고(?) 섞인 격려를 건넸다. 끝까지 멋있는 녀석들이었다.

선거 팀원들과 기쁨을 함께 나누는 것을 마지막으로 승리의 흥분을 가라앉힌 후, 혼자 한일고 설립자의 묘지가 있는 학교 뒷산에 올랐다. 지난 1년 6개월의 시간이 머릿속에서 파노라마처럼 스쳐지나갔다. 한일고라는 낯선 전쟁터에서 홀로 강해져야만 했던 시간들, 우울과 외로움에 화장실 구석에 숨어 혼자 울었던 수많은 밤들, 불면증에 뜬 눈으로 지새웠던 수많은 새벽, 친구들과의 다툼으로 하루도 조용할 날 없었던 일상……. 학생회장 당선은 이렇게 힘들고 서럽기만 했던 나의 인생에 터닝포인트가 되었다.

'더 이상 나는 이곳의 부진아도, 아웃사이더도 아니다. 지난 기억은 모두 떨쳐버리고, 한일고 역사상 가장 멋진 학생회장이 되겠다.'

한여름 밤의
추억

　학생회장 선거가 끝나고, 어느새 기록적인 무더위가 기승을 부리는 여름이 되었다. 선생님들마저 한 분씩 피서를 떠난 7월의 마지막 날, 유패드의 두 번째 전국 총회가 열렸다. 그런데 이 날은 다른 총회에 비해서 조금 특별했다. 유패드 회원들과 같이 '밤을 새우는' 최초의 1박2일 일정이었기 때문이다. 이번 일정에는 두 가지 메인 행사가 기획되어 있다. UNHCR 한국사무소 제니스 린 마셜 대표의 강연, 그리고 유패드 1기 전국 임원진을 선출하는 총회가 서울 중구 청소년 수련원에서 열릴 예정이었다.

　하지만 입시와 무더위에 지친 예비 고3들에게는 비공식적인 세 번째 이벤트가 최대의 관심사였다. '뒤풀이'라는 이름 아래 기획된 '한 맺힌 고딩들'의 일탈. 아무도 말을 꺼내진 않았지만, 모두의 머릿속에서는 이미 그 날 밤 일탈의 시나리오가 구상되고 있었다. 그래서였을까, 강연 일정이 잡히자마자 임시 임원진들은 혜화역 대학로 근처에 있는 게스트하우스를 통째로 빌렸다.

폭염주의보가 내려진 날씨 속에서 소금 절인 배추마냥 온몸이 땀에 젖은 채 강연장에 도착했다. 오랜만에 만난 유패드 친구들은 전쟁터에서 돌아온 친구와 해후하듯 반가움에 겨워 들떠 있었다. 하지만 마냥 들떠 있을 수만은 없었다. 이번 강연회에는 저번과는 달리 서울시 문화교류센터와 유패드가 공동으로 주최했기 때문에 초등학생쯤 되어 보이는 어린 친구들과 어른들도 강연을 보러 왔던 것이다. 또한 강연 전에 일반 중고생들에게 유패드를 소개하는 시간이 있었기에, 우리는 들뜬 마음을 잠시 접어두고 '제정신'으로 돌아와야 했다.

유패드에 대한 소개가 끝나고, 제니스 린 마셜 대표의 강연이 시작되었다. UNHCRUnited Nations High Commissioner for Refugees은 유엔 난민 기구이다. UNHCR은 우리나라의 많은 사람들이 정기후원을 하고 있는 유니세프UNICEF와는 달리 UN 산하기관 중 우리나라에 거의 알려져 있지 않았다. 그러나 유명한 영화배우 졸리-피트 부부가 UNHCR에 100만 달러를 쾌척할 정도로 미국, 유럽 등에서는 인지도가 높은 단체였다. UNHCR은 1951년 창설되어 전 세계의 난민들을 지원하는 역할을 해왔다. 끊이지 않는 국제분쟁으로 인해 발생하는 난민들을 돕다 보니 현재는 전 세계적으로 약 6000명에 달하는 직원과 20억 달러의 예산 규모를 지닌 기구로 성장했다.

제니스 린 마셜 대표의 강연은 당연히 영어로 진행되었다. 마셜 대표의 말이 워낙 빨랐기 때문에, 나는 그녀가 말하는 것의 반 정도밖에 이해하지 못했다. 나는 어릴 때 유학을 다녀온 지수의 도움으로 겨우 단어를 짜깁기해서 강연의 흐름을 파악할 수 있을 정도였다. 그런데 강연을 들으러 왔던 어린 아이들이 질의응답 시간에 미리 적어놓은 메모 하나 없이 거침없이 영어 질문을 쏟아냈다. 큰 충격이었다. 내신이나 모의고사에서 항상 영어만큼은 문과 최상위권에 속해 있었기 때문에 나름 영어를 잘한다는 자부심이 있었는데, 그 아이들 앞에서 나의 착각은 무참히 깨졌다. 제니스 린 마셜 대표의 강연도 좋았지만 그 날의 충격은 영어공부에 대한 새로운 자극이 되었다.

강연이 끝나고, 우리는 자리를 옮겨 유패드의 두 번째 전국 총회를 시작했다. 이번 총회의 주요 안건은 여태껏 임시로 유지해왔던 유패드의 임원단을 정식으로 구성하는 일이었다. 회장, 부회장 모두 단독 출마로 선출되었다. 회장직은 대원외고의 유진이가, 부회장은 상산고의 유준이, 은광여고의 승희가 각각 맡기로 했다.

많은 친구들이 당연히 내가 회장직을 맡을 것이라고 예상하고 있었다. 사실 총회가 시작되기 전부터도 창립자인 내게 전국회장직을 권하는 친구들이 많았다. 나의 생각으로부터 유패드가 출발했고, 실질적으로 유패드라는 조직의 중심에 내가 있었기 때문이다. 이전 모임에서도 임원진 구성에 관한 말이 나온 적이 있었는데, 은광여고의 하나가 먼저 말을 꺼냈다.

"승우야, 유패드는 네가 회장을 하는 게 당연한 거 아니야?"

하나의 말에 많은 친구들이 동의하는 분위기였다.

"그래, 유패드 만들 때부터 가장 고생하고 뛰어다닌 사람이 너인데, 네가 회장직에 나가면 만장일치로 애들이 뽑아줄 걸?"

상산고의 유준이도 거들고 나섰다.

사실 나도 내가 시작한 유패드의 회장직에 욕심이 없지는 않았다. 오랫동안 시간과 에너지를 투자했던 만큼 앞으로도 가장 앞에 서서 유패드를 이끌어가고 싶었다. 또한 '대한민국 최대 청소년 단체'의 회장을 맡는다는 것은 그 자체만으로도 입시에서 위력을 발휘할 것이 분명했다.

하지만 오랜 고민 끝에 유패드가 더욱 발전하기 위해서는 내가 아닌 다른 친구가 회장을 맡아야 한다는 결론을 내렸다. 내 욕심을 채우는 것보다 내 손으로 시작한 유패드를 다른 친구들과 함께 성장시키는 것이 더 행복한 일이라고 생각했다. 나는 유패드를 처음 만들 때부터 모든 구성원들이 나보다 더 열정을 가지고 일할 수 있는 '모두의 단체'가 되기를 바랐다. 대한민국 청소년들의 '정치외교'에 대한 열정, '마음껏 꿈꿀 수 있는 세상'에 대한 순수한 간절함을 보여주고자 유패드를 시작한 것이었지 '감투'에 대한 욕심 때문은 아니었다. 그래서 나는 많은 친구들의 고마운 권유를 사양한 채 한일고 유패드장으로서, 그리고 전국 유패드의 일원으로서 유패드의 발전을 위해 묵묵히 노력하겠다는 초심을 되새겼다.

임원들의 각오 한 마디를 끝으로 총회가 끝이 났고 고대했던 '뒤풀이' 시간이 다가왔다.

"오늘만큼은 우리도 모든 걸 잊고 밤새 놀 수 있는 권리가 있다고!"

노는 것에선 빠지지 않던 경섭이가 이 시간만 기다렸던 모두의 심지에 불을 붙였다.

"여름에 방학이라곤 고작 일주일, 이게 말이 되냐! 미국 고등학생들은 방학만 되면 파티를 즐기느라 정신이 없다는데, 우리는 '무한 자습 파티'를 즐기느라 영혼까지 탈탈 털리고 있잖아. 한 달만이라도 공부 생각 안 하면서 살 수 있으면 얼마나 좋을까."

"에이, 오늘만큼은 다 잊어버리고 놀자!"

"그래, 제대로 한 번 즐겨보자!"

유패드에서 가장 단합(?)이 잘된 순간이었다.

"근데, 얘들아. 뭐하면서 놀 건데?"

"……."

치원의 정곡을 찌르는 질문에 순간 정적이 흘렀다.

모두 '모범생' 소리를 들어왔던 친구들이었기 때문에 일탈이라곤 고작 해봐야 야자시간에 몰래 빠져나와 PC방에서 게임을 해본 정도였다. 한여름 밤 서울 시내, 그것도 젊음의 거리라는 대학로 한복판에서 누구의 간섭도 없는 자유를 부여받았지만 어떻게 일탈을 시작해야 할지 감조차 못 잡고 있었다.

일단은 유학 경험이 있던 진우가 엠티 분위기라도 내보자며 고기를 굽자고 했다. 근처 슈퍼에서 삼겹살을 사고 게스트하우스 마당에서 엠티 온 대학생 기분을 내며 고기를 구웠다. 고기를 굽고 나니, 늘상 마시던 콜라는 우리의 '일탈'을 충족시켜줄 수 없다는 생각이 들었다.

"그래도 우리는 아직 학생인데…… 괜찮을까?"

"우리도 이제 2년 뒤면 스무 살이잖아. 그리고 오늘만큼은 마시고 즐기기로 했잖아. 설마 몽롱한 정신도 멀쩡하게 만들어준다는 콜라 따위를 마시자는 건 아니겠지?"

결국 우리는 '악마'를 택했다. 그렇다면 누가 우리들의 '축배'를 채워줄 위대한 모험의 주인공이 되어줄 것인가. 시내 한복판에서 고등학생이 술을 산다는 것은 쉽지 않았다. 머리를 맞대고 한참을 궁리하다가 등하교 길에도 대학생들이 여대생으로 오인해서 번호를 물어볼 만큼 성숙했던 채영이가 나섰다.

채영은 대학로를 다 뒤져서라도 맥주를 사오겠다며 비장한 표정으로 숙소를 박차고 나갔다. 15분 뒤, 채영의 손에는 맥주병이 가득한 편의점 비닐봉지가 들려 있었다. 한 번도 마셔본 적 없다며 콜라나 마실 거라던 몇몇 고집 센 녀석들도 끝내 취기 오른 '악마'들의 유혹에 넘어갔고, 결국 대부분의 아이들이 예비 고3을 자축(?)하며 축배를 들었다. 우리는 입시가 지운 '십자가'를 잠시 벗어둔 채, 모처럼 만에 자유를 누렸다.

"애들아, 너희는 유패드를 통해 가장 얻고 싶은 게 뭐니?"

한창 이야기꽃을 피우고 있을 무렵, 감성에 젖은 하나가 모두에게 물었다.

"내신, 수능, 수시, 학교 자습에 학원에, 잠 잘 시간도 모자랄 텐데 다들 유패드에 왜 그렇게 열정적으로 참가하는 거야? 사실 난 그냥 좋아서 하는 건데, 다른 사람들은 어떻게 생각하는지 궁금해."

"그래. 다들 바쁘지. 우리나라에서 외국어고등학교 학생으로 살아간다는 게 얼마나 힘든 일인지 외고 다니는 애들은 잘 알걸. SAT, AP, 경제경시대회, 토플……. 어휴, 생각만 해도 토할 것 같아. 웬만한 아이비리그 로스쿨 학생들보다 해야 할 게 더 많은걸?"

진우가 하나의 생각에 적극 공감한다며 맞장구를 쳤다.

"그렇지만 그런 것들에 파묻혀 살다 보면 인생이 너무 수동적이지 않을까? 적어도 내 꿈만큼은 여기 치이고 저기 치여도 꼭 붙잡고 있으려고. 그래서 유패드에 들어왔어. 적어도 비슷한 꿈을 꾸는 너희랑 있으면 뭔가 '살아 있다'는 느낌이 들 테니까. 공부 하는 기계가 아닌 꿈을 꿀 수 있는 사람이라는 느낌 말이야."

하나의 말에 모두가 고개를 끄덕였고, 이어 하나둘씩 꺼낸 속마음의 이야기와 함께 우리들의 밤은 깊어갔다. 우리는 다른 친구들도 자신과 마찬가지로 외롭고 힘들다는 생각에 '뜨거운 동지애'를 나눌 수 있었다. 적어도 그 순간만큼은 치열한 입시경쟁 속에서 서로를 밟고 올라서야 하는 제로섬 게임의 경쟁자들이 아니었다. 서로에게 위로가 되어줄 수 있는 진정한 '친구'였다.

유패드,
외교부를 방문하다

어느새 유패드가 창설된 지 반 년, 50명도 안 되던 회원 수가 250명에 달했고, 활동에 참가한 학교도 15곳이 넘었다. 서울에서 열렸던 첫 총회에서 논의되었던 많은 안건들이 하나둘씩 실천에 옮겨지고 있었는데, 그 중에서도 가장 많은 관심을 끌었던 외교부 견학을 추진하게 되었다.

견학 당일, 부산, 청주, 김해, 대구, 광주 등 전국에서 약 150명 정도의 유패드 회원들이 외교부로 모여들었다. 그런데 그 날은 외교부가 있는 정부종합청사 앞에서 시위가 한창이었다. 시위 현장은 사뭇 격렬했다. 삭발을 하는 사람들, 목이 터져라 확성기에 구호를 외치는 사람들, 당장이라도 청사로 쳐들어갈 것 같은 사람들, 그리고 그들을 막기 위해 온몸으로 맞서 있는 경찰들. 서로의 이해관계와 고집 때문에 양보하지 않으려는 사람들의 모습을 보면서 어른들의 세상이 결코 대화와 타협, 논리와 정의라는 명분으로만 해결될 수 없다는 생각이 들었다.

시위 때문에 우리는 청사 후문으로 들어가야 했고, 그쪽에서도 한 명씩 신분 확인을 했다. 우리는 공항에서만 하는 줄 알았던 금속 탐지기 검사를 하고 나서야 청사 대강당으로 이동할 수 있었다.

모두 자리에 앉자 외교부에서 제작한 홍보영상들이 나왔다. 대한민국 외교부에서 하는 일, 재외공관에서 하는 일 등 '세계 속의 대한민국'에 대한 내용이었다. 영상이 끝나자, 불이 밝혀지고 진행을 맡은 사회자가 나와서 인사말을 했다. 그러고 나서 오늘의 강연자가 소개되었다. 외교부의 국제무역기구WTO 과장으로서 DDA(도하개발아젠다) 협상 담당자인 정해관 과장님이었다. 강연이 시작되자 그 분은 외교에 대한 정의, 외교관이 하는 일, 외교통상부에서 하는 일, 외교에 대한 여러 가지 사항들을 알기 쉽게 설명을 해주었다.

강연을 통해 개방과 무역 분야에서 외교관들이 국익을 지켜내기 위해 얼마나 치열한 노력을 하는지 알 수 있었다. 광우병 사태가 발생했을 때 정부의 입장에 비판적인 나였지만, 한편으로는 외교관들이 농민들을 보호하기 위해 최선을 다해 힘썼던 부분이 당시 정부의 '소통부재'로 빛을 바랜 것 같아 아쉬운 마음도 들었다.

성숙한 세계국가를 만들자는 마지막 말을 끝으로 강연은 끝났고, 이어 우리는 외교통상부 내부를 견학했다. 회원들이 조를 나눠 각 조 담당 인솔자를 따라갔다. 우리가 가장 먼저 들어갔던 곳은 브리핑 룸이었는데 정부의 정책이나 외교적 사안에 대한 정부 입장을 국내 언론과 국제사회에 발표하는 곳이었다.

외교부 대변인이 꿈이라고 했던 근모는 브리핑 룸에 대한 간략한 인솔자의 설명이 끝나자마자, 잽싸게 브리핑 룸 앞에 있는 연단으로 달려갔다.

"아아, 기자 여러분 반갑습니다. 외교부 대변인 김근모입니다. 오늘은 일본 총리의 '야스쿠니 신사 참배'에 대한 대한민국 외교부의 입장을 말씀드리겠습니다."

TV에서 봤던 것처럼 브리핑을 흉내냈다. 그 모습에 다들 배꼽을 붙잡고 웃고 있었지만, 근모만큼은 진지했다. 비록 열여덟 살의 철부지 장난으로 비쳐질 수 있었지만, 녀석은 10년 후 꿈을 이루고 난 자신의 모습을 그리고 있는 듯했다. 이후 우리는 브리핑룸에서 나와 18층에 있는 대회의실로 자리를 옮겼다. 그곳에서는 견학의 마지막 일정인 외교관과의 다과회가 열렸다. 외교관을 꿈꾸는 많은 친구들이 현직 외교관에게 궁금했던 것들에 대해 질문공세를 퍼부었다.

그 중에서도 가장 인상 깊었던 외교관이 한 명 있었는데, 큰 키에 잘생긴 외모의 소유자였다. SOFA(한미 주둔군 지위협정) 실무를 주관하는 주한미군 담당 서기관이었다. 잘생긴 외모 덕분인지 그에게 질문이 쏟아졌다. 결혼 여부와 같은 '사심어린' 질문부터, 외교관이 되려면 무엇을 준비해야 하는지와 같은 비법을 묻기도 했다.

"왜 외교관이 되셨어요?"

"어릴 적부터 외교관이 꿈이었어. 초등학교 때부터 역사 과목을 좋아했었는데, 을사늑약 때 외교권을 빼앗긴 우리의 역사가 다시는 되풀이되지 않아야 한다고 생각해서 외교관의 길을 선택했지. 매순간 국가와 국민을 위해 일한다는 사명감으로 오늘도 열심히 야근을 해야겠지. 하하."

외교관들의 언변과 유머 감각은 남달랐고 덕분에 다과회장에서는 웃음이 끊이질 않았다. 흰 머리가 지긋하신 '원로급' 외교관 주위에는 실제로 외무고시까지 생각하고 있는 '예비 외교관' 친구들이 몰렸다. 한 친구가 이미 외무고시는 떼놓은 당상인 것마냥 외교관이 되면 가정에 소홀하게 되지 않느냐는 다소 생뚱맞은 질문을 했다.

"그것 또한 스스로의 능력 아닐까? '수신제가치국평천하修身齊家治國平天下'라는 말 알지? 국가의 막중한 일을 책임지고 있더라도 가정에 소홀한 사람은 훌륭한 외교관이라고 할 수 없겠지. 훌륭한 아빠가 결국 훌륭한 외교관이 되는 거지."

그 분은 맑은 미소로 답하면서 충고의 말씀도 잊지 않았다.

"지금 여러분의 열정을 보면 충분히 외교관이 될 수 있다고 생각해요. 하지만 이것 하나는 알아두길 바랍니다. 외교관이 영화에서처럼 멋진 턱시도를 빼입고 공관에서 열리는 파티에나 참가하는 사람은 아닙니다. 지구 곳곳의 위험한 현장에서 가장 앞장서서 국민들을 보호하는 것이 외교관들의 주요임무입니다. 또 지구 반대편에서 가족들과 몇 년씩이나 떨어져 지내면서 외로운 생활을 견뎌내야 하지요. 조국과 국민을 위해 희생한다는 마음이 없다면 외교관은 공장 막노동보다도 힘든 3D 직업일 뿐이랍니다."

나를 비롯한 많은 친구들의 정곡을 찌르는 말씀이었다. 외교관이 어느샌가 '글로벌 인재'의 대표적인 직업이 되면서, 많은 청소년들이 외교관에 대한 막연한 환상을 가지고 있었다. 그 분의 말씀은 사명감보다는 명예와 지위에만 관심 많은 이들에게 진심어린 충고가 되었다.

다과회가 끝나고, 소감 발표를 마지막으로 외교부 견학일정은 마무리되었다. 먼 곳에서 온 친구들이 많아서 그런지 다들 피곤해 보였다. 하지만 크리스마스 선물을 받은 어린애마냥 밝은 얼굴이었다. 아마 10년 후, 방금 전 만났던 외교관들, 더 나아가 반기문 유엔사무총장님처럼 그 자리에 서 있을 자신들의 모습을 떠올렸기 때문이 아니었을까.

시골 아이들의
선생님이 되다

언제나 점수로 환산되는 치열한 입시 전장戰場에서 봉사활동 또한 점수에서 자유로울 수 없다. 많은 중고생들이 입시를 위해 가장 억지스럽게 채워내는 요소가 봉사활동이다. 그러나 '시간을 채우기 위한' 봉사활동은 입시에도, 자신의 발전에도 도움이 되지 않는 시간낭비일 뿐이다.

이와 달리 나는 봉사활동이 '세상을 밝게 만들려는 의지'와 이타심을 키워줄 수 있는 고등학교 시절의 필수 요소라고 생각했다. 그런 만큼 실질적인 도움을 줄 수 있는 활동을 모색하고 있던 내게 기회가 찾아왔다.

2학년 중간고사가 끝난 지 얼마 되지 않은 어느 날이었다. 2년간 학년 평균점수가 100점 만점에 50점을 넘기지 못할 만큼 우리를 암기의 지옥에서 괴롭혔던 영어심화 보충수업이 끝날 무렵, 한일고의 '잔 다르크' 김혜경 선생님이 칠판에 A4 종이 한 장을 붙이셨다.

'하이-멘토링Hi-mentoring 부원 모집.'

내용을 살펴보니, 학교 주변 아이들의 학습 멘토가 되는 '재능기부' 봉사활동의 이름이었다. 사실 학습 멘토링이 이 지역 아이들에게 무엇보다 필요하다는 생각을 오래 전부터 해왔다. 왜냐하면 학교가 있는 광정리 인근에는 제법 많은 초·중학생들이 살고 있었는데, 그들의 교육환경은 도시 아이들과 비교해볼 때 굉장히 낙후된 상태였기 때문이다.

이 넓은 동네에 하나 뿐인 학교에, 그것도 몇 명 되지 않는 선생님들이 이 아이들을 모두 돌봐줄 수는 없었다. 사교육 환경은 더욱 취약하여 이곳의 아이들은 뭐라도 하나 배우려면 한 시간이나 걸리는 공주 시내로 나가야 했다. 또한 그런 사교육을 받기에도 형편이 어려운 아이들이 대부분이었다. 이런 사실을 오래 전부터 안타까워했던 나는 조금이나마 이 문제를 해결하는 데 기여하겠다는 마음으로 멘토링 활동 신청서를 선생님께 제출했다.

일주일 뒤, 40여명의 지원자들이 교무실에 모였다.

"2학년 5월부터 3학년 5월까지, 매주 토요일마다 세 시간씩 1년간 진행할 거야. 도중에 빠지는 사람은 그 전의 활동도 인정해주지 않기로 했어. 그러니까 괜히 안일하게 봉사활동 기록이나 채우려 하는 사람은 안 하는 게 좋아. 다시 신중하게 생각해보길 바란다."

1년 동안 일주일에 세 시간. 그 정도 시간을 투자하기 위해서는 아무리 입시에 도움이 된다 하더라도 진정성이 없다면 선뜻 나설 수 없었다. 순수하지 않은 생각으로 참가하려고 했던 친구들을 걸러내기 위해 일부러 강하게 말씀하셨던 것이 아닐까. 선생님의 '정곡을 찌르는' 경고에 아이들이 술렁였다.

평일엔 자기 공부를 할 시간이 부족해 주말에 밀린 공부와 수능 준비에 몰입해야 하는 상황에서 그 많은 시간을 봉사활동에 투자하기란 쉽지 않은 선택이었다. 게다가 수능 준비에 집중해야 하는 고3 1학기 때까지 봉사활동에 시간을 빼앗긴다니⋯⋯. 고민 끝에 하나둘씩 자리를 뜨고 나니 남은 사람은 채 열 명도 되지 않았다.

"그래. 따로 선발할 필요도 없이 소수정예만 남았구나. 멘티는 스무 명이야. 초등학교 3학년부터 고등학교 1학년까지 정안면에 살고 있는 아이들이고. 여기 교회 목사님이 아이들 사진, 가정환경, 성격에 대해서 알려주신 내용이 있으니까 한 번 읽어보고 각자 멘티들을 정해봐. 앞으로 수업을 어떤 프로그램으로 운영할지는 의논해서 정하렴."

선생님은 우리들 스스로 주도할 수 있는 봉사활동이 되어야 한다며 유유히 자리를 뜨셨다. 하나둘씩 본인이 맡고 싶은 멘티를 정하고, 수업 내용과 교재들을 선정했다. 명단을 보면서 나도 1년간 토요일을 함께할 멘티들을 정했다.

어릴 적 어머니께 동생을 낳아달라고 그토록 졸라서 부모님이 병원에도 다니시며 많은 노력을 하셨지만, 결국 어머니의 건강이 좋지 않아 나에게는 동생이 없었다. 그래서인지 어릴 때부터 사촌동생들을 유독 잘 챙겨주었고 그들을 무척 아꼈다. 그런 마음에 초등학생들이 내 멘티가 되면 아이들을 친동생처럼 돌봐주고 싶었다. 초등학생들 명단을 살피던 중 두 녀석이 내 눈길을 끌었다.

초등학교 3학년. 이동민(가명) : 집안환경이 좋지 않음. 어머니가 무속인. 부모님은 이혼. 애정결핍 심함. 장난기가 심함. 엉뚱한 면이 있으나 수학, 과학에 재능이 있어 보임.

초등학교 5학년. 박준수(가명) : 집안환경이 좋은 편임. 조용하고 어른스러움. 완벽주의 성향. 성적에 대해 집착하는 면이 있음.

먼저 동민이를 멘티로 정했다. 동네에서 둘째가라면 서러울 정도로 말썽을 피웠던 나였기 때문에 자연스럽게 말썽꾸러기에게 관심이 갔다. 하지만 나머지 한 녀석마저 말썽꾸러기라면 도무지 감당할 자신이 없었다. 그래서 어른스럽고 의젓하다는 준수를 또 다른 멘티로 정했다.

녀석들과의 첫 만남. 나는 교회를 다녀보지 않았기 때문에 처음엔 교회가 어떻게 생겼는지 몰랐다. 그래서 수업을 하는 곳이 교습소처럼 방마다 나눠져 있고, 그곳에 아이들이 얌전히 앉아서 책을 보고 있을 거라 기대했다. 그러나 내 기대는 교회 입구에 발을 내딛는 순간 처참히 무너졌다.

'아무도 나를 막을 수는 없다'라는 표정을 지은 꼬마 아이들이 단체로 교회를 휘젓고 다니고 있었다. '아! 난 죽었구나.' 목사님이 나의 두려움에 쐐기를 박아주셨다. 멘토들에게 환영인사를 마친 목사님이 나를 따로 찾으셨다.

"동민이 멘토는 누구시죠?"

"네, 접니다."

"아, 드릴 말씀이 있어서요. 다른 녀석들은 알아서 잘하겠지만 동민이 녀석은 아마 쉽게 말을 듣지 않을 겁니다. 워낙 말썽꾸러기이고 제멋대로거든요. 동민이만큼은 엄하게 혼을 내서도 아무 말 하지 않을 테니, 꼭 잘 좀 부탁드리겠습니다."

'도대체 어느 정도이기에 목사님이 직접 이렇게 부탁까지 하실까?'

드디어 동민이 녀석이 내 앞에 앉았다. 꼭 만화 도라에몽에 나오는 주인공 '진구' 같이 생겼다. 조그마한 얼굴에는 장난기가 가득했다. 눈빛에서부터 전달되는 엉뚱함. 쉽지 않은 녀석처럼 보였다. 그와는 다르게 사뭇 의젓한 준수. 새하얀 피부에 뚜렷한 이목구비가 꼭 아역배우처럼 잘생겼다.

멀뚱멀뚱 쳐다보는 동민이 녀석과 그 옆에 앉은 준수에게 내 소개를 했다.

"안녕? 난 한일고 2학년 조승우라고 해. 앞으로 1년 동안 너희의 멘토가 될 거란다."

"멘토가 뭐예요?"

말이 끝나기도 전에 예상치 못한 동민이의 질문이었다.

"선생님 같은 거야. 공부 가르쳐주는 선생님."

똑똑한 준수 녀석이 대신 대답을 해줬다.

"아. 그렇구나. 선생님, 공부하기 싫은데 나가서 놀면 안 돼요?"

준수 녀석에게 받은 감탄에 금세 동민이는 찬물을 끼얹었다.

'쉽지 않은 상대인걸. 너무 강력한 녀석을 만난 거 같은데……'

동민이와는 말을 이어가는 것 자체가 쉽지 않았다. 학교생활이나 어떤 공부를 하고 싶은지에 대해 물어봐도 제대로 된 대답 하나 듣기 어려웠다. 반면 준수 녀석은 목사님이 알려주신 대로 공부에 대한 열의가 진지했다. 중학교에 가서 몇 등을 하고 싶다고, 그래서 어떤 책을 공부하고 싶다는 등 나름의 계획도 얘기했다. 준수는 조금만 잘 이끌어주면 충분히 잘할 거란 생각이 들었다.

두 번째 수업 날, 아이들과 친해지고자 각자의 꿈을 물어보았다. 먼저 동민이에게 물었다.

"동민아, 넌 꿈이 뭐니?"

"우체국 집배원이 되고 싶어요."

"집배원? 왜 집배원이 되고 싶어?"

"오토바이도 타고, 여기저기 다니면서 동네 사람들을 만날 수 있잖아요."

순수하고 소박한 꿈이었지만, 한편으론 안타까운 생각이 들었다. 집배원이 나쁜 직업이라서가 아니라 다만 녀석이 여태껏 보고 들었던 세상이 좁았기 때문이었다. 동민이는 넓은 세상으로 나가본 적이 없었다.

만약 동민이도 도시에 사는 아이들처럼 넓고 큰 세상을 볼 수 있었다면, 그들처럼 큰 꿈을 꿀 수 있었을 것이다. 준수는 나름대로 구체적인 꿈을 가지고 있었다. 타이거 우즈 같은 골프선수가 되고 싶다고 했다. 지금도 가끔 아버지를 따라 골프를 친다고 했다.

"타이거 우즈 같은 세계적인 골프선수가 되려면 골프만큼이나 영어도 잘해야 해. 나중에 우승하면 외국인 기자들도 너를 인터뷰하러 올 텐데, 그땐 영어로 인터뷰해야 되지 않겠니?"

"아 그렇네요. 저 앞으로 영어공부 열심히 할게요. 영어 잘하려면 어떻게 해야 돼요?"

기특한 녀석, 내 한 마디에 눈빛이 달라졌다.

그 날 밤 일기장에 다짐을 썼다.

'이 두 아이들이 더 큰 세상을 알고 더 큰 꿈을 꿀 수 있도록 최선을 다해 이 아이들의 멋진 멘토가 되자.'

몇 주간 지켜보니 준수는 공부에 대한 열의는 컸지만, 주위 환경 때문인지 부족한 부분이 많았다. 그러나 의지가 확고했기 때문에 옆에서 조금씩 도와주고 부족한 부분들을 보충해주니 점차 발전하는 모습을 보여줬다.

하지만 문제는 동민이었다. 예상보다 더 심각했다. 동민이는 1, 2학년 수준에서 알아야 할 것들도 제대로 모르는 것들이 많았다. 알파벳도 모르고 있었다. 그래서 한동안은 동민이에게 알파벳을 알려주고, 영어 입문 교재로 유명한 '파닉스' 책을 구해서 기본적인 영어 지식을 알려주었다.

그래도 이 녀석은 의외로 머리가 비상했다. 언젠가 한 번은 준수와 함께 수학 창의력사고 문제집을 풀고 있었다. 퍼즐이나 퀴즈처럼 창의력사고를 요구하는 한 문제를 준수가 내게 물었다.

● ● ●　9개의 점이 있다. 이 점들을 4개의 직선으로 연결해야 한다.
● ● ●　단, 4개의 직선은 펜을 떼지 않고 계속 연결해서 그려야 한다.
● ● ●

초등학교 5학년짜리 문제집이라 '미리 안 풀어 봐도 되겠지' 하고는 수업을 했는데, 5분쯤 문제를 풀었을까. 도무지 문제가 풀리지 않았다. 지식으로 푸는 수학 문제가 아니라 발상의 전환이 필요했던 문제였는데, 그것을 제대로 파악하지 못한 것이다. 그런데 옆자리에서 혼자 낙서를 하고 있던 동민이가 갑자기 문제를 보더니 아무렇지 않게 점들을 연결해서 직선 4개를 그었다.

"문제에서 꼭 직선이 점 밖으로 나가면 안 된다고 안 했잖아요."

정답이었다. 내가 생각지도 못했던 방법을 당연하다는 듯이 동민이가 생각해냈다.

"동민아, 너 머리가 굉장히 좋구나!"

"헤헤. 선생님 그걸 이제 알았어요?"

"아니, 알고 있었지. 그런데 오늘 새삼 다시 한 번 느꼈지."

그 일을 계기삼아 동민이에게 자신감을 심어주기 위해 일부러 더 과장된 칭찬을 해주었다. 그랬더니 동민이는 그 날부터 수학 문제에 꽤 흥미를 붙이기 시작했다. 그 다음 주에는 아예 준수가 푸는 창의력사고 문제집과 똑같은 걸 사오더니, 시키지도 않는데 혼자서 문제를 풀기 시작했다. 애정 결핍이 심했던 동민이 녀석에겐 작은 칭찬이 꽤나 크게 다가온 모양이었다.

그런 동민이의 마음을 잘 알기 때문에 동민이가 한 문제 한 문제 풀 때마다 일부러 동민이가 문제를 푼 과정을 물어보고, 경청해주었다.

"이 문제는 그림을 반대로 뒤집어서 보면 금방 풀려요."

"나도 몰랐네. 동민이가 선생님보다 낫다. 진짜 천재 아니야? 아이큐 검사 해봐야겠다."

점점 더 동민이가 수학에 관심을 보이자 재능을 기를 수 있도록 수학, 과학에 관한 책들도 읽게 해주고, 과학자들 이야기도 들려줬다. 크리스마스에는 동민이가 그토록 좋아했던 아인슈타인과 에디슨 위인전을 선물해줬다.

준수도 동민이만큼이나 눈에 띄는 발전을 보여줬다. 기본적인 단어도 잘 모르던 녀석이 언제인가부터는 한 달에 한 권씩 읽어줬던 영어동화책들을 혼자서 읽어내기 시작했다. 초등학생이 읽기에는 어려운 에세이집도 사와서는, 모르는 부분들을 물어보기 시작했다.

녀석들의 달라지는 모습만큼이나 추억도 많이 생겼다. 수업이 조금 일찍 끝나는 날이면, 아이들이 가져온 자전거를 같이 타고 동네를 한 바퀴 돌아보기도 하고, 가을에는 잠자리채로 같이 잠자리도 잡으러 동네 뒷산까지 올라갔다. 또 용돈을 받으면 가끔씩 동민이와 준수를 데리고 자장면을 사주기도 했는데, 자장면을 그렇게 맛있게 먹는 녀석들은 내 평생 아직 보질 못했다.

1년간의 멘토링 활동은 아이들에게 뿐만 아니라 내 자신에게도 값진 배움을 안겨주었다. 6학년 때 '왕따'를 당하고 한일고 생활에 적응하기까지 많은 친구들과 싸우면서 난 누군가에게 폐를 끼치는 사람이라는 자괴감도 생겼었다. 하지만 아이들의 웃는 모습을 보면서 '앞으로 이 녀석들이 살아갈 인생에서 내가 준 도움이 조금이나마 좋은 영향을 끼치겠지'라는 생각이 들었다. 덕분에 나도 누군가에게 도움을 줄 수 있는 사람이라는 자신감이 생겼다. 이때 처음으로 '왜 사람들이 아무것도 얻지 못하는데 오히려 자신을 희생해가면서 남들을 돕고 봉사하는지' 깨달았다. 누군가가 내 작은 도움으로 행복해질 때 나 자신 또한 어느 때보다도 기쁘고 행복하다는 사실을 알게 된 것이다.

녀석들과의 인연은 수능이 5개월 남은 고3 여름까지 이어졌다. 어느덧 마지막 수업 날이 되었다. 아이들과 기념사진도 찍고, 과자 파티도 벌였다. 동민이와 준수가 내게 편지를 내밀었다. 동민이 녀석은 그새 정이 많이 들었던지 닭똥 같은 눈물을 흘렸다. 준수의 하얀 얼굴에도 눈물이 흐르고 있었다.

아이들을 가르치기 위해 여러 활동과 공부 때문에 부족했던 잠을 1년 동안 30분씩 더 줄여야 할 만큼 고된 시간들이었다. 하지만 아이들의 눈물을 보는 순간 많은 추억을 만들어주지 못한 것 같아 후회가 밀려왔다.
'아직 읽혀줘야 할 책들이 많은데……'

녀석들을 뒤로 한 채 교회를 나서는 순간, 1년 전 그들을 처음 만나던 날이 떠올랐다. 나를 압도했던 말썽꾸러기 동민이는 이제 도서관에서 직접 책을 빌려오곤 한다. 5학년이나 되었지만 여전히 어린애만 같던 준수는 내년이면 중학교를 간다고 했다. 쳇바퀴 같은 일주일 동안의 생활에 활력소가 되어주었던 녀석들. 친동생보다도 더 많은 정을 주었던 녀석들. 그 녀석들 덕분에 내가 더 행복할 수 있었다.

여전히 우리나라에는 많은 아이들이 열악하고 낙후된 교육환경에서 '우물 안 개구리' 같은 꿈을 꾸고 있다. 그런 아이들에게 도시 아이들만큼의 교육환경을 만들어줄 수는 없겠지만, 적어도 그 아이들이 더 넓은 세상을 접하고 더 큰 꿈을 꿀 수 있도록 도와주고 싶다는 생각은 아직도 내 마음속에서 간절하다.

나만의 스토리를 만드는 동아리 활동 10원칙

최근 많은 입시전문가들은 수시 준비에서 동아리 활동이 굉장히 중요한 요소라고 말한다. 나 또한 다양한 동아리 활동에 많은 시간과 노력을 투자했고, 실제 입시에서도 동아리 활동이 좋은 평가를 받았다. 이처럼 동아리 활동이 학생부종합전형에서 중요한 역할을 차지하는 이유는 무엇일까?

첫째, 특기자전형에서 평가요소 중 '전공에 대한 열정'이 굉장히 중요한데 전공에 대한 열정은 기존의 학교 교육과정 안에서는 해소하기 어려운 것이 현실이다. 여전히 교사 한 명 당 학생 수가 30명이 넘고, 학생들이 전공하기를 희망하는 대부분의 과목들은 고교과정에서 심도 있게 다루기 힘들기 때문이다.

그래서 많은 학생들이 전공에 대한 열정을 해소하려는 노력으로 여러 가지 비교과활동 또는 창의적 체험활동을 할 수밖에 없다. 그 중에서 학생들이 가장 하기 쉽고, 효과적인 것은 동아리 활동이다. 학습 동아리부터 유패드처럼 연구와 체험 활동이 가미된 동아리까지 모두 학생들이 자기주도적으로 진행하기에 가장 적합하다. 따라서 동아리 활동은 '전공에 대한 열정'을 보여줄 수 있는 최고의 방법이기 때문에 입시에서 중요한 역할을 할 수밖에 없다.

둘째, 교과 공부에도 동아리 활동이 중요한 역할을 할 수 있다. 학생들이 선생님의 학교수업을 듣고 나면 그것을 익히는 데도 여러 노력이 필요하다. 그래서 대부분의 학생들은 그 노력을 사교육에 투자한다. 학원 수업을 듣고, 인터넷 강의를 들으며 학교 공부를 보충하는 것이다. 하지만 대학에서 가장 싫어하는 것이 사교육이다. 따라서 대학에서는 사교육을 대체하고, 학교 수업을 보충할 수 있는 최상의 방법으로 동아리 활동을 지적한다. 지적 호기심, 자기주도적 학습태도, 창의성 등 앞서 학생부종합전형에서 중요하게 평가한다고 말했던 모든 요소들을 동아리 활동을 통해 확인할 수 있기 때문이다. 그러므로 동아리 활동은 단순한 비교과활동이 아닌 자기주도학습의 연장선상에서 좋은 평가를 받을 수 있다.

셋째, 종종 사람들이 서울대생들을 두고 '똑똑하긴 하지만 사회성이 부족하다'고 평가하곤 한다. 물론 학교를 다니면서 잘못된 편견임을 깨닫게 되었지만, 그런 얘기가 나오게 된 배경은 충분히 이해가 된다. 10년 전만 해도 서울대에 합격하기 위해서는 대학별 고사, 수능 등에서 고득점을 받아야 했으므로 서울대 지원자들은 오로지 책만 파고들어야 했다. 그만큼 사회성을 기를 수 있는 기회가 적었다. 이와 달리, 동아리 활동은 공부와 사회성을 동시에 키울 수 있는 좋은 기회다. 학생들이 주체적으로 친구들과 함께 운영해나가는 과정 자체가 하나의 사회적 활동이 된다. 그 과정에서 학생들은 리더십이나 공동체의식, 배려심 등 다양한 사회성을 기를 수 있다.

이런 이유로 동아리 활동이 학생부종합전형의 모든 평가요소 중에서 학생의 역량을 보여줄 수 있는 최상의 방법이라고 생각한다. 따라서 학생들에게 동아리 활동을 적어도 한 개 이상 해볼 것을 권한다. 학생들이 할 수 있는 동아리 활동의 종류는 크게 다음과 같다.

학습 분야	사회공헌 분야	취미활동 분야
직접적 교과 관련	봉사활동	스포츠
수학 심화탐구 영어토론 및 작문 과학실험 등	학습 멘토링 독거노인 돕기 고아원, 양로원 정기봉사활동 등	축구, 농구, 야구, 태권도 등
간접적 교과 관련	사회적 가치 탐구	예술
전공 탐구, IT 관련, 시사토론, 독서토론 등	인권 탐구, 빈곤퇴치, 환경보호, NGO 참여, 창업 등	밴드, 중창부, 오케스트라, 미술 관련 등

가능하다면 학습 동아리와 사회공헌 동아리를 각각 하나씩 하는 것이 가장 좋다. 두 가지 동아리를 모두 할 수 있는 상황이 아니라면, 적어도 학습 동아리와 사회공헌 동아리 중 한 가지는 꼭 하는 것이 좋다. 자기주도학습과 전공에 대한 열정, 리더십, 다양성, 봉사활동 등 학생부종합전형의 핵심요소들을 보여주는 데 동아리 활동만한 것이 없는데, 그중에서도 학습 동아리와 사회공헌 동아리가 가장 효과적이다. 다만, 취미활동 동아리 중에서도 자신의 희망 전공이나 보여주고자 하는 비전과 관련이 있다면 그것 또한 좋은 동아리 활동이 될 수 있다.

그렇다면 동아리 활동은 어떤 방식으로 해야 하는가? 아래에 제시된 10가지 원칙에 충족하는 동아리 활동을 한다면, 차별화된 나만의 스토리를 동아리 활동을 통해 만들 수 있다.

1. 고등학교에 입학하면서 3년간의 동아리 활동 계획을 세워라. 반드시 자신의 꿈과 비전, 그리고 희망 전공과 연계된 활동이어야 한다.
2. 항상 자신이 동아리 활동을 왜 하는지 스스로 되물어라. 그리고 동아리 활동을 통해 무엇을 배우고, 무엇을 보여줄 것인지도 고민해봐야 한다.
3. 가능하다면 동아리의 리더가 되어라.
4. 활동을 할 때마다 항상 기록으로 남겨두어라.
5. 알찬 동아리 활동을 위해서는 '전공에 대한 열정 930시간의 법칙'에서 얘기했듯이 일주일에 최소한 여섯 시간은 투자해야 한다.
6. 관련 과목, 관련 분야에 관심이 많은 선생님을 동아리 지도교사로 모셔라. 그리고 가능한 한 지도교사가 동아리 활동에 최대한 관심을 가지고 참여할 수 있도록 하라. 하지만 항상 동아리의 주체는 학생이어야 한다는 점을 잊지 말라.
7. 동아리 차원에서 활동 책자, 탐구보고서, 소논문, 캠페인 등 최소 하나 이상의 결과물을 만들어내라.
8. 동아리 경진대회처럼 참가할 수 있는 모든 교내 대회에 참가하고, 수상하고자 노력하라.
9. 대외활동을 할 때는 반드시 학교장의 승인을 받도록 하라. 학교장의 승인이 없는 대외활동은 입시전형에서 인정되지 않는다.
10. 적어도 한 달에 한 번씩 동아리 활동과 관련한 내용을 담임선생님께 말씀드리도록 하라. 그래야만 동아리 활동 관련 내용이 학교생활기록부에 꼼꼼하게 기록될 수 있다.

5장

나만의 스토리를
만들어가다

모든 인생은 다 이야깃거리가 있고,
모두 한 편의 영화입니다.

— 헤밍웨이

세계시민으로서의
첫 발걸음

　어느 학문이나 그것을 통해 세상에 실천하려는 궁극적인 목적이 있기 마련이다. 경제학은 모든 사람들이 경제적 풍요로움을 누리도록 돕기 위해, 철학은 인간과 세상에 대한 완전한 이해에 도달하기 위해 존재한다. 내가 공부하고 싶었던 정치외교학도 마찬가지다. 정치외교학, 그 중에서도 국제정치학의 궁극적인 목표는 세계를 전쟁과 갈등 없는 평화로운 곳으로 만들고, 그 속에서 모든 인류가 자유와 기본적 권리를 누리며 살아가도록 돕는 것이다.

　하지만 여전히 많은 사람들이 전쟁과 테러, 기아, 질병, 독재 등 여러 가지 이유로, 인간이라면 응당 누려야 할 자유와 권리를 누리지 못하고 있다. 국제 앰네스티 연례보고서에 따르면, 아직도 세계에는 30만 명 이상의 아이들이 전쟁터에서 총을 들고 싸우고 있고, 81개 국가에서 고문이 자행되고 있으며, 54개 이상의 국가에서 불공정한 재판이 이루어지고 있다.

　이렇게 참혹한 현실 속에서 매일같이 뉴스와 TV, 인터넷이 밤낮으로 전해주는 많은 이들의 고통을 나는 지켜만 보고 있을 수는 없었다. 비록 전태일처럼 스스로 산화할 용기는 없었지만, 적어도 그들의 고통을 덜어주는 데 어떠한 기여를 해야 한다는 생각만은 확고했다.

그 시작은 앰네스티 동아리였다.

"마지막 양심수가 풀려나고, 마지막 고문실이 폐쇄되고, 유엔○이 세상 사람들에게 인권이 실재한다고 선언하는 순간, 우리의 일도 끝날 것입니다." 앰네스티 창시자 피터 베넨슨의 말이다.

국제 앰네스티는 1961년 포르투갈에서 '자유를 위한 건배'를 했다는 이유만으로 수감된 두 청년을 석방하기 위한 탄원운동에서 시작되었다. 그 이후 50년간 국제 앰네스티는 고문과 사형을 없애려 노력했고, 전쟁 범죄를 저지른 지도자들을 법정에 세웠으며, 인권을 침해하는 독재자들과 맞서 싸웠다. 현재는 전 세계 150여 개 국가의 220만 명의 회원과 함께 사람들의 인권이 보장받지 못하는 곳이라면 어디든 달려가 '세계인권선언'의 가치가 지켜질 수 있도록 노력하고 있다.

내가 앰네스티와 인연을 맺게 된 것은 입학 후 얼마 지나지 않아 베이징 올림픽을 한 달여 남긴 5월의 어느 저녁이었다. 2학년 선배 대여섯 명이 교실로 들어와 교탁 앞에 섰다.

"반가워. 우리는 국제 앰네스티 동아리야. 오늘 여기에 온 건 너희들이 참여를 좀 해주었으면 하는 게 있어서야."

'앰네스티?' 이름은 어디서 많이 들어본 듯 했지만 정확히 무슨 일을 하는 단체인지는 몰랐다.

"베이징올림픽이 한 달밖에 안 남았잖아. 근데 너희 혹시 그건 아니?"

자습을 하던 친구들이 하나둘씩 귀마개를 빼고 선배들의 이야기를 들기 시작했다.

"올림픽의 기본정신이 인권존중임에도 정작 올림픽이 개최되는 중국에서는 여전히 1년에 약 7000명, 그러니까 하루에 20명이나 사형을 당하고 있어. 또 민주화를 요구하는 중국의 인권운동가들과 독립을 주장하는 티베트 사람들은 끊임없이 감금당하고 있고. 이걸 두고 볼 수 없어서 우리가 오늘 여기 온 거야."

중국에서 사람들의 인권이 제대로 지켜지지 않고 있다는 것은 예전부터 신문을 접하며 알고 있었다. 하지만 세계 최강대국 미국조차도 쉽게 건드리지 못하는 중국의 인권 문제를 한낱 고등학생에 불과한 우리가 무슨 일을 할 수 있을지 의문이 들었다.

"사실 쉽게 바뀌지 않는다는 걸 우리도 잘 알아. 하지만 바꾸기 힘들다고 포기하는 건 안 된다고 생각해. 그래서 우리 앰네스티에서는 중국 정부에 인권상황 개선을 촉구하는 탄원서를 쓰려고 해."

형들은 중국에서 불법으로 구금된 인권활동가들과 티베트에서 평화시위를 하다가 체포된 승려들에 대한 자료를 나눠주었다. 그러고는 탄원서 양식과 작성방법을 알려주며, 관심이 있는 사람은 탄원서를 적어 복도에 놓아둔 상자에 넣어달라고 했다.

평소 '달라이 라마'의 책을 읽으며 티베트 문제에 관심이 많던 나는 그 길로 티베트 승려들을 위한 탄원서를 작성했다. 그러고는 탄원서를 직접 선배에게 가져다주며 앰네스티에 참여하고 싶다는 의사를 밝혔다. 며칠 후 나 외에도 다섯 명의 친구가 앰네스티 동아리에 가입했다는 소식을 들었고, 그 날 밤 여느 한일고의 동아리처럼 치킨, 깐풍기와 함께하는 조촐한 가입식을 치르고는 앰네스티 동아리의 부원이 되었다. 그러나 아이러니하게도 1학년으로서 앰네스티 활동은 동아리에 가입하면서 썼던 탄원서 작성이 처음이자 마지막 활동이었다.

2학년이 되어 앰네스티 동아리를 우리 학년이 이끌게 되었다. 난 평소 지진하던 앰네스티 활동에 대해 깊은 문제의식을 갖고 있었기 때문에 직접 동아리 대표를 맡아 전반적인 동아리 개혁에 착수했다. 학생회장과 유패드 활동으로 이미 충분히 바쁜 시간을 보내고 있음에도 불구하고, 굳이 앰네스티 동아리의 대표를 맡은 것은 앰네스티 활동이 앞의 두 활동과 통하는 바가 있어서였다. 학생회장으로서, 유패드를 시작한 예비 정치외교학도로서, 앰네스티 활동을 통해 학교의 친구들에게 평소에 쉽게 접하지 못하는 인권의 가치에 대해 꼭 알려주고 싶었기 때문이다.

'인간은 모두가 평등하다'는 명제는 고상한 원칙일 뿐, 우리는 실제 생활에서 그것을 적용하며 살아가는 법을 배우지 못하고 있었다. 오히려 대한민국 사회에서 인권에 대해 말하는 것은 용기가 필요하거나 듣는 사람을 불편하게 만들 수도 있는 일이었다.

게다가 오지선다형 시험의 달인을 양산하는 우리나라의 교육제도에서는 대부분의 학생들이 자신의 잠재력과 가능성으로 평가받을 수 있는 가장 기본적인 인권을 누리지 못하고 있었다.

그런 교육제도가 가르치는 교육내용도 다를 바 없었다. 홍세화의 《생각의 좌표》에 언급된 예를 인용하자면, 프랑스와 같은 유럽 국가들의 교육은 사형제에 대해 학생들에게 '사형제를 찬성 혹은 반대하는 이유와 그 근거'를 조리 있게 쓰는 답변을 요구한다. 그러나 우리나라에서는 '다음 중 사형제가 존속되고 있는 나라를 고르시오'와 같은 문제와 함께 다섯 개의 보기가 주어진다. 이와 같은 교육 여건에서는 학생들이 제대로 된 인권 의식조차 갖출 수 없다.

그러한 교육제도 아래에서 최상위 엘리트로 분류되는 우리 학교의 친구들은 학교를 졸업하고 나면 대부분 명문대에 진학하고, 이후 변호사, 의사, 교수, CEO 등 각계각층에서 그 분야를 이끄는 리더가 될 것이다. 그런데 누군가를 짓밟고 올라서면 또 다른 누군가를 밟고 올라서는 것을 '성공'으로 바라보는 우리 앞 세대 엘리트들의 사례로 미루어볼 때, 약육강식의 생존경쟁에서 승리한 우리 또한 피땀 어린 노력에 대한 보상심리와 승자독식의 논리에 빠져 우리 사회의 약자들을 돌아보지 못할지도 모른다는 생각이 들었다.

내가 앰네스티 대표를 맡았던 이유가 바로 여기에 있었다. 앰네스티 활동을 통해 이 사회의 리더가 될 우리 학교의 친구들이 조금이나마 인권에 대해 배우고, 우리 사회와 더 나아가 국제사회에 많은 이들이 기본적인 인권조차 보장받지 못하고 있음을 깨닫길 바랐다. 그래서 나는 앰네스티 활동의 목표를 크게 두 가지로 정했다. 첫 번째는 우리가 앰네스티 활동을 통해 인권의 기본적인 개념과 국내외 인권 상황에 대해 공부하는 것. 두 번째는 이를 통해 알게 된 것을 학교의 다른 친구들과 공유하는 것. 이 두 가지를 1년간의 앰네스티 활동의 목표로 삼았다.

앰네스티는 토론이나 연구 활동을 위주로 하는 유패드와는 달리 많은 정보를 수집하고 공유하면서 얻은 내용들을 '행동'으로 실천하는 것이 주 목적이었으므로 많은 인원이 필요했다. 하지만 작년에 여섯 명이 지원해서 여섯 명 모두 합격했던 것처럼, 앰네스티에 친구들이 들어와야 할 매력을 느끼지 못한다면 작년과 같은 상황이 될 게 뻔했다.

전년도에 활동이 지지부진했던 이유들을 곰곰이 고민해본 결과, 두 가지 큰 문제가 있었다. 첫째는 한일고의 앰네스티 동아리가 단순히 앰네스티의 일반회원으로 만들어진 비공식적인 동아리였기 때문에 국제 앰네스티 한국지부로부터 여러 지원이나 자료를 제공받지 못한다는 점이었다. 그래서 우리는 앰네스티 사무소에 연락을 취하고, 활동계획안을 제출하여 국제 앰네스티 한국지부에 소속된 정식 동아리 '앰네스티 유스 Amnesty Youth'로서 공식적인 지원을 받아냈다.

두 번째 문제는 구체적인 활동계획이 정해져 있지 않았다는 점이다. 그래서 우리는 앰네스티 한국지부에 제출할 활동계획안을 작성하면서 단순히 '탄원활동'에만(물론 한 번뿐이었지만) 집중했던 동아리의 프로그램을 전면적으로 다시 기획했다. 우선 정기적으로 인권 문제를 주제로 토론하고, 인권침해 사례를 연구하여 연례보고서를 발간함으로써 인권의 기초적인 내용을 공부하기로 했다. 그 배움을 바탕으로 탄원편지 쓰기를 비롯한 긴급행동(강제실종, 사형, 고문, 자의적 구금 등과 같이 위급한 인권침해를 중단시키기 위해 신속하게 행동하며 탄원과 연대를 하는 앰네스티의 대표적인 인권활동)에 참여함으로써 실질적인 인권보호 활동도 펼치기로 했다. 그 외에도 학교 게시판에 인권과 관련한 자료를 게시하고, '인권 전시회'를 개최하여 다른 친구들과 인권에 대한 생각을 공유하기로 했다.

우리는 이렇게 탄탄한 활동계획을 내세워 존재감조차 없었던 앰네스티를 마침내 1학년 160명 중 120명이 참가신청을 할 만큼 매력적인 동아리로 바꾸어놓았다. 그렇게 두 달이 흘러 드디어 5:1의 경쟁률을 뚫고 들어온 30명의 신입부원들이 처음으로 한 자리에 모이게 되었다. 보름동안 점심시간마다 진행된 작문 오디션과 구술면접이라는 까다로운 과정을 거쳐 선발된 친구들인만큼 인권 문제에 대한 관심과 열정이 대단했다.

"앰네스티 동아리원이 되신 여러분들을 환영합니다."

환영인사에 이어 일주일 전 서울의 앰네스티 한국지부 본부에서 앰네스티 유스 학교 대표들을 상대로 진행된 교육에서 제공받은 각종 자료들을 가지고 신입부원들에게 간략하게 앰네스티를 소개했다.

이어 앰네스티와 인권에 관한 영상들을 시청했는데, 그 중 한 영상에서는 세계 각국에서 앰네스티 활동에 참가하고 있는 많은 사람들을 볼 수 있었다. 상상 이상으로 많은 이들이 각자의 터전에서 인권을 위해 노력하고 있다는 사실은 우리들을 흥분시키기에 충분했다. 그러나 우리를 흥분시킨 것은 그 뿐만은 아니었다. 아프리카, 버마를 비롯한 아시아 지역에서도, 저 멀리 남미에서도 여전히 수많은 사람들이 굶어죽고, 어떤 사람들은 정치권력에 의해 목숨을 잃거나 인권을 유린당하고 있었다. 그들의 모습을 담은 영상에 우리 모두는 숙연해졌고, 피골이 상접해 해골의 모습으로 죽어가는 아이들의 사진 앞에서는 너도나도 눈시울이 뜨거워졌다. 인간을 행동케 하는 것은 이성이 아닌 감정이라고 했던가. 이 날 느낀 흥분과 분노, 슬픔이 앞으로 1년간 우리들의 열정적인 앰네스티 활동의 원동력이 되었다.

전 세계의 인권이 지켜지는
그 날까지

인권에 대한 첫 출발은 '미얀마 엽서쓰기 활동'이었다.

많은 사람들이 아는 미얀마는 그 나라의 진짜 이름이 아니다. 군사정권이 통치를 강화할 목적으로 '버마'라는 고유한 이름을 미얀마로 바꿨기 때문이다. 미얀마의 인권 상황은 북한과 함께 세계 최악의 수준이었다. 독재정권 아래에서 수천 명의 정치범들이 감금되어 고문과 열악한 수감 환경으로 고통 받고 있었다. 또한 선거를 비롯해 표현, 집회, 결사의 자유 등 기본적인 권리들이 박탈당하고, 소수민족들에 대한 불법적인 구금과 처형 등이 조직적이고 광범위하게 자행되고 있었다.

"한국은 민주화를 성취하여 자유국가가 되었지만, 여전히 미얀마에서는 군부독재 아래에서 제 가족들과 친구들이 자유와 인권을 억압당하고 있습니다."

탄원서를 쓰고 두 달 뒤 세계시민학교에서 만난 미얀마 인권운동가 마웅저 선생님이 강연에서 했던 말이다. 그는 미얀마에서 군부독재에 맞서 민주화 운동을 하다가 폭력과 탄압을 이기지 못하고 한국으로 넘어왔다. 한국에 난민 신청을 두 번이나 했으나 기각당하고, 오랜 싸움 끝에 대법원에서 난민 신분을 보장받고 한국에서 우리나라의 민주화 경험을 배우며, 미얀마의 민주화를 위해 국내외를 오가며 활동하고 있는 분이었다. 이처럼 심각한 미얀마의 상황을 고려해서 국제 앰네스티에서는 미얀마 독재정권에 대한 전 세계적인 탄원활동을 진행하고 있었고, 우리도 그에 발맞춰 미얀마 민주화 인사들의 석방을 위해 조그만 힘을 보태기로 했다.

2005년과 2008년 동東 미얀마에서는 소수민족 카렌족에 대한 미얀마 군의 비인도적인 인권탄압이 이루어졌는데, 이를 중단시키기 위해 아시아·태평양 지역의 앰네스티 지부들에서는 그 해 6월 '미얀마 엽서쓰기 활동Myanmar Post Card Action'을 실시했다. 이것이 우리의 첫 인권활동이 었다. 이 활동의 목적은 아시아·태평양 지역의 젊은이들이 힘을 합쳐 수천 통의 탄원엽서를 미얀마 외교부 장관에게 보냄으로써 국제사회가 이 사건을 잊지 않고 있음을 알리고, 사건에 대한 조사와 인권탄압 중단을 촉구하기 위함이었다.

친애하는 장관께

저는 동 미얀마에서 2005년, 2008년 벌어진 카렌족에 대한 미얀마 군의 비인도적인 행위에 대한 우려를 전하기 위해 이 편지를 썼습니다. 또한 저는 장관께 그 사건들에 관한 관련 조사가 이루어질 것을 요구합니다…….

우리는 이렇게 작성한 탄원서를 앰네스티 지부에서 알려준 대로 각각 다른 색깔의 봉투에 넣어 미얀마 외교부 장관에게 보냈다. 엽서를 봉투에 넣지 않거나, 모두 같은 색깔의 봉투에 넣어 보낼 경우 외교부로 배달되기 전, 미얀마 우체국에서 폐기될 수 있기 때문이었다.

"이거 보낸다고 해서 미얀마 정부나 대사관이 읽어보긴 할까?"

호용이가 탄원서의 실효성에 대해 의문을 제기했다.

"그래. 한두 장씩 오는 것도 아니라 같은 봉투에 수만 장씩 담긴 편지가 오면 나 같으면 바로 갖다버리겠다."

교원이도 거들었다. 두 녀석의 대화를 듣고 있던 나는 탄원 성공 사례가 담긴 자료집을 녀석들에게 건넸다.

"너희 앰네스티 자료집 제대로 안 읽어봤구나. 탄원이 성공한 사례가 얼마나 많은데?"

실제 앰네스티에서 '동 미얀마의 비인도적 범죄'라는 보고서가 발간된 이후, 미얀마 군의 탄압 강도가 줄어들었고, 앰네스티를 포함한 인권단체들의 석방 캠페인 덕분에 미얀마의 여러 양심수들이 사면되었다. 통계적으로도 긴급행동 후 상황이 호전된 사례는 계속해서 증가하고 있었다 (2002년에는 긴급행동을 실시한 전체 사례의 34%, 2003년에는 42%, 2004년에는 48%가 개선되었다). 얼굴도 알지 못하는 사람들의 짧은 편지가 모여 한 개인의 삶을 바꿀 수 있다는 사실이 놀라울 뿐이었다. 이처럼 긴급행동을 포함한 앰네스티의 탄원활동이 효과를 발휘할 수 있었던 이유는 각국 정부가 국제사회 여론에 민감할 수밖에 없기 때문이다.

우리나라의 경우에도 국제 앰네스티의 탄원 캠페인이 효과를 거둔 전례가 있었다. 5.16 군사쿠데타 직후 군사혁명재판소에서 내란음모죄로 사형을 선고받은 언론인 송지영 씨는 작고할 때까지 '국제 앰네스티 덕택으로 내가 목숨을 건질 수 있었소'라고 자주 말했다고 한다. 국제 앰네스티의 탄원 캠페인으로 무기징역으로 감형된 것을 두고 이렇게 말한 것이다.

탄원서 작성으로 시작된 우리들의 인권활동은 12월의 '편지쓰기 마라톤'을 통해 더욱 깊어졌다. 편지쓰기 마라톤은, 앰네스티 지부에서 일괄적으로 정해준 대상을 상대로 탄원서를 썼던 저번 활동과는 조금 달랐다. 탄원서를 쓰는 사람들이 앰네스티 홈페이지에 제시된 8개의 사례 중에서 각자 탄원 대상을 정하고, 영어로 탄원서를 작성하여 그 국가의 대사관이나 정부로 보내는 것이었다.

우리는 노조활동을 하다 황산테러를 당한 그리스의 인권활동가, 살해위협을 받고 있는 네팔의 여성 인권활동가, 불법으로 구금된 이집트 소설가 등을 위해 여덟 개 나라의 정부로 편지를 보냈다. 나는 이스라엘군에 의해 마을에서 강제퇴거를 당할 위기에 놓여 있는 험사마을의 팔레스타인 사람들을 위해 이스라엘 정부에 탄원서를 써서 보냈다.

언젠가 미얀마와 팔레스타인에 자유롭게 들어갈 수 있는 날이 온다면, 카렌족 주민들과 팔레스타인 사람들을 만나 이 말을 전하고 싶다.

"나를 비롯한 전 세계의 많은 사람들이 당신들을 응원하고 있습니다. 꼭 당신의 아들, 딸들이 우리나라의 아이들처럼 자유롭고 정의로운 땅에서 살아갈 수 있기를 바랍니다."(앰네스티 홈페이지 참고)

버려진 전화카드로
인권을?

탄원활동을 통해 국내외의 인권상황이 우리가 생각했던 것보다 훨씬 더 심각함을 몸소 깨달았다. 그 덕분에 앰네스티를 시작하면서 주된 활동으로 계획했던 개별사례 연구활동과 연례 인권보고서 발간에 탄력이 붙기 시작했다.

편지쓰기 운동이 끝날 무렵, 우리는 30여 명의 앰네스티 부원들을 4개 조로 나눴다. 2개조는 국내 인권 문제, 나머지 2개조는 국제 인권 문제에 대해 보고서를 발간하기로 했기 때문이다. 우리의 계획은 소위 말하는 'Ctrl＋C, Ctrl＋V' 작업과는 차원이 달랐다. 조원들이 각자 파트를 나누어 직접 관련 도서와 신문, 학술자료 등을 검토하고, 그를 바탕으로 2주에 한 번씩 토론과 세미나를 하는 1년간의 장기 프로젝트였다.

우리는 당시 가장 논란이 되었던 국내외의 문제들을 연구 주제로 선정했다. A조는 희망을 품고 한국으로 넘어온 새터민(탈북자)들의 자살률이 일반 국민의 세 배(16.3%)에 육박하는(2012년 경찰청 조사) 상황에 초점을 맞추어 새터민들이 한국에 정착하는 과정에서 겪는 인권 문제를,

B조는 시각장애인 안마사의 독점 폐지 문제를 각각 1년간의 연구주제로 정했다.

C조는 그 해 7월, 200여 명에 이르는 사망자와 천 명이 넘는 사상자를 냈던 신장 위구르 문제에 대해 연구하기로 했다. 내가 속한 D조는 탄원서 작성으로 인연을 맺은 미얀마의 인권 문제를 다루기로 했다.

미얀마는 북한만큼이나 폐쇄된 상황이었기 때문에 인터넷이나 책에서는 현지에서 벌어지는 인권 문제들에 대한 정확한 자료를 구하기 힘들었다. 다행히 세계시민학교에서 맺은 인연 덕분에 마웅저 선생님과 이메일을 주고받으며, 미얀마 현지에서 벌어지고 있는 인권유린 상황에 대한 생생한 자료를 얻을 수 있었다. 1년간 마웅저 선생님을 비롯한 많은 이들의 도움 덕분에 마침내 우리 D조는 '버마에 평화를'이라는 인권보고서를 발간할 수 있었다.

A조는 '새터민, 지금 만나러 갑니다', B조는 '상대적 평등의 진실', C조는 '위구르의 눈물'이라는 제목의 보고서들을 발간했다. 그 보고서들은 학교에서 많은 친구들이 볼 수 있도록 학급마다 배포되었다.

- '시각장애인들, 새터민들, 버마 사람들, 위구르 사람들 모두에게 행복이 가득하길!'
- '앰네스티 덕분에 세상에 여전히 고통받고 있는 사람들이 많음을 알고 갑니다. 열심히 공부해서 세상을 바꾸는 데 이바지하는 사람이 되겠습니다. 앰네스티 화이팅!'

학급게시판에는 보고서를 읽은 친구들이 포스트잇에 남긴 리플들이 달렸다.

어느 일요일 오후, 앰네스티 부원들과 한일고만의 특별한 캠페인을 구상하고 있었다.

"뭐 특별한 거 없을까?"

"음, 플래시몹 같은 건 어때? 외국에서는 그런 거 많이 하던데. 저번에 앰네스티 소개 영상에도 나왔었잖아."

이두박근이 섹시하다고 해서 '두박이'라고 불리던 병준이가 아이디어를 냈다.

"아마 플래시몹 하면 아이들은 쳐다보지도 않고 자습하러 갈걸? 뭔가 신선한 게 필요해. 다른 애들도 충분히 공감할 수 있는 한일고만의 뭔가 특별한 거 말이야."

한창 서로 아이디어를 내고 있는데, 호용이 녀석이 갑자기 집에 급하게 전화를 해야 한다며 은준이에게 전화카드를 빌려달라고 했다. 그 순간 기발한 아이디어가 머리를 스쳤다.

"우리 전화카드를 이용해보자. 한일고 애들 중에 전화카드 안 쓰는 사람은 없고, 쓰고 나면 다들 여기저기 그냥 버리니까 그걸 가지고 캠페인을 해보면 어떨까?"

한일고에서는 휴대폰 사용이 금지되어 있기 때문에 학교 곳곳에 20여 대의 공중전화가 배치되어 있다. 당연히 공중전화 카드는 한일고생들의 필수품이었다. 그런 만큼 한일고 구석구석에서는 신용카드만한 크기에 태극기가 그려진 3000원짜리 전화카드를 어렵지 않게 찾아볼 수 있었다. 우리는 이 처치 곤란한 폐전화카드를 재활용해서 인권 캠페인을 하기로 했다. 학급마다 탄원 자료나 인권 문제에 관한 사진 등을 게시해놓으면 그걸 보고 친구들이 다 쓴 전화카드에 사진을 붙이고 자기 생각이 나 탄원서를 적어서 '인권카드'를 만드는 것이다.

그걸 다 모아서 하나의 '인권 작품'을 만들기도 하고, 전시회를 열어서 교내에서는 인권 문제에 대한 학생들의 생각을 공유하고, 대외적으로는 앰네스티의 탄원 자료, 캠페인 자료 등으로 쓰일 수 있었다. 동기부여를 위해서 가장 많이, 그리고 가장 감동적인 '인권카드'를 만든 학생들을 선정해 동아리 지원금으로 구입한 새 전화카드를 상품으로 주기로 했다.

우리는 앰네스티 홈페이지에서 얻은 탄원 대상자들의 자료들을 전교의 학급게시판에 게시했고, 많은 친구들의 호응을 얻었다. 모 여고 여학생과의 연애로 전화비 때문에 고생하던 한 친구는 전화카드를 받으려고 인권카드를 일주일 만에 30장이나 만들어왔다.

"이거 많이 만들면 전화카드 새로 주는 거지?"

"순수한 마음으로 해야지, 전화카드 받으려고 그걸 만드냐. 넌 아직 멀었다."

"당연히 순수한 마음으로 만들지. 내 여자친구랑 통화할 권리는 가장 기본적인 인권이라고. 앰네스티가 주는 전화카드가 내 인권을 지켜줄 거야."

이처럼 많은 친구들의 호응을 얻은 폐전화카드 캠페인은 세 달간에 걸쳐 진행되었다. 마침내 많은 학생들이 만든 '인권카드'들이 '세계 빈곤퇴치의 날' 행사 때 교내에 전시되었다. 우리 학교 학생들이 자기 밖에 모르는 이기적인 엘리트들이 아닌 지구 반대편에 사는 이들까지도 걱정할 줄 아는 '큰 사람'이 되었음을 많은 이들에게 보여준 것이다.

이처럼 여러 활동을 통해 앰네스티를 통해 얻게 된 인권에 대한 관심은 알면 알수록 계속 커져갔고, 우리는 직접 인권에 관한 강연, 도서, 다큐멘터리, 영화들을 찾게 되었다. 인권과 관련된 자료라면 우리는 함께 나눠 읽으며 서로의 생각을 공유했다.

새터민 이나경 씨의 강연, 서울까지 직접 찾아가서 들었던 유엔거버넌스센터 김정태 홍보관의 강연, 기근이 식량 부족 때문이 아닌 '관심의 부족' 때문임을 알려준 책《왜 세계의 절반은 굶주리는가》, 지구 반대편에서 살 권리를 박탈당하고 있는 마지막 원시인들의 존재를 알린 다큐멘터리 〈아마존의 눈물〉. 이처럼 우리는 다양한 방법을 통해 인권을 배우고, 그렇게 배운 인권의 가치를 주위 친구들에게 전파하는 한일고의 '인권 전도사'가 되었다.

스토리의 힘을
깨닫다

　내가 입학사정관제에서 승리할 수 있었던 중요한 이유 중 하나가 남들보다 좀 더 일찍 '스토리'의 가치를 깨달았기 때문이다. 그 계기는 한 강연과 그로부터 알게 된 한 권의 책 덕분이었다.

　어느 날, 유패드의 한 친구가 인권 문제에 관심이 많은 나에게 도움이 될 만한 강연을 하나 소개해주었다. '인권 증진을 위한 유엔과 한국 청년의 협력방안'을 주제로 한 유엔 거버넌스 센터 김정태 홍보관의 강연이었다. 강연 주제를 들어보니 친구의 예상대로 꼭 들어보고 싶다는 생각이 들었다.

　나는 곧바로 참석 신청을 했다. 강연일이 평일이라서 오전 마지막 수업 종이 땡 치자마자 부리나케 달렸다. 겨우 시간에 맞춰 강연이 열리는 서울 독립문역의 아시아 인권센터에 도착했다. 강연장에 들어가니 대학생으로 보이는 형, 누나들이 자리를 가득 메우고 있었다. 고등학생은 나 혼자 뿐이었다. 고등학생이 오면 안 되는 자리인가 하는 의구심을 품고 자리에 앉았다.

강연자의 대학시절 지도교수였다는 고려대 국제대학원 서창록 교수의 소개에 이어 김정태 홍보관이 강단에 섰다. 우선 그는 자신이 어떠한 활동들을 하고 있는지 소개하며 강연을 시작했다.

"저는 한국 청년들이 국제사회와 연계해 인권보호 활동을 할 수 있도록 가교 역할을 하고 있습니다."

그는 청년역량개발 프로젝트를 비롯해 국제개발협력에 대한 영문서적 번역출판, 대학생들의 아프리카 아동병사에 대한 동화책 출판 지원, 'Clean the World'라는 국제 NGO와 협력하여 호텔에서 버려지는 객실 비누를 수거·가공해서 제3세계에 보내는 프로젝트 등 한국 청년들의 인권 활동을 위해 다방면으로 고군분투하고 있었다.

본격적으로 인권에 관한 강연이 시작되었다.

"인권에 대한 관심은 거대담론으로 이해할 것이 아니라 구체적인 경험에서 우러나오는 것이어야 합니다. 우리 사회에서는 '인권 운운하는 것'을 마치 사회의 질서를 해치는 듯한 발언으로 받아들이고 있습니다. 따라서 우리 같은 청년들이 인권에 대한 올바른 가치를 사회의 많은 이들에게 전달해야 합니다."

잠시 쉬는 시간이 끝나고 시작된 2부에서 그는 자신의 책 한 권을 소개했다. 그 책은 강연 내용과 별개로 내 입시 전략의 중요한 열쇠를 품고 있었다.

"인권의 가치를 전달할 때 가장 중요한 것이 바로 '스토리'입니다."

그는 얼마 전 출간했다는 《스토리가 스펙을 이긴다》라는 책을 소개했다.

"인권의 가치를 전달하는 수단으로 연구하기 시작했던 '스토리텔링'이 이제는 대학생들의 취업 문제를 해결해줄 수 있는 중요한 열쇠가 되었습니다."

대학생들이 대부분의 자리를 메우고 있었던 이유를 알 수 있었다.

"많은 대학생들이 취업을 위해 학점, 토익, 인턴십, 자격증, 공모전 수상 등과 같은 치열한 스펙 경쟁을 합니다. 그 과정에서 엄청난 시간과 돈, 에너지를 투자하고 있죠. 하지만 스펙 그 자체는 채용의 기준으로서 전혀 의미가 없습니다. 중요한 것은 '그 일에 잘 맞는 역량을 가지고 있느냐'입니다. 그 역량을 증명할 수 있는 유일한 방법이 바로 자신만의 스토리를 보여주는 것이지요."

아쉽게도 본격적인 내용으로 들어가기 전에 나는 학교로 돌아가는 버스를 타기 위해 강연장을 떠나야 했다. 나는 버스를 타기 전 허겁지겁 서점에 들러 그 책을 사서 학교로 돌아왔다.

그림 같은 초원에서 풀을 뜯고 있던 수백 마리의 소 떼에게 아름답다는 찬사를 보냈던 그는 20분도 지나지 않아 계속되는 장면에 지루해지기 시작했다. "그 소들이 완벽한 놈, 매력적인 놈, 또는 대단히 성질 좋은 놈일지라도, 그리고 아름다운 태양빛 아래 있다 할지라도, 그래도 지루하기는 마찬가지다."

그는 묻는다. "이럴 때 '보랏빛 소'가 한 마리 눈에 띈다면 어떻겠는가?" 리마커블remarkable(주목할 만한)은 '아주 좋은' 스펙이 아니라 '독특한' 스토리를 통해서 가능하다.

－「스토리가 스펙을 이긴다」 중에서

대학생들의 취업에만 적용될 수 있는 내용이 아니었다. 특기자전형을 비롯한 수시전형을 대비함에 있어서도 스토리텔링의 가치는 똑같이 적용될 수 있었다. '경시대회 수상, 텝스, 토플, 해외 봉사활동, 무조건 높기만 한 내신'처럼 무분별한 스펙만을 가진 학생보다 꿈을 위해 노력한 '자신만의 스토리'를 가진 사람이 원하는 대학에 합격할 수 있다는 것이다. 이 책을 계기로 나만의 입시 전략 '스토리 입시법'이 시작되었다.

스토리
입시법

예전에 신문에서 한 기사를 보았다. 버락 오바마 미국 대통령이 공화당의 심각한 반대에도 불구하고 대중의 지지를 얻어 '오바마 케어'라고 불리는 건강보험개혁을 성공시켰다는 기사였다.

"암과 마지막까지 투병하면서도 보험회사와 논쟁을 벌였던 나의 어머니를 대신해 나는 이 법안에 서명한다."

그는 이 말과 함께 개혁 법안에 공식적으로 서명함으로써 한 세기에 걸친 미국의 건강보험 개혁 역사에 한 획을 그었다. 오바마 대통령이 찬성과 반대로 팽팽했던 여론을 찬성 쪽으로 움직이게 할 수 있었던 원동력은 무엇일까? 다름 아닌 '스토리'였다.

"어머니가 암에 걸려 가장 고통스러운 몇 달을 보내면서 다시 나을 것이라는 희망 대신 엄청난 치료비 걱정을 하면서 지냈다."

오바마의 어머니는 난소암에 걸려 53살의 나이로 세상을 떴다. 그는 어머니가 임종 직전까지도 보험사와 분쟁을 겪는 과정을 지켜보며 느꼈던 본인의 경험을 스토리로 삼아 대중을 설득하는 데 성공한 것이다. 단순히 '건강보험 개혁이 이러저러한 이유로 필요합니다'라고 주장하는 것이 아니라, 자신의 스토리를 통해 그것의 필요성을 이야기함으로써 사람들의 마음을 움직일 수 있었다. 이것이 바로 스토리텔링의 힘이다.

스토리텔링은 결코 어려운 것이 아니다. 어릴 적 읽었던 동화의 내용을 떠올려보라. 누구나 '백설공주', '콩쥐팥쥐', '신데렐라'의 내용을 아직까지 기억하고 있다. 어릴 때부터 '암기왕'이 되기 위해 동화를 외우려고 노력해서일까? 아니다. 오랜 세월이 지나도 그 동화 내용을 기억할 수 있는 것은 동화 속에 모두 '스토리'가 있기 때문이다.

스토리 입시법은 이러한 스토리텔링의 강점을 입시에 적용한 것이다. 스토리텔링을 통해 수시전형 시즌이면 입학사정관 앞에 수없이 쏟아지는 자기소개서, 학생부, 추천서 속에서 오바마의 어머니 이야기처럼 자신을 빛나게 할 수 있는 이야기를 만들어야 한다.

하지만 스토리 입시법이 단순히 입시전형에 필요한 서류만을 스토리텔링의 관점으로 작성한다는 것은 아니었다. 진정한 스토리는 어느 날 갑자기 만들어지는 것이 아니기 때문이다. 아무리 좋은 생각과 비전을 가지고 있다 해도 실천하고 행동하지 않으면 스토리텔링이 될 수 없었다. 그러므로 스토리텔링을 하기 위해서는 먼저 '스토리 두잉do-ing', 즉 구체적인 행동을 통해 스토리텔링의 소재들을 만들어야 한다. 또한 '스토리 두잉'의 관점으로 스토리를 만든 학생이어야만 서류전형을 통과한 이후에도 면접과 논술시험에서 자신의 역량을 제대로 펼칠 수 있다.

1) 고등학교 3년 동안 자신의 꿈과 비전을 행동으로 실천하는 '스토리두잉doing'

2) 그렇게 보낸 3년을 '스토리텔링'으로 엮어 보여주는 것

이 두 가지가 내 입시 전략인 스토리 입시법의 골자였다. '스토리두잉'을 통해 만든 자신만의 이야기에, '스토리텔링'의 관점으로 자신만의 의미를 부여하는 것이다. 그렇다면 스펙을 이겨낼 수 있는 스토리의 힘이 어디서 나오는 것이며 어떤 스토리를 만들어야 하는가?

'차별화, 구체적 행동, 의미부여, 그리고 마음을 움직이는 것'.

이 네 가지가 스토리의 힘이자 내가 만들고자 했던 스토리의 궁극적인 지향점이었다.

:: 스토리 입시법의 4가지 원칙

1. The best가 아닌 The only가 되자

많은 사람들은 내가 서울대에 가지 못할 거라고 얘기했다. 1등인 것이 없기 때문이다. 실제로 내신, 모의고사 점수, TEPS를 비롯한 영어능력시험, 경시대회, 봉사활동 등 모든 면에서 그렇다. 1등만이 서울대에 합격하는 것이라면 나에게 서울대에 붙어야 할 자격은 단 한 가지도 없는 것이다.

그럼에도 나는 10:1의 경쟁률 속에서 나보다 높은 내신과 높은 영어 점수를 얻고, 더 많은 봉사활동을 하고, 전국 수학·영어경시대회에서 수상을 한 친구들을 제치고 붙었다. 사람들은 내가 왜 서울대에 가지 못할 거라 생각했을까? 그 이유는 스펙의 관점에서 나를 보았기 때문이다.

그러면 그들이 그토록 집착했던 스펙들을 자세히 한 번 들여다보자.

내신부터 보자. 전국에 고등학교 수가 2200개쯤 된다고 한다. 평균적으로 한 학교의 전교생 수가 300명이라고 잡고 계산을 해보자. 그렇다면 한 학교마다 전 과목 1등급(상위 4%)을 받을 수 있는 학생은 12명이나 된다. 그러면 전국적으로 전 과목 1등급을 받을 수 있는 학생이 2만 5천 명이 넘는다. 텝스, 토플 등과 같은 어학능력시험 점수도 마찬가지다. 내가 만점자가 아니라면, 나보다 높은 점수를 가진 사람은 어디에나 있다. 또한 경시대회도 마찬가지다. 나보다 더 많은 대회에서 더 좋은 상을 받은 사람들은 어디에나 존재한다. 결국 수많은 지원자들 중에서 그 스펙들이 절대적인 우위를 의미하지는 못한다는 것이다.

이와 반대로 스토리는 유일무이하다. 비교와 경쟁이 없기 때문에 나보다 나은 스토리란 없다. 오직 나의 스토리는 그 자체로 절대적인 것이고, 비교 평가될 수 없다. 당신과 똑같은 인생을 사는 사람이 지구상에 몇 명이나 있을까? 단 한 사람도 없다. 즉, 당신의 스토리는 세계에서 단 하나뿐인 유일한 이야기다. 그래서 그것을 보여주라는 말이다. 세상에서 하나뿐인 당신의 스토리를 통해 당신의 가치를 보여줘야 한다.

《스토리가 스펙을 이긴다》에는 이렇게 적혀 있다. '명심하라. 선택되는 사람은 1등이 아니라 구별되는 사람이다.'

2. 구체적 행동을 바탕으로 스토리를 만들어라

두 명의 학생이 있다. 다른 조건은 동일하다는 전제에서 그들의 내신 점수와 학생회 임원경력, 자기소개서를 살펴보자.

학생 A: 내신 평균 1등급, 학생회장

A의 자기소개서 : 저는 고등학교 기간 동안 우수한 교과 성적을 거두었습니다. 3년 내내 전 과목에서 모두 1등급을 받았습니다. 또한 저는 리더십이 우수합니다. 이러한 점을 인정받아 2학년 때 전교 회장에 선출되었고, 학교와 학생들을 위해 뛰어난 리더십을 발휘했습니다.

학생 B: 내신 평균 2.5등급, 반장

B의 자기소개서 : 저는 입학 당시 평균 6등급 대였던 성적을 끌어올리기 위해 학교 선생님의 수업을 최우선으로 생각하여 수업시간에 졸지 않고, 모르는 부분이 있을 때마다 선생님을 찾아가 질문하곤 했습니다. 부족했던 국어 실력을 올리기 위해서는 매일 신문을 정독하여 스크랩했고, 문학을 비롯한 다양한 장르의 책을 200권 정도 읽고 독서기록장을 작성했습니다.

수학공부에서는 문제에 대한 다양한 접근법을 배우고자 친구들과 수학동아리 'MATH'를 구성하여 일주일에 네 시간씩 고난이도 문제를 놓고 스스로 풀어본 해답을 놓고 친구들과 토론을 했습니다. 그 결과, 국어 성적은 6등급에서 1등급으로 향상되었고, 교내 수학경시대회에서 수상을 하기도 했습니다.

또한 2학년 때 처음 반장이 되었을 때, 반장으로서 무엇을 할 수 있을까를 고민했습니다. 그러던 중, 선생님의 도움을 얻어 반 친구들과 함께 지역 고아원에서 초등학생들에게 공부를 가르치는 멘토링 봉사활동의 기회를 마련하였습니다. ……1년간 아이들을 가르치며 누군가에게 노움이 된다는 기쁨을 친구들과 함께 누릴 수 있었습니다.

대학에서 학생의 자기소개서와 학생부, 추천서 등을 통해 알고자 하는 것은 무엇일까? 내신등급, 학생회 임원경력? 아니다. 단순한 내신 점수와 경력은 그들이 궁극적으로 알고자 하는 것이 아니다. 그들이 지원자가 제출한 서류들을 통해 확인하고 싶은 것은 학생의 '역량'이다. 학생이 이런 내신이 있기까지 얼마나 학업에 충실했고, 어떤 노력을 기울였는지, 즉 학생의 학업적 역량을 확인하고 싶은 것이다. 학생회 임원경력도 마찬가지다. 학생의 리더십과 그에 필요한 배려심, 책임감, 공동체의식을 살펴보며 학생의 리더십 역량을 알고 싶은 것이다. 내신 성적과 학생회 임원 경력은 하나의 참고사항일 뿐이다.

　　이런 관점에서 A의 자기소개서를 살펴보자. A의 자소서를 통해 A의 학업적 역량을 확인할 수 있는가? 1등급이니까 그저 '열심히 했구나'라는 막연한 느낌 외에는 아무 것도 알 수 없다. 학생회장 경력도 A가 리더십을 가지고 있다고 증명하지 못한다.

　　이번엔 B의 자기소개서를 살펴보자. A에 비해 스펙의 관점에서는 조금 뒤처지지만, 그의 자기소개서에는 대학에서 알고자 하는 것이 모두 담겨 있다. 부족한 학업을 향상시키기 위해 무엇보다 학교 수업에 충실했고, 친구들과의 학습동아리, 독서, 신문 등의 다양한 노력을 통해 성적을 향상시켰다. 대학에 와서도 열심히 공부할 수 있다는 학습 역량을 증명한 것이다.

　　또한 반장으로서 친구들과 함께 봉사활동이라는 좋은 기회를 마련하고 그것을 실천에 옮기기 위해 선생님의 도움을 구하는 등 다양한 노력을 했다. 그런 B의 행동은 '이 학생이 대학에 와서도 사회에 도움이 되는 리더로 성장할 수 있겠구나' 하는 리더십 역량을 증명해주었다.

무슨 차이인지 알겠는가? A에게는 없고, B에게는 있는 것은 바로 '구체적 행동'이다. 우리가 대학에 보여주고자 하는 역량은 오직 행동을 통해서만 증명될 수 있다. 머릿속으로 아무리 좋은 생각을 하고, 훌륭한 역량을 가지고 있다 해도 행동하지 않으면 그것을 보여줄 수 없기 때문이다.

독일의 대문호 괴테는 이런 말을 했다. "우리 자신을 어떻게 알 수 있는가? 그것은 생각을 통해서가 아니라 행동을 통해서다." 이처럼 구체적 행동이 없는 역량은 진짜 역량이라 할 수 없다.

모든 스토리는 행동을 기반으로 구성된다. 행동이 사건을 만들고, 사건이 스토리를 구성하기 때문이다. 즉, 구체적으로 관찰이 가능한 특정한 행동이 스토리의 기본이 되는 것이다. 결국 구체적인 행동들의 합슴인 스토리만이 역량을 증명할 수 있다.

이에 반해, 스펙은 행동을 보여주지 못한다. 내신 1등급을 받고, 전교회장을 했다한들, 그에 따른 구체적인 행동이 담긴 스토리가 없다면 그 학생의 역량은 증명될 수 없다. 이러한 이유로 뛰어난 스펙보다도 구체적인 스토리가 보는 사람에게 더 큰 신뢰를 준다.

3. 나만의 의미를 부여하라

고3 수시전형 시즌 때였다. 수시의 비중이 너무 커진 나머지 정시만을 준비해왔던 친구들조차 수시에 지원하려고 자기소개서를 비롯해 전형에 필요한 서류들을 준비하기 시작했다. 그러나 일부 친구들을 빼고는 모두 하나같이 똑같은 하소연을 하며 자기소개서 작성에 어려움을 겪었다. 도무지 자기소개서에 '쓸 거리'가 없다는 것이었다. 3년 동안 오직 교과서와 문제집만을 파고들었기 때문에 진짜 쓸 내용이 없었거나, 또는 기존의 스펙식 관점에서 남들보다 뛰어난 것들만 쓰려고 하다 보니 '쓸 거리'가 있음에도 눈에 들어오지 않았기 때문이었다.

반대로 똑같은 3년이라는 시간을 보냈음에도 나는 '쓸 거리'가 너무 많아서 어려움을 겪었다. 왜 이런 차이가 생겼을까? 물론 내가 다른 친구들보다 다양한 활동을 한 것은 사실이지만, 그것보다도 더 큰 이유는 관점의 차이에 있었다. 스토리의 관점으로 '쓸 거리'를 찾는다면 그렇지 않을 때보다 두 배, 아니 열 배는 더 많은 콘텐츠를 찾을 수 있다.

이유는 세 가지다. 첫째, 스토리의 관점에서는 소소한 일상까지도 의미만 부여하면 모든 것이 '쓸 거리'가 될 수 있다. 이에 반해, 스펙의 관점에서는 남들과의 비교, 경쟁에서 살아남기 위해 '쓸 거리'는 반드시 대단하고 거창한 것이어야 한다.

둘째, 스펙의 관점에서는 하나의 사건이 하나의 의미만을 보여주지만, 스토리의 관점에서는 하나의 사건에도 다양한 의미를 부여할 수 있다. 그 예로, 앰네스티 활동을 들 수 있다. 앰네스티 활동은 '인권'에 대한 나의 가치관을 보여주는 것이었지만, 오히려 '인권'보다 나의 리더십을 증명한 활동인 것이다.

셋째, 스펙의 관점에서는 오로지 '성공'만이 가치 있는 것으로 여겨지지만, 스토리의 관점에서는 실패조차도 소중한 '쓸 거리'가 된다. 학생회장 연설 때 한일고에서 겪었던 어려움을 친구들에게 얘기하면서 많은 공감을 얻었던 것이 그 예다.

이처럼 모든 이야깃거리가 한 가지만의 쓰임새를 가지고 있지는 않다. 예를 들어, 봉사활동이 리더십을 보여주는 활동이 될 수도 있고, 동아리

활동이 봉사정신을 보여줄 수 있는 활동이 될 수도 있다는 뜻이다. 즉, 관점의 전환이 필요하다는 말이다.

애플의 창업자 스티브 잡스는 스탠포드 졸업식 연설에서 이런 말을 했다. 'Connecting the Dots', 점을 새롭게 연결하는 것. 즉 기존의 것들을 새롭게 해석하는 것이 창조라는 말이다. 입시도 마찬가지다. 자기주도 학습, 동아리, 학생회, 봉사활동, 개인 연구활동 등 모든 단추들이 하나의 실에 끼워 맞춰질 수는 없다. 그 단추들에 새롭게 의미를 부여하고, 나만의 해석을 내림으로써 실에 맞는 단추들로 새롭게 태어날 수 있다는 것이다.

4. 자신만의 스토리로 평가하는 사람의 마음을 움직여라

스토리가 위대한 이유는 무엇보다도 그것이 사람의 마음을 움직이기 때문이다. 스토리는 의사결정에 가장 중요한 영향을 미치는 사람의 감정을 흔듦으로써 그 사람을 설득해낸다. 앞서 얘기했던 오바마 대통령의 건강보험 개혁이 가능했던 가장 큰 이유도 이때문이다. 스토리와 스펙의 가장 큰 차이점이 바로 그것이다. 스토리는 그 속에 사람의 삶을 담아내지만, 스펙은 삶을 담아내지 못한다.

사람들은 삶의 모습이 담긴 스토리에 공감을 느낀다. 세상에 감정이 없는 사람은 없다. 학생들에 대한 냉정한 평가를 해야 하는 입학사정관들조차도 감정은 있다. 그렇기 때문에 그 어떠한 방법보다도 그들의 마음을 움직이는 데 주력해야 한다. 그들의 마음을 움직이는 방법은 오직 한 가지, 스토리뿐이다. 스토리만이 사람들의 마음을 움직일 수 있다.

위와 같은 스토리의 힘을 깨닫고 나서도 크게 내 생활이 달라진 것은 없었다. 이미 지금까지 '스토리 두잉'의 관점에 맞게 시간을 보내왔고, 앞으로도 쭉 그렇게 살아가면 되는 것이었다. 다만 하나 달라진 것이 있다면, 지금처럼 나머지 시간을 보내면 반드시 서울대에 합격할 거라는 확신이 100%, 아니 200%로 채워졌다는 점이다.

언젠가 한 입시전문가가 이런 말을 한 적이 있었다.

"특기자전형에서 선발되기 위해서는, 어떤 교수가 봐도 '이 친구는 불러서 꼭 얼굴이라고 한번 보고 싶네'라는 말을 들을 수 있어야 한다."

나는 충분히 그 말을 들을 거라 장담했다.

학생부종합전형을 준비하는 독자들에게도 묻고 싶다. 당신이 학생을 선발하는 사람이라면 당신의 스토리를 보고 그 스토리의 주인공을 꼭 만나보고 싶은 생각이 드는가?

위기는
기회다

해마다 8월의 마지막 날이면 구작골의 '수험승⑯'들은 장삼 같은 추리 닝을 벗어던지고 머리부터 발끝까지 '훈남'으로 다시 태어난다. 한일고 축제 '구작골 한마당'이 열리는 날이기 때문이다.

5년 전만 해도 한일고 축제는 학생들과 선생님들, 그리고 일부 학부모님들만의 조촐한 행사였다. 그런데 5년 전, 전세버스 회사를 운영하시던 어느 '통 큰' 학부모님의 지원 덕분에 뭇 남고생들의 가슴을 설레게 하는 대행사로 바뀌게 되었다. 외딴 곳에 떨어져 있는 한일고 축제에 여고생들을 실어 나르는 버스를 지원해주신 것이다.

우리 학교 학생들이 여고생에 품은 환상만큼이나 인근 학교 여학생들 또한 한일고 학생들에 대한 일종의 환상이 있었다. 공부도 잘하고, 얼굴도 잘생긴 '엄친아들'이라는 다소 과장된(?) 소문 때문이었다. 어쨌거나 덕분에 한일고 축제는 공주, 천안을 비롯한 인근 여학교 학생들의 열띤 관심의 대상이었다.

나 또한 치열한 경쟁을 거쳐 회장에 당선된 만큼 학생회장으로서 주최하는 첫 번째이자 가장 큰 행사인 축제를 어느 때보다도 성대하게 치러 내겠다는 의지를 불태우고 있었다. 재정적인 지원 말고는 일절 선생님들의 개입 없이 학생들이 처음부터 끝까지 모두 준비하기 때문에 생각보다 할 일이 많았다. 유패드와 앰네스티, 세계시민학교 참가까지 어느 때보다 바쁜 시간들을 보내야 했으므로 축제를 한 달 앞둔 7월 말부터는 아예 연필 한 번 잡을 틈도 없었다. 한일고 역사에 남을 축제를 기획한다는 설렘에 이미 우리의 기획은 감당하기 힘들 정도로 스케일이 커져가고 있었다. 쉬는시간은 고사하고, 자습시간에도 교무실과 공중전화, 학생회실을 수없이 오가며 음향시설 회사와 계약을 조율하고, 공연부서 부장들과 하루에도 몇 번씩 회의를 했다.

너무 바쁜 나머지 한 달간 전화 한 통 없던 아들놈을 만나러 부산에서 올라오신 부모님을 얼굴만 뵈어드리고 돌려보낸 적도 있었다. 그렇게 정신없이 기획을 준비해가다 보니 하나둘씩 우리의 구상은 현실이 되어가고 있었다.

버스 회사와의 계약을 끝냄으로써 대부분의 준비가 마무리된 축제 일주일 전 저녁, 학생회 임원들과 함께 매점에서 깐풍기 회식을 하고 있었다. 다음 날 우리는 공주, 천안 시내의 여고들을 돌며, 여느 때보다 특별한 우리의 축제를 홍보하러 갈 계획이었다.

그런데 거의 한 달 만에 본 TV의 모든 뉴스는 '신종플루' 얘기로 가득 차 있었다.

'같은 공간에만 있어도 독감이 옮을 정도로 강력한 H1N1 바이러스의 전염성 때문에 많은 지자체의 행사들이 취소되는가 하면, 20인 이상이 참가하는 공연, 집회, 회의 등이 모두 금지되었습니다.'

"설마 신종플루 때문에 축제를 못하는 건 아니겠지?"

은준이가 노파심 가득한 얼굴로 우리들에게 물었다.

"걱정하지 마. 공주, 천안에는 발병환자가 없다잖아. 게다가 벌써 음향회사랑 버스회사까지 계약을 다 끝냈는데? 뭐 오늘까지 없던 병이 내일 생기겠어?"

확신에 가득 찬 얼굴로 남균이가 은준의 노파심에 일격을 가했다. 남균이의 말에 다른 녀석들도 은준이의 말은 들은 체 만 체하며, 다들 나머지 깐풍기에 젓가락 공세를 퍼부었다. 하지만 왠지 모를 불길한 느낌이 나를 압박해오고 있었다.

다음 날 아침, 홍보를 위해 우리는 한껏 멋을 부리고 나왔다. 다 같이 맞춘 하늘색 와이셔츠에 덕지덕지 바른 왁스. 그 모습만 봐도 우리 이마 위엔 '여고생들아, 기다려라! 우리가 간다'가 적혀 있었다. 나름의 여유도 부렸다.

"1교시는 듣고 가는 게 예의지. 마음의 준비도 좀 하고."

"그래, 1교시 끝나고 나가자. 그래야 1교시 끝나고 나오는 우유도 먹을 수 있잖아."

1교시는 국어 시간, 아침부터 들떠 있던 나는 그만 선생님의 나긋한 목소리 덕분에 어느새 꿈속을 헤매고 있었다. 그런데 갑자기 누군가 뒷자리에서 나를 깨웠다. 교감 선생님이었다. 항상 서글서글하셨던 교감 선생님의 얼굴에는 평소와 달리 뭔가 중대한 얘기를 하시겠다는 비장함이 묻어 있었다. 잠이 확 깼다.

아니나 다를까, 교무실로 따라 내려갔더니 신문 한 장을 내미셨다.

'신종플루 충남까지 덮쳐, ○○여고에서 신종플루 확진자 1명, 의심환

자 2명 발생.'

신문에서는 친절하게도 우리와 비슷한 시기에 예정되어 있던 인근 학교들의 축제가 모두 취소되었다는 설명을 덧붙여놓았다.

"아침에 선생님들끼리 긴급회의를 했다. 어떻게든 취소는 막아보려 했지만, 우리가 기숙사학교인지라 한 명이라도 신종플루 환자가 나오면 전교생에게 전염되는 건 시간문제라는 게 결론이었어. 학교 입장에선 무엇보다도 학생들의 건강이 최우선이야. 축제 전면취소라는 게 학교 측의 결론이란다. 너희가 열심히 준비하는 모습을 봐온 선생님으로서도 마음이 아프구나."

믿고 싶지 않았다. 게다가 이 청천벽력 같은 소식을 다른 친구들에게 전해야 한다는 생각을 하니 눈앞이 캄캄했다. 다행히도(?) 내가 교무실을 나간 후, 교감선생님께서 방송을 통해 전교생에게 이 불행한 소식을 직접 전달하셨다.

"친애하는 한일고 학생 여러분. 오늘 천안 ○○여고에서 신종플루 확진자가 발생했습니다. 이에 학교는 8월 30일로 예정되었던 '구작골 한마당'을 전면 취소하기로 결정하였습니다."

방송이 끝나자마자 학교는 충격에 휩싸였다. 교무실로 몰려가는 거친 녀석들부터 교실 밖에서 자포자기한 채 먼 산만 바라보는 친구들까지. 북한의 침공이 있다 해도 이보다 더 혼란스러울 수는 없었다.

학생회 임원들과 긴급모임을 했다.

"회장, 그래서 앞으로 어떻게 할 생각이야?"

"나도 잘 모르겠다. 축제를 했다가 신종플루 환자가 생기는 날엔 감당할 수 없으니 틀린 말은 아니잖아. 그래서 더 화가 나. 누굴 원망할 수가 없잖아."

"그래도 지금까지 우리가 꼬박 한 달 동안 준비한 게 너무 아까워. 1년 동안 축제 하나만 보고 공연 연습한 애들도 있잖아."

"현대의학이라 해도 별 수 없네. 고작 바이러스 때문에 이 난리를 치게 되다니. 의대 가는 거 다시 생각해봐야겠다."

하지만 위기에서 빛을 발하는 것이 진정한 리더다. 냉정함을 유지하면서 위기에서조차 기회를 찾아야 하는 것이 리더의 역할이고 의무라고 생각했다. 내가 어떤 노력을 하더라도 학교의 결정이 번복될 수 없다면, 적어도 축제만큼은 해야 했다. 외부 학생들만 오지 않는다면 굳이 축제를 못할 이유가 없었다. '두려움 때문에 협상을 해서는 안 되지만 협상하는 것을 두려워해서도 안 된다'라고 존 F. 케네디가 말하지 않았던가. 어떻게든 축제만큼은 살려서 돌아오겠다고 임원들에게 비장한 결의를 말한 후 교장선생님을 찾아갔다.

"교장선생님, 저희 학생회 임원들은 한 달 넘게 연필 한 번 잡기 어려울 정도로 축제준비에 매진해왔습니다. 그리고 1년 넘게 주말마다 축제를 위해 휴식시간도 반납하고 연습해왔던 여러 동아리 학생들의 노력은 물거품이 되어버렸습니다. 저희가 어떤 노력을 하더라도 이 결정은 번복될 수 없는 겁니까?"

"그래, 나를 비롯한 여러 선생님들도 그 점을 안타깝게 생각하고 있단다. 하지만 이 결정은 번복될 수 없단다. 다른 학교 학생들이 들어온다면 신종플루 감염자가 생길 가능성이 굉장히 높다는 건 너희도 잘 알지 않니."

내가 어떠한 말을 해도 내일 당장 신종플루 백신이 나오지 않는 한, 외부 학생들이 우리 학교에 들어올 수 있는 가능성은 없었다. 더 이상 나도 괜한 고집을 부리지 않았다. 하지만 덕분에 우리가 한 걸음 물러선 만큼 축제를 진행할 수 있는 명분도 생겼다.

"그렇다면 교장선생님, 저희끼리라도 축제를 하게 해주십시오."

"이미 축제는 못한다고 말하지 않았니?"

온화하시던 교장선생님이 역성을 내셨다.

"축제를 취소하신 건 전적으로 신종플루 감염자가 인근 학교에서 발생했기 때문이라고 말씀하셨지 않습니까? 그러면 외부 학생들이 오지 않으면 신종플루가 우리 학교에 들어올 가능성이 없는데, 왜 축제를 저희끼리도 할 수 없는지요."

"우리 학교 학생들끼리 축제를 하는 데 그 큰돈을 들여서 굳이 할 필요가 있니?"

"사실 지금까지 한일고 축제가 인근 학교 학생들과의 교류와 그들에게 보여주기 위한 공연이었던 것은 맞습니다. 하지만 축제의 본질은 축제를 준비하고 공연을 하는 저희 학생들 스스로 즐기는 데 있다고 생각합니다. 많은 시간과 땀을 투자했던 학생들의 노력이 물거품이 되지 않았으면 좋겠습니다."

한동안 말씀이 없으시던 교장선생님이 입을 떼셨다.

"그래, 네 말이 맞는 거 같구나. 대신 한 가지 약속을 해주렴."

"어떤 약속이요?"

"이전 축제보다도 더 신나게 놀고, 더 즐길 수 있도록 멋진 축제를 만들어 보거라."

"네, 그런 거라면 걱정하지 마세요. 한일고 역사 이래 최고로 즐거운 축제를 만들어보겠습니다."

마침내 교장선생님의 확실한 지원 약속을 받았다.

하지만 진짜 문제는 우리끼리의 축제를 다른 친구들이 별로 달가워하지 않을 거라는 것이었다. 교장실을 나와서 공연부서 대표들과 임원들을 학생회실로 소집했다.

"좀 전에 교장선생님이랑 면담하고 왔는데, 우리끼리라도 축제를 하기로 했어."

하지만 아이들의 반응은 싸늘했다.

"우리끼리 무슨 축제를 하냐? 남자애들이 춤추고 노래하는 걸 남자애들이 보고, 환호하고, 그것도 먹고 자고 하면서 만날 보는 얼굴끼리. 군인들도 그러진 않겠다. 그럴 바엔 안 하고 말지."

"그래, 승우 네가 오히려 교장선생님한테 설득당한 거 같은데? 이럴 때일수록 강하게 밀어붙여야 한다고. 학교에서 공부에 방해되니까 축제 못하게 하려는 음모일 뿐이야."

오히려 아이들은 나를 질책했다. 몇몇 친구들은 전교생 서명을 받아서 어떻게든 축제를 강행할 거라고 했다. 하지만 내가 봤을 땐 무조건적인 축제 강행은 명분이 없었다. 어떻게든 외부 학생들을 데려와야 한다는 억지스러운 일부 학생들의 주장은 학생들의 건강을 걱정하는 선생님들과 학교 측의 명분을 이길 수 없었다.

친구들의 안타까운 마음은 충분히 이해했지만, 이미 되돌릴 수 없는 사실을 인정하고 그 속에서 최선을 찾는 것이 가장 현명한 처사였다.

"우리가 어떤 노력을 해도 외부 학생들이 학교에 들어올 수 없는 건 기정사실이야. 사실 우리 축제는 우리가 즐기려고 하는 거지, 남들한테 보여주려고 하는 건 아니잖아. 여고생들 없다고 축제를 못하는 것도 아니고. 그만큼 더 신나게 놀고, 즐길 수 있는 축제를 하면 될 거 아니야.”

학교에서도 양보를 했으니, 우리도 그만큼 양보를 해야 한다며 아이들을 하나둘 설득했다. 여기서 더 고집을 부리면 아예 축제를 못할 수 있다는 위기감을 피력하며 우리끼리 즐거운 축제를 만들어보자며 아이들의 동의를 받아냈다.

그렇게 우리들만의 축제는 다시 기획되었다. 여학생들과의 교류에 초점이 맞춰져 있던 기존 기획의 방향을 조금 바꿔 ‘화합’이라는 키워드를 정했다. 이번 신종플루 소동으로 인해 이미 학교 분위기는 어수선했고, 학생들에게는 아쉬움의 앙금이 어느 정도 남아 있었다. 다시 우리를 하나로 만들어줄 계기가 필요했고, 축제를 통해 학교 전체가 화합할 수 있는 프로그램들을 기획했다. 한 달에 걸쳐 준비하던 걸 일주일 만에 새로 해야 했으니, 일주일간은 화장실조차 여유롭게 갈 시간이 없었다. 지난 한 달보다 더 바쁜 일주일간의 준비 끝에 마침내 우리들만의 축제가 열렸다.

낮에는 학교 구성원 모두가 하나 된 분위기로 사제 간 축구시합, 과학 선생님들과 함께하는 과학실험대회, 사회선생님들과 함께하는 ‘국제 인권’에 관한 사진전시회, 그리고 선생님들과 학생들이 같이 준비하는 먹거리 장터 등을 진행했다.

또한 팝콘부터 팥빙수, 핫도그, 햄버거, 피자 등 많은 메뉴들을 호실 선후배들끼리 준비했다. 다른 친구들은 여기저기서 진행되는 프로그램들에 참가하기 위해 양손에 음식을 든 채 뛰어다니며 정신이 없었다. 특히 여장을 한 후배들이 선배들의 열렬한 환호를 받으며, 무대에 올라 끼를 발산하는 '미스한일 선발대회'는 큰 인기를 얻었다.

이어 스타크래프트, 축구게임 피파의 고수를 가리는 E-sports 대회가 진행되었다. 보는 재미를 더하기 위해 해설자로 한일고의 '김구라'로 불리는 은호와, 봉산탈춤에 등장하는 '취발이'를 꼭 닮은 영호를 섭외했다. 게임대회가 끝나고는, 학교 체육관에서 축제의 하이라이트 '슈퍼스타H'가 콘서트장 못지않은 화려한 조명과 빵빵한 사운드 아래에서 시작되었다.

이날 공연에서 특별한 점이 있었다면, 예전까지 각자 경쟁하듯 했던 공연을 여러 부서가 함께하는 '콜라보레이션' 공연 위주로 기획했다는 것이다. 힙합동아리 '트리거'가 사물놀이패의 전통악기 장단에 '다이내믹 듀오'의 음악을 섞어냈다. 중창부 '소울메이트'는 댄스동아리와 함께 개성 있는 음악과 화려한 댄스를 준비했다. 점점 더 분위기는 무르익어갔고, 3학년 영민이 형이 스틸하트의 'she's gone'을 완벽하게 열창함으로써 절정에 달했다. 그렇게 그 날 밤, 우주의 모든 별들이 지켜보는 하늘 아래에서 우리는 모두 하나가 되었다.

자기주도 학습법이
정답이다

군에 입대하기 전 지인의 소개로 학생과 학부모들 앞에서 입학사정관제와 학생부종합전형에 대한 강연을 몇 번 한 적이 있다. 그런데 항상 강연이 끝날 때면 이구동성으로 나오는 질문이 있었다.

"내신이 입학사정관제에서 가장 중요한가요?"

"내신이 낮으면 학생부종합전형에서 무조건 떨어지나요?"

입학사정관제와 학생부종합전형에서 내신이 얼마만큼 중요한가를 묻는 질문들이었다.

그러면 나는 이렇게 대답하곤 했다.

"매우 중요합니다. 하지만 한편으론 중요하지 않기도 하죠."

모순된 답변이라고 생각할 수도 있겠지만 나는 여전히 그 대답이 최선이라고 생각한다.

고2 1학기가 끝나자, 친구들은 하나둘씩 본격적인 입시 준비를 하기 시작했다. 그 중 수시를 준비하는 아이들 사이에서는 특기자전형에서 내신의 비중에 대한 치열한 논쟁이 벌어지고 있었다.

"내신이 높으면 무조건 붙는다니까!"

내신이 높았던 친구들은 내신이 특기자전형의 절대적인 요소라고 주장했다. 반면, 내신이 그다지 높지 않았던 친구들은 반대의 의견을 내비쳤다.

"아니야! 내신이 다가 아니라고. 5등급인데도 서울대 철학과에 붙었다는 선배 얘기 못 들어봤어?"

나는 어느 쪽의 말을 믿어야 할지 몰랐다. 그래서 나는 그 답을 찾기 위해 〈서울대 입학사정관제 안내〉 등과 같은 여러 자료들과 인터넷 카페들을 통해 실제 수시 합격수기들을 수집했다. 독특한 스토리가 없음에도 내신이 굉장히 높아서 합격한 사례도 있었고, 반대로 내신이 평균에 비해 훨씬 낮음에도 불구하고 합격한 사례도 있었다.

오랜 분석 끝에 나는 결론을 내렸다.

"내신은 굉장히 중요하다. 하지만 여기서 내신은 단순히 등급이 높기만 한 것을 의미하지 않는다. 어떠한 환경과 조건에서, 얼마나 자기주도적인 방법을 통해 최선을 다해 노력했느냐가 중요한 요소다. 그에 따라 내신을 절대적인 것이 아닌 상대적으로 평가하는 것이 특기자전형이다."

우선 내신이 중요할 수밖에 없다고 생각했던 이유부터 짚어보자. 내신은 '학생이 학교 수업에 얼마나 성실하게 임했는지'를 보여주는 대표적인 기준이다. 아래의 내용은 〈서울대학교 2016학년도 학생부종합전형 안내〉 책자에 나왔던 것들이다.

- 학교생활을 성실히 수행하고 학업능력이 우수한 학생

- 제출된 서류를 토대로 지원자의 학업능력, 학업태도, 학업 외 소양 등을 종합적으로 평가하지만, 학생 선발시 가장 중요하게 고려하는 부분은 우수한 학업능력입니다.

대학은 학문을 배우는 곳이다. 따라서 기본적으로 대학에 와서도 성실하게 학문을 배우고, 수업을 소화해낼 수 있는 학생을 선발하는 것은 당연하다. 그렇기 때문에 대학에서는 무엇보다도 학생들의 최우선 덕목을 '성실한 학교생활'에 두고 있다(형식적인 말이 아니라 대학에서는 정말 실질적으로 '학교생활에 충실한 것'에 평가의 가장 큰 비중을 두고 있다).

그런데 내신시험이 어떤 시험인가? 수능처럼 학생의 절대적인 국어, 영어, 수학 실력을 평가하는 시험이 아니다. 내신시험의 주목적은 학생이 얼마나 학교 선생님의 수업을 열심히 들었느냐, 얼마나 열심히 필기하고 복습했느냐를 평가하는 것이다. 따라서 내신점수가 학생이 얼마나 학교생활에 충실했느냐를 보여주는 중요한 지표가 되는 것은 당연하다. 그러므로 내신은 학생부종합전형의 굉장히 중요한 평가요소가 될 수밖에 없다.

그런데 내신등급에 대한 대학의 태도가 예전과 다르다는 사실도 굉장히 중요하다. 높은 내신등급이 무조건적으로 학생의 우수한 학업능력과 학교생활에 대한 성실성을 증명하고, 반대로 낮은 내신점수가 학생의 불성실함을 보여준다고 생각하지 않는다는 것이다.

- 학생의 학업능력은 반드시 교과 성적과 일치하지는 않습니다. 교과 성적이 더 이상 학생들의 학업능력을 판단할 수 있는 유일한 자료가 아

니기 때문입니다. ……학내 탐구활동, 교내 경시대회, 독서활동, 방과
후 수업, 교과 관련 동아리활동 등을 통해서도 향상될 수 있습니다.

- 교과 성취도를 파악할 때에는 교과 성적을 동일한 공식으로 수치화하
  여 기계적으로 반영하지 않습니다. 상이한 교육환경과 교육과정에서
  얻은 성적을 단순히 수치상으로 비교할 경우, 지원자의 학업능력 수준
  을 판단하기 위한 정확한 정보가 될 수 없기 때문입니다.

이처럼 대학이 예전과 같이 좀 더 간편한, 즉 교과 성적을 수치화해서
순서대로 나열하는 방식으로 학생들을 선발하지 않는 이유는 크게 두 가
지 때문이다.

첫째, 우리나라 대부분의 학생들이 학교 수업보다 더 많은 비중을 두
고 있는 학원, 과외 등의 사교육 때문이다. 대부분의 학생들이 학교 수업
만을 듣고 스스로 공부한다면 내신등급이 학생의 학업능력과 비례한다
고 생각할 수 있었다. 하지만 우리나라에서는 많은 학생들이 좋은 학원,
족집게 강사를 통해 '남이 시켜주는 공부'에 익숙해져 있다. 하지만 이렇
게 사교육에 의존하고 타의에 의해 공부한 학생들이 입학 후 대학수업을
제대로 따라가지 못한다는 사실을 대학에서 너무도 잘 알고 있었다. 결
과적으로 대학 측에서는 누군가에 의해 만들어진 내신 성적을 구별해내
기 위해 정량적 평가가 아닌 학생의 자기주도 학습 여부를 고려하는 정
성적 평가를 하고 있었다.

둘째, 학생들이 가진 학습조건이나 학업환경이 천차만별이기 때문이
다. 먼저, 타고난 재능의 차이로 인해 수업을 열심히 듣더라도 시험을 다
소 못 치는 학생이 있는가 하면, 수업을 열심히 듣지 않더라도 노력에 비

해 훨씬 더 시험점수를 잘 받는 학생이 있다. 특히 학생이 '오지선다형 시험'에 잘 맞는지 아닌지와 같은 것들에 의해 달라질 수 있다. 창의성이 인재의 최고 덕목으로 평가받는 요즘 같은 시대에 오지선다형 시험이 학생의 창의성을 평가할 수 없음은 당연하다.

또 가난으로 인해 집안환경이 어렵거나, 신체적으로 몸이 아파서 정상적인 학업을 수행하기 어려운 경우처럼 학생들마다 가지고 있는 학업환경은 천차만별이다. 예를 들어 교육환경이 낙후된 시골에서 생활하는 학생들과 교육환경이 좋은 대치동 아이들의 내신을 비교하는 것이나, 반대로 학업수준이 높고 내신경쟁이 치열한 학교의 학생들과 그렇지 않은 학교 학생들의 내신을 절대적으로 비교하는 것은 합리적인 평가가 아니다. 또한 나처럼 학생회장을 비롯해 여러 비교과 활동을 하는 학생들의 경우에도 절대적인 학습시간이 부족할 수 있기 때문에 내신등급을 평가할 때 이 점 역시 고려되어야 한다. 따라서 내신점수는 학생의 학업능력 또는 학교생활의 성실성을 100% 보여주는 데 어려움이 있다.

이러한 이유로 나는 지금껏 해왔듯이 여러 활동을 하면서도 나만의 자기주도적인 학습법으로, 최선을 다해 학업을 수행했다는 사실을 보여준다면 충분히 서울대에 갈 수 있음을 알 수 있었다. 물론 어느 정도의 결과도 뒷받침되어야 했다. 아무리 최선을 다했다고 해도, 결과가 엉망이면 그 노력은 인정받기가 힘들기 때문이다.

스스로 동기부여의
신이 되어라

　여기서 간략히 자기주도 학습에 대한 생각과 실제 나의 자기주도 학습법에 대해 이야기하고자 한다. 한일고에서는 다행히도(?) 사교육은 아예 받을 수 없었다. 몇몇 선배들이 주말이나 방학을 이용해 시내에 나가서 사교육을 받았다는 이야기를 들은 적은 있었지만, 이미 자기만의 학습법에 자신이 있던 우리 동기들은 아무도 그런 어리석은 짓을 하진 않았다. 나 또한 오랫동안의 시행착오를 거치며 나만의 자기주도 학습법을 확립했다.

　첫째, 자기주도 학습은 무엇보다 학업에 대한 자신만의 뚜렷한 목적의식을 가지는 것에서부터 시작된다. 누가 시켜서가 아니라 스스로 필요해서 공부를 시작하면 이미 반은 성공한 것이다. 나의 경우, 고1때 이미 '어떻게 살 것인가'라는 화두부터 '내가 왜 공부를 해야 하는가'까지 나만의 해답을 찾으며 학업의 목적을 확고히 세웠다. 덕분에 나는 '스스로 필요했기 때문에' 누구보다 열심히 공부를 할 수 있었다. 만약 누가 '너는 왜 공부하고 좋은 대학에 가려고 하니?'라고 물었을 때, 자신 있게 대답할 자신이 없다면 당장 손에서 펜을 놓고 공부하는 목적부터 찾아야 한다.

둘째, 무엇보다 학교 수업에 충실해야 한다. 내신시험은 학교 선생님이 수업내용을 바탕으로 직접 출제한다. 또한 학교 수업에 충실했는지, 복습과 주어진 과제를 얼마나 학습했는지를 확인하는 것이 내신시험의 목적이기 때문에 어떠한 교재나 사교육보다도 학교 수업을 중요하게 여겨야 한다. 나 또한 학교 선생님들의 수업을 하나라도 놓치지 않는 것을 공부의 최우선 순위에 두었다. 그래서 수업내용을 필기하는 것에 많은 공을 들였다.

필기는 함부로 하면 안 된다. 필기를 하는 것은 결국 다시 보며 공부를 하기 위함이므로, 나중에 노트를 펼쳤을 때 내용을 효율적으로 복습할 수 있게끔 해야 한다. 먼저, 수업내용이 교과서 여백에 수용되는 양이면 교과서에 최대한 깔끔하게 정리했다. 그러고도 빈칸이 남으면 참고서에서 학습한 중요내용도 교과서에 채워 넣었다. 그렇게 하면 시험기간에도 많은 책을 펼칠 필요 없이 교과서만으로 공부를 끝낼 수 있기 때문이다. 그런데 만약 필기의 양이 교과서의 여백보다 넘치면 노트를 이용할 수밖에 없었다. 그런 경우, 앞에서 교과서에 했던 방식을 노트에 똑같이 적용했다. 교과서의 내용, 수업 내용, 참고서의 내용을 한 권의 노트에 모두 정리한 것이다.

그 외에도 선생님들마다 다른 수업방식을 고려하여 선생님에 따라 필기방식을 조금씩 달리했다. 키워드와 핵심내용을 위주로 수업하는 선생님의 경우엔 키워드를 간단히 적고 'A → B → C'와 같이 화살표로 인과관계만 표시를 했다. 선생님의 사소한 말 한 마디보다는 수업의 큰 흐름을 이해하는 것이 중요하기 때문이었다.

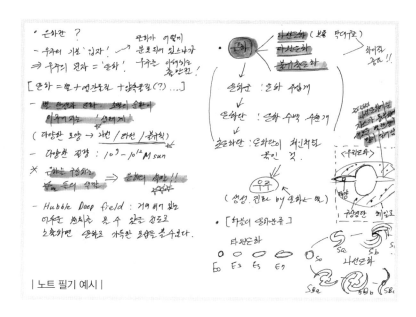

| 노트 필기 예시 |

　하지만 만약 키워드보다 선생님의 한 마디 한 마디가 모두 시험에 출제되는 수업이면 최대한 키워드 중심으로 인과관계를 표시하되, 세세한 내용은 '마인드맵' 형식으로 최대한 선생님의 말씀을 빠뜨리지 않고 필기하려고 노력했다. 이 세세한 내용에서 오히려 변별력이 높은 문제가 출제되기 때문이었다.

　그렇게 필기에 많은 공을 들이다 보니, 시험기간만 되면 나에게 노트를 빌려달라고 많은 친구들이 줄을 섰다.

　"오늘 저녁에 치킨 사줄게! 국사 노트 좀 빌려줘. 수업시간에 자주 졸아서 필기가 너무 빠졌어."

　"야, 내가 먼저야. 이미 저번에 오늘부터 빌리기로 했어."

　치킨을 사준다는 친구부터 비싼 학용품을 주는 친구까지 다양한 방법으로 내게 부탁을 했다.

학교수업을 들으며 공부한 내용은 3장에서 언급했듯 철저한 학습계획을 통해 복습하고 문제를 풀며 머리에 숙지시켰다. 1년 단위부터 하루 단위까지 철저히 학습 분량을 정했고, 계획은 반드시 지키려고 했다. 학생회장과 여러 동아리활동으로 바쁜 시간에도 좋은 학업 성적을 거둘 수 있었던 것은 1분 1초도 허투루 보내지 않는 시간활용법 덕분이었다. 언제라도 책상에 앉으면 어떤 책의 어떤 범위를, 어떤 방식으로 공부할지 이미 머릿속에 그려져 있었다.

대부분의 학생들은 개인 학습시간이 생기면 그때마다 어떤 과목, 어떤 책, 어떤 범위를 공부할지를 두고 고민하면서 시간을 낭비한다. 하지만 현재와 같이 수시와 정시 모두를 대비해야 하는 상황에서는 1분 1초가 귀중한 시간이다. 철저한 학습 및 시간계획을 통해 낭비하는 시간을 줄이고, 효율적으로 시간을 활용하는 것이 두 마리 토끼를 모두 잡는 비결이다. 좀 더 구체적인 방법으로는, 전날 저녁 또는 하루가 시작되는 아침에 계획을 아래와 같이 세웠다.

1) 스터디 플래너에 일어나는 시간부터 잠드는 시간까지를 30분 단위로 표시한다.
2) 세면, 식사, 축구, 학생회나 유패드, 앰네스티 활동 등 공부를 하지 못하는 모든 시간에 빨간색으로 색칠을 한다(최대 5분 단위까지 세세하게 체크한다).
3) 하루에 공부할 수 있는 총 시간을 계산한 다음 일주일이 시작될 때 짜놓은 1주 계획에 따라 그 날의 학습 분량에 맞게 분배한다.

4) 시간분배를 하고 나면 그 날 과목당 공부할 분량과 시간이 정해진다. 그리고 과목별로 가장 효율적으로 공부가 잘되는 시간에 30분 단위로 배치한다.

5) 휴식이나 취미활동에도 시간을 분배한다. 다만 철저하게 시간을 계획해서, 학습계획이 틀어지는 일이 없도록 한다.

6) 무슨 일이 있어도 계획은 반드시 지킨다.

7) 잠들기 전, 계획의 실천 여부를 체크한다. 불가피한 상황이 생겼거나 예상보다 특정과목에서 시간이 오래 걸려 미처 하지 못한 공부가 있다면 주말에 '스페어 타임'으로 비워둔 시간을 활용한다.

또 하나 중요한 것은 지속적으로 나만의 동기부여를 했다는 것이다. 앞에서처럼 열심히 계획을 세우며 공부를 했지만, 기계가 아니기 때문에 가끔씩 공부하기 싫고, 놀고 싶어질 때가 있었다. 그럴 때는 일단 손에서 책을 놓고, 동기부여의 시간을 가졌다. 자기주도 학습은 혼자서 공부하며 치르는 '자신과의 싸움'이므로 꾸준하게 공부를 해나가기 위해서는 스스로 동기부여 방법을 찾는 것도 매우 중요하다.

동기부여 방법은 다양했다. 우선 내가 롤모델로 삼았던 케네디나 처칠, 링컨 등의 평전을 꺼내 읽으며 초심을 되새겼다. 《7막7장》이나 《가난하다고 꿈조차 가난할 수는 없다》와 같은 입시 수기도 많은 도움이 되었다. 꼭 책이 아니어도 상관 없었다. 하버드 대학생들을 주제로 한 드라마 〈러브스토리 인 하버드〉, 실제 입시에서 성공을 거둔 사람들의 이야기인 EBS 〈공부의 왕도〉 등 동기부여가 되는 내용이라면 뭐든 PMP에 담아두며 되돌려보곤 했다.

| 30분 단위 생활계획표 |

그 외에도 부모님이 스크랩해서 보내주신 '맛있는 공부', '베리타스 알
파' 등의 입시 관련 신문 섹션도 동기부여와 함께 실질적인 학습팁을 얻
는 데 큰 도움이 되었다. 의외로 그렇게 접한 신문기사와 방송에서 주옥
같은 동기부여를 얻곤 했다. 그 중에서도 3년간 많은 자극이 된 두 기사
가 있었다. 먼저 분당의 어느 고등학교를 수석으로 졸업하고 서울대 법

대에 합격했던 학생이 이런 말을 했다. "100점 만점을 받기 위해 항상 120점만큼의 공부를 했습니다." 공부를 하다가 간혹 '이 정도면 다했지'라는 자만심이 들 때면, 이 말을 떠올리며 다시 책을 잡곤 했다.

또 하나는 수능 전국 수석을 차지했던 서울대생의 이야기였다. "저는 아무리 큰 동기부여를 받아도 3일이면 그 마음이 가시더라고요. 그래서 결심했죠. 작심삼일이면 3일마다 한 번씩, 100번을 작심하면 1년 동안 공부를 할 수 있다고."

누구나 나처럼 공부를 하기 싫은 마음이 들 수 있었다. 하지만 그 마음을 다잡고 자신의 꿈을 위해 노력할 수 있는 지혜를 얻고 공부하니 '최고'는 아니었지만, '최선'의 결과는 얻을 수 있었다. 그리고 2년 뒤, 서울대로부터 내가 가진 조건에서 최선의 노력을 했음을 인정받았다.

나 이외에도 모의고사에서 매번 전국 10위권 안의 성적을 거뒀던 여러 한일고 친구들의 사례를 종합해보면, 성적 향상을 가장 **빠르게**, 그리고 가장 오래 지속시킬 수 있는 방법은 학원과 사교육에 있지 않았다. 오직 '자기주도 학습법'뿐이었다.

:: 수능과 내신 공부는 따로 해야 할까?

많은 학생들이 수능과 내신을 별개로 생각하며 공부한다. 그러나 과연 수능과 내신은 전혀 다른 성질의 공부일까?

"난 수시 지원은 안 할 거니까 내신 포기하고 수능만 파야겠다."

"연·고대는 내신을 아예 보지도 않는데 뭐 하러 내신 공부를 해. 그 시간에 모의고사 문제집을 하나 더 풀지 뭐."

내신 공부에 대해 이런 태도를 보이는 친구들이 꽤 많았다. 하지만 가장 어리석은 이들이었다. 결론부터 말하자면, 나는 내신 성적이 좋으면서 수능 성적이 안 좋은 친구들을 거의 보지 못했고, 반대로 내신 성적이 안 좋은데 수능 성적이 좋은 친구들도 거의 보지 못했다. 내신을 포기했던 친구들은 대부분 결국 자신의 선택을 후회했다.

우선 고3이 되어 마음이 바뀌어 수시 지원을 하고 싶어도 내신이 너무 안 좋아서 지원을 할 수 없었고, 3학년 막바지에 이르러서야 내신 공부가 결국 수능 공부와 별개가 아니었음을 깨달았기 때문이다. 많은 친구들이 착각을 하고 있었다. 학교 수업은 그저 내신시험만 잘 보기 위해 듣는 것이라고.

하지만 학교 선생님들이 수능과 전혀 상관이 없는 내용을 가르치지는 않는다. 결국은 내신시험의 또 다른 목적은 수능에서도 학생들이 최선의 성적을 거두게 하기 위함이다. 그러므로 내신 공부를 열심히 하는 것이 자연스럽게 수능 공부와도 연결된다. 오히려 내신을 포기하고 수능만 파겠다는 친구들은 다른 친구들이 내신 공부를 할 때, 수능 공부를 하기보다는 놀거나 잡담을 나누며 교실의 학습 분위기를 흐리는 경우가 많았다. 내신에 대한 압박에서 벗어나 홀가분함을 느끼는 것만이 유일한 장점이었다.

부디 이 책을 보는 후배들은 그런 과오를 범하지 않기를 바란다. 내가 학교를 다닐 때도 그랬고, 지금은 훨씬 더 수시와 정시라는 두 마리 토끼를 모두 잡는 것이 중요해진 상황이다. 비록 점수의 노예가 되지는 말아야겠지만, '최고'는 아니더라도 자신이 후회하지 않을 만큼의 '최선'을 다해야 한다.

공부법과 관련된 책 10권을 읽어라

대학에서는 학생부종합전형을 통해 내신이 높기만 한 학생을 선발하려는 것이 아니다. 자기주도적 학습태도를 핵심으로 하여 학업 관련 교내 수상, 세부 능력 및 특기사항, 창의적 체험활동, 수업참여도, 독서활동 등을 통해 입체적으로 학업능력을 평가한다. 이것이 대학에서 말하는 '정성평가'이다.

그렇기 때문에 각종 학원과 과외를 통해 무조건 내신 성적을 높이려고 하는 것은 오히려 학업능력 영역에서 자신의 점수를 깎아먹는 일이 된다. 따라서 내신 성적이 노력한 것보다 따라주지 않을 경우, 사교육을 통해 그 해결방법을 찾기보다는 학생이 스스로 자신의 공부 방법을 진단하고, 더 나은 공부 전략을 세워야 한다. 물론 학원을 다 끊으라는 것은 아니다. 나 또한 특정 과목은 인터넷 강의를 수강한 적이 있다. 자기주도 학습의 큰 틀은 스스로 찾고 만들어나가되, 과목별로 필요한 부분이 있을 때만 사교육을 이용하라는 것이다.

자기주도 학습에는 다양한 방법이 있다. 동아리활동, 소논문 작성, 독서활동 등 모든 것들이 자기주도 학습의 큰 틀에 포함이 된다. 다만 그런 방법으로는 내신과 모의고사 성적을 끌어올리는 데 어느 정도 한계가 있기 마련이다. 그 한계를 보완할 수 있는 최상의 방법은 스스로 다른 사람들의 공부법을 벤치마킹하여 자신에게 맞는 공부법으로 개선해나가는 것이다. 이를 위해서 가장 좋은 것이 바로 '공부 고수'들의 전략이 담겨 있는 다양한 공부법 관련 도서를 정독하고 그 중에서 자신에게 맞는 방법을 찾아나가는 것이다. 효과적인 벤치마킹을 통해 자신만의 과목별 공부법, 학습계획법, 시간활용법, 동기부여 전략 등을 스스로 세워나가는 것이 공부의 '질'을 높이고 성적향상으로 이어지는 지름길이다. 따라서 공부법과 관련된 다양한 책들을 읽고, 자신만의 자기주도 학습법을 수립하라.

조승우의 추천도서

- **성적 급상승의 비밀**(유상근, 21세기북스)
- **스터디코드 3.0**(조남호, 웅진윙스)
- **7막 7장 그리고 그후**(홍정욱, 위즈덤하우스)
- **공부가 가장 쉬웠어요**(장승수, 김영사)
- **포기하지 않으면 불가능은 없다**(고승덕, 개미들출판사)
- **공부9단, 오기10단**(박원희, 김영사)
- **공부의 왕도**(성기선, 아르고스)
- **가난하다고 꿈조차 가난할 수는 없다**(김현근, 사회평론)
- **다니엘 학습법**(김동환, 규장문화사)

최근에는 훨씬 더 다양한 공부법 관련 도서들이 있으니, 부모님과 함께 직접 서점에 가서 책을 고르도록 하자.

6장

리더십,
나만의 정의를 내리다

한 자루의 양초로
많은 양초에 불을 옮겨 붙이더라도
첫 양초의 빛은 흐려지지 않는다.

― 탈무드

진정한 '세계시민'으로
거듭나다

　국제 정치에 대한 공부와 앰네스티 활동은 세계의 고통받는 많은 사람들을 진심으로 돌아보게 해주었다. 그들 또한 나처럼 사랑하는 가족이 있고, 자신만의 간절한 꿈이 있는, 똑같이 소중한 사람임을 알게 된 것이다. 이처럼 세계의 모든 인류를 국가, 인종, 민족, 성별을 떠나 모두 같은 하나의 공동체로 보는 관점을 정치철학에서는 '세계시민주의'라고 부른다. 많은 사람들은 이러한 세계시민정신을 21세기의 시대정신Zeitgeist 이라고 말했고, 나 또한 세계시민으로서의 삶을 실천하기 위해 노력하고 있었다.

　여러 활동이 중요한 계기가 되었지만, 사실 내가 '세계시민'에 대해 처음 관심을 갖게 된 것은 중학교 1학년 때 한비야 팀장을 알게 되면서였다. 서점을 기웃거리던 중 우연히 《지도 밖으로 행군하라》라는 책을 집어 들었다. 전 세계를 돌아다니며 쓴 '바람의 딸 시리즈'로 수많은 청년들을 세계지도 속으로 인도했던 분이 이제는 '지도 밖으로' 행군하라니. 처음엔 우주여행이라도 가라는 말인가 싶었다. 하지만 책은 세계 각지를 돌아다니며 긴급 구호활동을 펼치는 내용이었다. 책에는 이런 구절이 있었다.

"구호의 세상은 경쟁의 장이 아니었다. 우리 서로는 경쟁의 대상이 아니라 사랑해야 할 대상, 가진 것을 나누는 대상이었다."

책을 읽고 감동을 받은 나머지, 아프리카의 굶주리는 아이들에게 조금이나마 도움이 될까 싶어 월드비전 정기 후원을 시작했다. 그러다 한번은 후원금이 어떻게 사용되는지 보기 위해 월드비전 사이트에 들어갔다. 그런데 사이트를 살펴보던 중 '세계시민학교, 지도밖 행군단'이라는 활동을 알게 되었다.

세계시민으로서 정체성과 가치관을 갖고 살아가도록 돕는 교육과정입니다. 주로 빈곤, 인권, 환경, 문화다양성, 평화 등을 커리큘럼으로 하는 교육과정은 청소년들이 지구마을 이슈에 대해 배우고 실천하는 데 그 목적을 둡니다.

– 월드비전 '세계시민학교'

한비야 팀장의 책을 읽고 정기후원을 3년간 해왔을 만큼 그녀의 팬이었기에 지도밖 행군단에 참가하겠다는 마음을 먹었다. 그 자리에서 부랴부랴 접수를 하고, A4 3장 분량의 지원서를 냈다.

원서 접수 3주 뒤, 내가 서울대 정시 경쟁률보다도 높은 7:1의 경쟁률을 뚫고 '제4기 지도밖 행군단'의 일원이 되었다는 합격통지를 받았다. 월드비전에서는 내가 '일본 조'에 속하게 되었다는 소식과 함께 상세한 행군단 일정을 보내주었다. 모의고사 준비에 유패드와 학생회, 앰네스티까지 겹쳐 전날 새벽에서야 부랴부랴 짐을 챙겼다. 다음 날 아침, 세 시간도 자지 못해 떠지지 않는 눈을 비비며 겨우 출발했다. 처음으로 도착한 수원, 터미널 앞 분식집에서 김밥과 라면을 먹고 집합장소로 갔다.

고3임에도 각종활동으로 바쁜 시간을 보낸다는 소현 누나, 나와 동갑이었던 소연이와 여진이, 그리고 중학생인 유리와 주영이. 이렇게 여섯 명이 일본 조였다. 지도밖 행군단 5기로 총 50명이 선발되었는데, 남자가 열 명밖에 되지 않아 우리 조에는 나 혼자만 남자였다. 한창 수다를 떠는 여학생들 사이에서 말을 꺼내기가 어색했다.

"안녕, 난 권소현이라고 해. 올해 고3이야."

"아, 네. 안녕하…세요."

버스 안에서도 어색함을 갖출 수 없었다. '이렇게 서먹하고 어색한데, 3박4일만에 어떻게 마지막 날 헤어질 때 서로 울고불고 한다는 거지?'

드디어 행군단에 도착했다. 버스가 학교 정문에 들어서자 월드비전의 여러 선생님들이 우리를 반갑게 맞아주셨다. 새로 뽑힌 단원 50명은 실제 지구촌의 개도국과 선진국의 균형에 맞게 케냐, 타지키스탄, 스리랑카, 파키스탄, 베트남, 버마, 일본이라는 가상 국적에 따라 7개조로 나뉘어 있었다.

젊은 여자 선생님 한 분과 듬직한 덩치의 아저씨 선생님 한 분이 우리 일본 조의 담임선생님이었다. 어제 내게 전화로 이것저것 챙겨주신 '미리쌤'은 대학에서 정치외교학을 공부하고 있는 4학년 졸업반이었고, 동남아 현지인처럼 까무잡잡한 피부색의 '하산쌤'은 월드비전에서 10년 넘게 일하신 구호활동의 베테랑이었다.

기숙사에서 짐을 풀고 일본 조 교실에서 처음으로 조 친구들과 선생님들이 다 같이 만났다. 각자의 자기소개가 끝나고, '하산쌤'의 한 마디가 아이들을 충격에 빠뜨렸다.

"얘들아, 지도밖 행군단에서는 휴대폰과 에어컨을 쓸 수가 없단다. 여기 봉투에 휴대폰을 다 넣고, 에어컨은 이미 작동이 안 되도록 조치를 취해놨어."

도살장에 끌려가는 돼지의 얼굴을 한 채 휴대폰을 내는 다른 조원들과 달리 나야 뭐 휴대폰은 원래 안 썼으니까 크게 상관이 없었다. 하지만 문제는 에어컨. 폭염주의보가 하루가 멀다 하고 내리던 7월말의 무더위를 에어컨 없이 견뎌야 한다니, 고난의 행군단이라는 생각이 들었다.

우리는 밥을 먹고 입학식을 위해 자리를 옮겼다. 진행은 월드비전의 강도욱 선생님이 맡았다. 선생님은 세계를 누비는 긴급구호팀원답게 지구촌의 공용어인 웃음으로 우리 모두를 자지러지게 만들었다. 한恨이 담긴 한국의 전통민요와는 다르게 기쁨과 웃음이 담긴 아프리카의 전통민요를 통기타 반주에 맞춰 부르다보니 우리는 짧은 시간에 쉽게 친해질 수 있었다.

입학식이 끝나고는 'Where are you from?'이라는 프로그램이 진행되었다. 처음엔 여느 수학여행처럼 각자의 자기소개나 장기자랑이 이어질 것이라고 생각했다. 그러나 예상과는 달리 프레젠테이션 화면에는 종이컵, 맥도날드의 빅맥버거, 코카콜라, 흰 쌀밥, 삼성 핸드폰, 허쉬 초콜릿 등의 사진이 담겨 있었다. 이것들이 어떤 원료를 가지고, 어떤 과정으로 생산되는지, 그리고 그것들이 지구촌에 어떤 영향을 끼치고 있는지에 대해 조별로 조사해 연극형식으로 발표를 해야 했다.

우리 조는 종이컵을 맡게 되었다. 그런데 조사를 시작하기 전에 조의 화합을 위한 모둠규약을 만들어야 했다.

"우리 조가 가장 특별한 규약을 정했으면 좋겠어."

"사람과 사람이 친해지는 데는 스킨십이 최고지."

"그래, 그래. 음…… 이동할 때 서로 손잡고 걷는 거 어때?"

"언니, 그거 좋다. 자기 전에 서로 안아주면서 굿나잇 인사해주기도 괜찮을 거 같아."

나를 뺀 나머지 여섯 명의 여학생들은 내 존재는 전혀 신경 쓰지 않는 듯 순식간에 모둠규약을 정했다. 결국 '손잡고 걷기, 자기 전에 모두 안아주기'라는 다소 어려운 약속과 아침마다 하이파이브 하기, 음식 남기지 말기, 친환경 샴푸 쓰기, 접이식 컵 사용하기 등이 우리 조의 약속으로 정해졌다.

"승우야, 너도 괜찮지?"

"으…응. 그…래."

유패드 활동을 하면서도 여학생 울렁증이라곤 전혀 없었던 나도 당황한 목소리로 대답할 수밖에 없었다.

두 시간의 준비 끝에 연극을 선보였다. 우리 조는 이산화탄소 역을 맡은 '하산쌤'의 명연기 덕분에 뜨거운 호응을 얻었다. 연극을 준비하면서 사람들이 아무렇지 않게 쓰고 있는 종이컵이 얼마나 넓은 아마존의 숲을 허허벌판으로 만들었는지 자세하게 알 수 있었다.

다른 조의 연극을 보면서도 많은 것을 배웠다. 그 중에서도 콜라 1리터를 만들려면 물 9리터가 필요하다는 것, 그것 때문에 인도에 있는 콜라 공장 근처 마을의 우물이 모두 말라 마을 주민들이 식수 부족을 겪고 있다는 내용에 큰 충격을 받았다. 또한 우리나라가 자랑스럽게 내세우는 삼성, LG의 휴대폰 안에 있는 '콜탄'이라는 광석 때문에 콩고 내전이 심각해지고, 아프리카의 많은 고릴라들이 사라지고 있다는 사실도 처음으로 알게 되었다.

이 내용들만큼이나 또 하나 놀라운 점은 이 모든 내용을 행군단원들이 인터넷이나 책과 같은 자료 없이 기존에 알고 있는 것만으로 준비했다는 것이다. 지구촌 문제에 대해 많이 알고 있다고 생각했던 나는 '우물 안 개구리였구나' 하는 반성을 할 수밖에 없었다.

그 날 밤, 첫 날의 일정이 끝나고 기숙사로 돌아왔다. 침대에 누워 입학식 때 친해진 태홍이와 함께 다른 룸메이트를 기다리고 있으니, 익숙한 얼굴이 우리 방으로 들어왔다. 좀 전에 레크리에이션을 진행하셨던 강도욱 선생님이었다. 알고 보니 그는, 국제구호와 관련한 신문 기사에도 여러 번 나올 만큼 유명한 구호전문가였다.

"난 월드비전 긴급구호팀에서 한비야 팀장님과 함께 일하고 있어. 지도밖 행군단에 참가하려고 저번 주에 아프리카 스와질랜드라는 왕국에서 비행기를 타고 날아왔어."

이렇게 세계시민학교의 모든 순간은 놀라움의 연속이었다.

다음날, 일어나자마자 부스스한 모습으로 '꼭지점 댄스'를 추며 하루를 시작했다. 이튿날 역시 놀라움의 연속이었다. 산책과 간단한 모둠 소개에 이어 월드비전 김경연 팀장님의 '문화적 편견과 문화 다양성'에 대한 토막강의가 진행되었다. 지구촌이라는 단어에 대한 유래에서부터 시작한 강의는 지구촌을 대하는 태도에 대한 문제의식으로 이어졌다.

"글로벌Global이라는 말을 한 번 떠올려보세요. 요새 글로벌 하면 가장 많이 붙여 쓰는 단어가 뭐죠?"

"글로벌 경쟁력이요."

누군가 기다렸다는 듯 대답을 했다.

"그래요, 글로벌 경쟁력, 글로벌 시장, 글로벌 마케팅. 전부 경쟁을 위한 말들뿐이죠. 다들 지구촌, 지구촌 하면서 결국 추구하는 것은 경쟁뿐인 거예요. ……우리나라 청소년들의 지식은 그 어느 나라 학생들보다 뛰어납니다. 하지만 지식의 경쟁력이 전부는 아니에요. 미국 같은 나라가 지식이 부족해서 기후변화협약을 탈퇴하고, 이 때문에 조그만 섬나라 투발루가 국토 포기선언을 하게 되는 건 아니에요. 그건 '지식'이 아닌 '태도'의 문제가 아닐까요?"

이어서 그는 비트겐슈타인의 오리-토끼 그림을 보여주며 똑같은 사물을 보더라도, 그것을 받아들이는 태도에 따라 보는 것이 다를 수 있음을 이야기했다. 이처럼 우리에게 필요한 것은 '더 많은 지식'이 아닌 상대방과의 공존, 다양성에 대한 올바른 태도였다.

"정착촌을 짓고, 분리장벽을 멋대로 세우는 이스라엘 분리주의자들이 가진 배타성의 씨앗이 우리들 속에도 있습니다. 물론 그 반대로 상대방과 공존을 바라는 포용성의 씨앗도 있지요. 어떤 씨앗을 키우느냐는 여러분의 태도에 달려 있습니다."

| 비트겐슈타인의 오리-토끼 |

강연 마지막에 본 영상은 특히 인상 깊었다. 어느 방송에서 우리나라 길거리에서 백인과 동남아인이 한국 사람들에게 길을 물어보고, 그에 대한 사람들의 반응을 촬영한 것이었다. 먼

저 백인이 길을 물어보자 사람들은 버스정류장으로 몸소 뛰어가서 버스 시간도 알려주고, 직접 지하철역까지 데려다주기도 했다. 그러나 동남아 사람이 길을 물어보자 대부분 대답조차 않은 채 지나치거나, 알려주는 둥 마는 둥 그들과의 대화를 꺼리는 듯했다.

"많은 동남아 노동자들은 우리나라가 3D 업종 구인난 때문에 산업연수생으로 초대한 사람들입니다. 과연 이런 우리의 모습을 보고도 우리 사회가 선진사회라고 할 수 있을까요?"

영상을 보고 난 교실 안은 분노와 함께 부끄러움으로 술렁거렸다. 하지만 곰곰이 돌이켜보면 저런 행동의 씨앗이 내 마음 깊은 곳에도 있다는 생각이 들었다. 지금껏 우리보다 못사는 나라의 사람들에게 무의식적으로라도 가졌던 '우월의식'에 대해 깊이 반성했다.

강연이 끝나고, 현지인 선생님들이 찾아오셨다. 현지인 선생님들은 우리가 속한 각 조 나라의 출신들이었다. 우리 조에는 카오와 노조미라는 두 명의 선생님이 오셨다. 두 분 다 굉장한 미인이라 난 다른 조 남자아이들의 부러움을 한 몸에 받았다.

조원들과 현지인 선생님들끼리는 일본문화와 한국 학교생활에 대해서로 궁금한 점을 물어보고 있었다. 하지만 난 현지인 선생님들께 묻고 싶은 것이 따로 있었다.

"선생님. 실례가 안 된다면 하나 묻고 싶은 게 있어요."

"네, 얘기하세요!"

한국인 못지않은 한국어 실력을 발휘하던 카오 선생님에게 용기를 내서 물었다.

"선생님, 일본인들은 우리나라와 일본의 역사, 그리고 일제강점에 대해 어떻게 생각하세요?"

"음, 일단 저를 비롯한 많은 일본 사람들이 한국, 한국 사람들, 한국문화를 굉장히 좋아해요. 그런 만큼 우리 조상들이 한국에 저지른 잘못을 많이 미안해하고 반성하고 있어요. 신문이나 뉴스에서 일본인들이 잘못을 인정하지 않고 역사를 왜곡하고 있다고 하는데, 그건 일부 일본인들의 생각이에요. 아마 대다수의 일본인은 그렇지 않을 거예요."

불편할지도 모르는 질문에 카오 선생님은 기다렸던 대답을 해주셨다. 카오 선생님 말대로 그런 생각을 가진 일본 사람들이 많이 있다면 한국과 일본도 언젠가 훌륭한 친구가 될 수 있지 않을까.

현지인 선생님들과의 만남에 이어 앰네스티 활동에 많은 도움을 주신 마웅저 선생님의 '버마에 평화를'이라는 토막강의가 끝나고, '세계요리축제'가 열렸다. 각 조마다 현지인 선생님들의 도움을 받아 그 나라의 가장 유명한 음식들을 하나씩 만들어보는 시간이었다. 우리 팀은 오사카의 명물 '오코노미야키'를 만들었다. 요리 솜씨 좋은 카오, 노조미 선생님 덕분에 우리는 다른 조 아이들이 다 뺏어먹을 만큼 맛있는 오코노미야키를 만들었다. 모두의 음식이 완성된 후, 우리는 서로 음식을 맛보았다. 그러고는 아프리카 음악에 맞춰 춤도 춰가며 축제를 즐겼다.

지도밖 행군단의 모든 친구들이 기대했던 셋째 날. 바로 한비야 팀장님이 이곳으로 오시기 때문이었다. '미숫가루' 한 그릇만 먹고 오전 내내 학교 뒷산을 올라 배고픔과 피로에 지칠 만도 했지만, 행군단 친구들은 지도밖 행군단의 '히로인' 한비야 팀장님을 볼 수 있다는 사실에 웃음과 설렘이 떠나질 않았다. 마침내 한비야 팀장님이 학교에 도착했고, 아이들은 환호했다. 한비야 팀장님에 대한 환호는 아이돌 가수 못지않았다.

한비야 팀장님의 강연이 시작되었다. 많은 친구들의 눈이 초롱초롱 빛나고 있었지만, 나는 점심을 못 먹은 바람에 저녁으로 나온 돼지불고기를 허겁지겁 두 그릇이나 먹었더니 졸음이 쏟아졌다. 차마 부끄러워 옆의 친구들에게 들키지 않게 조심히 졸기 시작한 지 10분쯤 지났을까.

"185개요."

"아니에요. 조금 더 위로."

"200개요."

"아니에요. 그건 너무 많고요."

옆 친구의 큰 목소리에 나도 모르게 졸다가 번쩍 손을 들어버렸다.

"192개요."

"정답이에요. 축하해요! 앞으로 나와요."

얼떨결에 정답을 맞춘 나는 앞으로 나갔다.

"그래요. UN에 가입되어 있는 국가의 수는 192개예요(2011년 남수단이 UN의 새로운 회원국이 되었다). 약속했던 대로 선물 줄게요."

한비야 팀장님은 자신의 새 책《그건, 사랑이었네》에 직접 사인을 하고는 나를 한번 안아주시며 책을 건네주셨다. 생각지도 못한 행운이었다. 하지만 내가 졸고 있었다는 걸 알고 있던 몇몇 아이들의 시샘어린 눈빛이 뒤에서도 느껴지는 바람에 차마 원래 자리로는 돌아가지 못했다.

강연이 끝나고는 각 조마다 3박4일간의 추억을 담은 꽁트를 선보였다. 짧은 시간에도 다들 정이 많이 들었던지, 여학생들과 여자 멘토 선생님들은 꽁트가 끝날 때마다 눈물을 터뜨렸다. 결국 금세 눈물바다가 되어 한비야 팀장님도 함께 눈물을 흘렸다.

이후 바깥 운동장에서 우리는 한비야 팀장님과 함께 동그랗게 앉아 각자 돌아가며 마이크를 잡았다. 3박4일 동안 느꼈던 바와 평소 가슴 깊이 묻어둔 이야기들을 진솔하게 털어놓았다. 특히 그동안 조용하기만 했던 예솔이의 말은 가슴을 울렸다.

"행군단에 오기 전에는 미래를 꿈꾸는 사람이 아닌 시험을 위해 공부하는 사람으로 사는 것 같았어요. 하지만 이제는 공부할 때 마음을 좀 바꿔보려고요. 저는 기회를 가진 사람이니까 그 기회를 그냥 흘려보내는 것이 아니라 지금의 이 기회를 활용해서 기회가 없는 사람들에게 기회를 만들어주는 사람이 되고 싶어요."

그렇게 우리는 평소 학교 친구들과는 나눌 수 없었던 얘기들을 나누며 진한 감동을 공유할 수 있었다. 이후 한비야 팀장님은 한 명 한 명 모두를 안아주며 이곳에서의 기억을 평생 간직하며 꼭 오늘 말했던 각자의 꿈을 이뤄 훗날 다시 만나자는 약속을 했다. 그렇게 무르익은 새벽이 지나 다음 날 아침이 되어, 우리는 아쉬움을 뒤로 한 채 세계시민학교 졸업식을 치르고 각자의 일상으로 다시 돌아갔다.

누군가는 공부하기에도 바쁜 시간에 3박4일이나 행군단에 참가하는 나에게 '정신 나간 놈'이라는 말을 하곤 했다. 하지만 치열한 입시경쟁에서 한 발 물러나 지도밖 행군단에 참가해 입시보다 더 가치 있는 것들을 배워야 한다는 나와 같은 생각을 가진 많은 친구들을 보았다. 그들과 함께할 수 있었기에 내 꿈은 더 단단해졌고, 그 꿈을 이루는 길에 나 혼자가 아닌 많은 이들이 함께 있음을 알 수 있었다.

빈곤퇴치의 날
캠페인

'지도밖 행군단'의 행복한 기억을 안고 학교로 돌아온 며칠 뒤, 앰네스티 친구들과 1년간의 활동을 발표하는 캠페인 행사를 구상했다. 어떤 주제로 캠페인을 하면 좋을지 고민하던 중, 지도밖 행군단에서 인권, 구호 이슈에 관한 날들을 기록해 만든 달력이 눈에 들어왔다.

약 한 달 뒤 10월 17일은 '세계 빈곤퇴치의 날'이었다. 그 날이 행사일로 적절하겠다는 생각이 들었다. 이후 세계 빈곤퇴치의 날에 대해 조사하기 시작했다. 그러나 인터넷에만 자료를 의존해야 했기 때문에 부족한 부분들이 많았다. 다행히 월드비전 국제구호팀 김동주 선생님의 도움 덕분에 캠페인에 필요한 여러 가지 자료들을 제공받을 수 있었다.

우리는 이 자료들을 바탕으로 교내사진전, 핸드프린팅, 기아 체험활동, 빈곤퇴치와 관련된 영상물 관람 등을 기획했다. 백지장도 맞들면 낫다더니 30명이 모여 아이디어 회의를 하다 보니 더 좋은 아이디어들도 마구 쏟아져 나왔다.

"평범하게 만드는 포스터 말고 우리가 직접 포스터가 되어보는 건 어떨까?"

영훈이가 먼저 물꼬를 텄다.

"우리가 어떻게 포스터가 돼? 낸시 랭처럼 누드 퍼포먼스라도 하자는 거야?"

"그게 아니라 우리가 직접 포스터를 만들어서 캠페인 날 각자 몸에 걸고 다니면서 친구들에게 빈곤퇴치의 날을 홍보하는 거지."

역시 언론홍보학도를 꿈꾸던 녀석다운 아이디어였다. 우리는 그 날부터 저녁 자습시간이 끝난 후, 연등실에 모여 두꺼운 골판지에 '세계 빈곤퇴치의 날'이라는 문구를 똑같이 붙이고 그 위에 각자 뽑아온 사진과 물감과 크레파스, 색연필 등으로 직접 포스터를 꾸몄다.

포스터를 시작으로 홍보물 제작, 사진전 준비 등은 원활하게 진행되었다. 그런데 기아 체험활동이 문제였다. 사실 월드비전에서 하고 있는 '기아 체험활동'을 모티브로 기획했던 프로그램인데, 학교 차원에서 체험활동을 하려면 많은 영양죽이 필요했다. 게다가 학교와 친구들에게도 동의를 구해야 했다.

그래서 일주일 뒤, 학교대의원회의에서 교장선생님과 학생회 임원들에게 '빈곤퇴치의 날' 캠페인의 취지와 계획을 설명했다. 또한 세계적인 빈곤상황을 담은 영상을 보여주며 우리가 이 '기아체험'을 해야 할 당위성에 대해 이야기했다.

"여전히 세계 곳곳에서 먹을 음식이 없어 기근과 영양실조로 3초마다 한 명씩 아이들이 죽어가고 있습니다. 하지만 우리 학교에는 이러한 사실조차도 모르는 학생들이 많습니다. 빈곤퇴치 캠페인으로 친구들에게 이러한 내용을 알려주고 싶습니다."

"안 그래도 학교에 잔반이 많이 나온다고 말이 많던데, 아프리카에서는 쌀 한 톨이 없어 아이들이 죽어간다는 걸 우리 학생들도 좀 알아야 해. 난 적극 찬성이다!"

교장선생님은 적극적으로 캠페인 행사를 지원해주시기로 했다. 또한 기아체험을 희망하지 않는 사람들에 한하여 정상식단을 제공한다는 조건으로 임원들의 동의도 얻었다.

그리고 영양죽 문제는 세계시민학교에서 기아 체험활동을 할 때, 영양죽 대신에 미숫가루를 타먹었던 일을 떠올렸다. 그 날 점심시간에 학교 영양사 선생님을 찾아갔다.

"저희가 기아 체험활동을 하려고 합니다."

대의원회의 때처럼 빈곤퇴치의 날과 우리의 캠페인 계획에 대해 말씀드렸다.

"정말 기특하구나. 급식소 아주머니들이 힘들게 만든 음식을 아무렇지 않게 생각하고 막 버리는 학생들이 많아서 걱정이었는데, 이 정도 일은 기꺼이 도와줘야지. 200인분 정도면 되겠지?"

멋진 캠페인을 만들어보라는 영양사 선생님의 격려를 받았다.

이렇게 캠페인이 순조롭게 진행되고 있던 어느 날의 영어 수업시간, 김혜경 선생님이 미디어실에서 열린 듣기 수업이 끝나고, 노래가 담긴 영상을 하나 틀어주었다.

When the world must come together as one

There are people dying

We are the ones who make a brighter day

so let's start giving

Send them your heart

So they know that someone cares

USA for Africa의 'We Are The World'라는 노래였다. USA for Africa는 1985년, 마이클 잭슨을 비롯해 스티비 원더, 라이오넬 리치, 레이 찰스 등의 미국 최고 팝스타 45명이 아프리카 난민 자선기금을 마련하기 위해 결성한 그룹이다. 그들의 노래는 4주간 빌보드 정상을 지키며, 2억 달러의 기금을 마련하여 전 세계에 인류애를 보여주었다.

그 음악을 듣는 순간 소름이 돋았다. 20세기를 대표하는 뮤지션들의 훌륭한 음악성 때문이기도 했겠지만, 그보다는 노래의 가사가 내 심장을 뜨겁게 만들었기 때문이다.

찰스 킹스레이는 '음악은 천사들의 연설'이라고 했다. 나도 그때 처음으로 훌륭한 음악이 위대한 연설보다도 사람들에게 더 큰 감동을 줄 수 있다는 것을 깨달았다. 뭔가 2% 부족한 느낌이 들었던 캠페인에 화룡점정을 찍어줄 이벤트를 찾은 것이다.

절대음감의 소유자이자 이미 자작곡도 여러 개 가지고 있을 만큼 음악적 재능이 뛰어난 성인이에게 도움을 요청했다.

"좋아! 일단 그대로 부르기에는 어려우니까 편곡을 해볼게."

역시 음악 천재다웠다.

"그 부분은 조금 바꾸는 게 좋을 거 같아. 아이들한테 이 고음 부분이 조금 어렵지 않을까?"

"그 부분에서는 믹싱을 조금 더 넣는 게 좋을 거 같아."

성인이는 음악에 대해 문외한인 나의 계속되는 요구에도 한 마디 불평 없이 편곡을 해나갔다. 그렇게 수십 번을 듣고 고치를 반복하다 보니 어느새 한일고판 'We are the World'가 탄생했다.

드디어 '빈곤퇴치의 날'인 10월 17일이 되었다. 소극장 앞에는 앰네스티 친구들이 아침부터 핸드프린팅 행사를 준비하느라 분주했다. 많은 친구들이 아프리카 아이들의 영양죽을 공급하는 데 쓰일 기금을 원하는 만큼 내고, 물감에 손을 찍어 '세계와 함께하는 우리들의 손'이라는 큰 종이에 빈곤퇴치를 기원하는 마음을 담았다. 모든 친구들에게 지금 그 마음을 앞으로도 꼭 간직하길 바라는 마음으로 폴라로이드 사진기로 그 모습을 찍어주었다.

핸드프린팅 부스를 지나면 소극장부터 식당까지 이어진 빨래줄에 다 쓴 전화카드로 만든 '인권카드' 100여 장과 앰네스티의 1년간 활동기록을 담은 사진들을 걸어두었다. 또 식당 앞에는 손수 만든 게시물들과 '인권카드'로 만든 각종 포스터들이 게시되었다. 버마의 정치탄압을 멈추라는 탄원서부터, 아프리카 내전이 멈추기를 기원하는 짧은 시까지 한일고 학생들의 진심어린 정성이 담겨 있었다.

그리고 점심시간, 앰네스티 부원들과 기아체험 행사에 참가신청을 한 100여 명의 친구들이 지구상 하나밖에 없는 각자의 '빈곤퇴치 포스터'를 각자의 목에 걸었다. 우리가 식당으로 들어갈 때는 토요일 특식인 우동을 먹고 있던 선생님들과 친구들이 박수를 쳐주었다.

"휘~휘~ 앰!네!스!티!"

여기저기서 격려의 환호성이 터졌다. 우리는 환호성 속에 미숫가루를 받기 위해 줄을 섰다.

"우동 진짜 맛있겠다. 나 우동만 조금 먹고 오면 안 될까?"

먹을 거라면 사족을 못 쓰는 지승이 녀석이 우동 앞에서 약한 남자가 됐다.

"우동 앞에서 이렇게 약해지는 너의 모습을 보니, 너를 믿고 구원의 손길을 기다리고 있는 아프리카 아이들이 불쌍해 죽겠다."

"농담이야. 그나저나 기아 체험행사인데 미숫가루가 너무 맛있는 거 아니야?"

영양사 선생님이 좋은 일을 한다는 우리들을 위해 시중에서 가장 좋은 미숫가루에 우유와 꿀로 솜씨를 발휘한 것이었다. 최소한의 단백질과 탄수화물만 들어 있어 아무 맛이 없다는 영양죽을 간절히 기다리고 있는 아프리카 아이들 생각에 괜히 미안한 마음이 들었다.

점심시간이 끝나고 나서 캠페인의 마지막 행사인 '함께 하는 빈곤퇴치'를 보기 위해 선생님들과 학생들, 그리고 하이 멘토링에 참여하고 있는 멘티들까지 많은 사람들이 소극장에 모였다. 먼저 '무릎팍도사'의 한비야 팀장 출연분과 국제 구호활동 영상 등을 편집해 만든 앰네스티 다큐멘터리를 시청했다. 캠페인을 추진하느라 학교를 시끄럽게 만든다며 궁시렁대던 친구들도 꽤나 있었는데, 다큐멘터리를 보고 난 후 몇몇 친구는 내게 그런 생각을 가졌던 자신이 부끄럽다며 뒤늦게 성금을 내기도 했다.

다큐멘터리 시청이 끝나고 '빈곤퇴치' 캠페인의 하이라이트, 성인이의 지휘 아래 중창부 '소울메이트'와 앰네스티 부원들로 구성된 'Hanil for Africa'가 하얀 셔츠를 맞춰 입고 등장했다. 성인이와 함께 열심히 편곡했던 한일고판 'We are the World'가 그들의 목소리를 통해 흘러나왔다.

마이클 잭슨이나 스티비 원더만큼 훌륭한 노래 실력은 아니었지만 그들 못지않게 빈곤으로 죽어가는 이들을 위하는 친구들의 '뜨거운 마음'을 느낄 수 있었다. 7분간의 짧은 공연이었지만, 그곳에 있었던 모든 이들에게 빈곤퇴치에 관한 어떤 책과 연설보다도 훨씬 큰 감동을 전해주었다.

내 주위를 먼저
돌아볼 줄 아는 미덕

충청남도 공주시 정안면 광정리 산 21-2번지. 한일고등학교의 주소다. 즉, 한일고가 시골 촌구석에 있다는 얘기다. 그래서 학교 가는 길을 걷다 보면 전형적인 시골 풍경을 볼 수 있었다. 마당에 콩메주를 걸고 있는 할머니들부터 봄이면 논을 갈고 있는 할아버지들, 가을이면 잠자리를 잡겠다고 제 키보다도 큰 잠자리채를 들고 온 동네를 휘젓고 다니는 꼬마들까지. 눈앞에서 한편의 '전원일기'가 펼쳐지곤 했다.

그러나 점점 그곳에 익숙해지고, 보이는 것들이 많아질수록 그 모습은 점점 슬픔으로 다가왔다. 하나둘씩 무너져가는 지붕, 여기저기 땜질해놓은 벽들, 그 안에 쓸쓸히 홀로 살고 계신 독거노인들. 마지막까지 그곳을 지키고 있는 분들은 노후조차도 보장받지 못한 채 여름엔 무더위 그리고 겨울엔 추위와 싸우고 계셨다.

그러던 어느 겨울날, 친구들끼리 자주 가던 칼국수집에 들렀다가 우연히 동네 주민들의 이야기를 듣게 되었다.

"김씨. 그거 들었어요? 건넛집 이 씨 할아버지가 뇌졸중으로 며칠 전에 돌아가셨대."

"아이고, 말세야, 말세. 평생 자식놈들 뒷바라지 하느라 고생한 양반이 그렇게 가실 줄은 생각도 못했네."

마을의 할아버지 한 분이 자식들의 소식이 끊긴 뒤, 뇌졸중으로 시름시름 앓으시다가 추운 날씨에 심장마비로 돌아가셨는데, 그것도 3일이 지나서야 동네주민에게 발견되었다는 얘기였다. 남일 같지가 않았다. 나의 친할머니와 외할머니 모두 일찍이 할아버지를 떠나보내시고 작은 병치레로 고생을 하고 계셨기 때문이다.

난 부모님이 주신 학비와 생활비로 편하게 살고 있는데, 학교 주변의 노인 분들은 인생의 마지막 순간까지도 아무런 보살핌 없이 떠나야 한다는 사실에 마음이 아팠다. 얼굴도 모르는 아프리카 아이들을 돕기 위해 성금을 걷자고 했던 내 모습에 회의감이 들었다. '내 옆에 있는 사람들도 지키지 못하면서 먼 곳에 있는 사람들을 돕자고 그토록 소리 높였던 내 행동이 과연 올바른 것인가?'

'빈곤퇴치의 날'과 같은 여러 활동을 하면서 충분히 세상을 밝게 만드는 데 기여하고 있다는 생각은 나의 오만에 불과했다. 지금이나마 그 분들을 위해 무엇이라도 해야겠다는 생각이 들었다. 그렇다고 당장 고등학생인 내가 할 수 있는 일은 많지 않았다. 그래도 이번 겨울만큼은 연탄이 없어서 추위 속에서 마지막 순간을 맞이하는 분은 없어야 한다고 다짐했다.

그런 생각을 하고 있는 참에 좋은 기회가 생겼다. 한일고에서는 전통적으로 학생회에서 수능이 끝난 고3 선배들의 서적을 중고로 판매해서 번 돈으로 불우이웃돕기 성금을 마련해왔다. 그 성금을 통해 독거노인들에게 연탄, 기름 등의 연료 값을 지원해드리는 것이다. 나는 그 기회를 십분 활용해야 한다고 생각했다.

실제로 선배들이 기숙사를 퇴소하면서 일주일간 버리고 간 책들이 5000권은 족히 넘었다. 이 중 쓸만한 책들이 대략 1000권이라고 했을 때 한 권에 1000원만 받아도 100만 원 이상은 충분히 마련할 수 있었다.

하지만 우리에겐 엄청난 고난이 기다리고 있었다. 기숙사 점호장에 책이 다 모여 있을 것이라고 생각했는데, 알고 보니 선배들의 책들은 가까운 쓰레기 소각장에 버려져 있었다. 또 점호장에 쌓인 책들마저도 선배들이 그냥 던져버리고 갔기 때문에 거의 쓰레기장을 방불케 했다. 게다가 3일내로 다 치우지 않으면 포크레인으로 치워버리겠다는 기숙사 관장님의 엄포가 떨어졌다.

결국 우리는 토요일, 일요일 모두 아침 일곱 시부터 저녁 열 시까지 이틀 동안 책더미에 파묻힌 채로 정리 작업을 해야 했다. 손이 부르터서 피가 날 정도로 추운 날씨였지만, 새 책을 발견할 때면 다들 기쁨에 차서 옆 사람에게 자랑도 하고, 몇 개는 몰래 빼두기도 했다. 분류작업이 끝나고도 정리한 책들을 다시 판매 장소인 토론실로 옮기는 데 이틀이나 더 걸리고 나서야 겨우 책 파는 날이 되었다.

다행히 아이들의 호응은 뜨거웠다. 그 날 저녁은 온 학교가 시장바닥보다 더 시끄러웠다.

"한 권에 3000원, 3000원. 이제 30권밖에 안 남았어!!"

"모의고사 문제집 과목별 1000원, 1000원! 이거 보면 수능 대박!"

학생회 친구들이 하나라도 더 팔기 위해 경쟁적으로 호객행위(?)를 했다. 생각했던 것보다 반응이 좋았고, 예상했던 것보다도 훨씬 빨리 책들이 팔려버렸다. 정작 세 시간 만에 2000권이 모두 다 팔린 것이다.

이제 가장 중요한 수익 계산을 할 때가 되었다. 합계는 무려 124만 5천 원! 부르튼 손에 반창고를 붙여가며 일주일 내내 고생했지만, 이 큰 돈을 우리의 손으로 직접 벌어 뜻있게 쓸 수 있게 되었다는 사실에 아이들은 뿌듯한 표정을 짓고 있었다.

돈을 모았으니 이제는 전달을 해야 했다. 어떤 방식으로 불우이웃돕기에 사용할 것인지를 놓고 논의한 끝에, 우리 손으로 직접 인근지역의 독거노인들에게 성금을 전달하기로 했다. 성금을 드릴 대상자를 면사무소에서 추천받았다. 세 가구를 추천받았는데, 면사무소 직원이 말하기를, 이 분들은 정말 겨울에 난방비가 없을 정도로 힘든 생활을 하시는 분들이라고 했다.

학생회를 대표해서 나와 부회장 상덕이, 1학년 부회장 광호, 그리고 교장선생님과 학생부장 선생님이 함께 성금을 전달하기 위해 세 곳을 차례로 찾아갔다. 하필이면 그 날은 온 세상이 하얘질 정도로 많은 눈이 내렸다. 우리가 먼저 찾아갔던 집은 정안농협 앞에 있는 어느 할머니의 댁이었다. 그곳을 자주 지나면서도 그런 집이 있는지 몰랐다. 들어가보니 상황은 생각보다 더 처참했다. 지붕엔 이미 구멍이 다 뚫려서 비닐로 겨우 때워놓은 상태였고, 이 추운 혹한에도 보일러는커녕 온열기 한 대 없었다. 할머니는 두꺼운 솜이불 하나에만 의지하고 계셨다.

"할머니, 많은 돈은 아니지만 이번 겨울동안 보일러 트실 수 있는 돈은 될 거예요. 꼭 이 돈으로 보일러 트시고 따뜻하게 지내세요. 그리고 지붕은 다음에 꼭 고쳐드리러 올게요."

"이 돈 받아도 되려나 모르겠네. ……학생들 고마워. 나중에 광징리 오

265

면 우리 집 꼭 들러. 밥이라도 해줄게."

"네, 자주 놀러올게요."

아쉬움을 뒤로 한 채, 할머니의 댁을 나섰다.

두 번째로 찾아간 곳은 정안면의 한 마을회관. 마을회관에 도착했을 때, 때마침 점심시간이라 많은 할머니, 할아버지들이 모여 있었다. 성금을 받을 분은 83세의 할아버지였다. 할아버지는 할머니와 일찍 사별을 했고, 10년간 자식들 소식조차 듣지 못한 채 홀로 여생을 보내고 계셨다. 자식들 이야기를 할 때는 할아버지 눈가에 눈물이 촉촉이 맺혀 있었다.

언젠가 자식들이 할아버지를 모시러 올 거라는 위로와 함께 교장선생님이 직접 성금을 전달하셨다. 그 후 마을회관에서 동네 할머니들께서 해주신 점심을 먹고 나서 할아버지, 할머니들의 어깨도 주물러드리고 대화도 나누면서 시간을 보냈다. 할아버지, 할머니들은 우리를 보면서 당신들의 자식들, 손자들을 그리워하는 듯했다.

마지막 성금 전달을 하러 갔다. 도착한 곳은 광정리에 유일하게 있는 임대 아파트였다. 집안으로 들어가는 순간 눈보다도 내 발이 먼저, 이전의 두 집보다도 더 심각한 상황이라는 것을 느꼈다. 바닥은 얼음 위를 걷는 것처럼 차가웠다. 할머니가 문을 열고 우리를 맞이해주었는데, 할아버지는 몸을 가눌 수 없어 이동식 침대에 누워 있었다.

성치않은 몸으로 누군가를 수발한다는 것이 혼자 사는 것보다도 훨씬 힘든 일이라는 것을 나는 나의 외할머니와 외할아버지 덕분에 잘 알고 있었다. 할아버지는 말씀조차 제대로 못했고, 할머니의 허리는 힘없이 굽어 있었다. 할아버지, 할머니는 자식도 없다고 했다. 경제사정은 물론

두 분의 건강 상태까지 심각하게 안 좋아서 면사무소의 배려로 임대아파트에 입주한 상태였다.

할아버지, 할머니께 인사를 드리고 얼음장 같은 할아버지의 손을 꼭 붙잡아드렸다.

"할머니, 할아버지. 저희는 한일고등학교 학생들이에요. 저희가 헌 책을 팔아서 얼마 안 되지만 돈을 좀 모았어요. 이걸로 할아버지 약도 지어 드시고, 올 겨울에는 꼭 보일러 트세요. 내년에는 저희 후배들이 또 찾아올 거예요. 건강하시고, 오래오래 사셔야 해요."

봉투를 드리자, 할머니는 손자뻘인 우리에게 높임말로 고개 숙여 인사를 하며 감사하다는 말만 되풀이할 뿐이었다. 순간 내 마음 속에 쌓여 있던 것들이 터져 버렸다. 흐르는 할머니의 눈물에 내 뜨거운 눈물방울도 차가운 바닥으로 흐르고 있었다. 상덕이, 광호도 눈물을 멈추지 못했다. 교장선생님과 부장선생님의 눈가에도 눈물이 맺혀 있었다. 아파트를 나와서도 눈물은 그치지가 않았다.

중학교 때 언젠가 용돈을 다 써서 월드비전에 성금을 내야 한다며 아버지께 돈을 달라고 졸랐던 적이 있다. 아버지는 다음 달 용돈을 절약해 보태는 조건으로 흔쾌히 성금을 내주시며 한 가지를 당부하셨다.

"승우야. 이거 하나는 기억해야 한다. 아프리카 사람들만 가난과 싸우고 있는 건 아니란다. 우리나라에도 분유값이 없어서 분유를 훔치다 잡힌 아이 엄마, 밥 먹을 돈이 없어서 여기저기서 무전취식을 하다가 잡힌 할아버지처럼 하루에 한 끼 걱정을 하면서 살아가는 사람들이 있단다. 그 사람들을 외면하고 먼 곳에 있는 사람들만 돕는다면 그건 옳은 일이 아니겠지. 아프리카 사람들을 걱정하는 것만큼이나 네 주위에 있는 불쌍한 사람들을 돌아보는 눈도 가졌으면 좋겠구나."

그 말씀을 듣고, 속으로는 '요새 우리나라에 굶어죽는 사람들이 어디 있어요'라며 아버지 말씀을 흘려들었다. 하지만 그 날 나는 돈이 없어 밥과 따뜻한 이부자리 걱정을 해야 하는 사람들이 내 주위에도 많다는 것을 확인했다.

학교로 돌아오는 길에 스스로에게 다짐했다.

'내가 이 나라의 모든 사람들을 도와줄 수는 없겠지만, 적어도 주위에 저런 사람들이 있다면 그들을 행복하게 해주는 것을 삶의 최우선 목표로 삼아야겠다.'

꽤 많은 시간이 흘렀지만 그 날의 눈물자국은 눈길 위에 찍힌 발자국처럼 가슴 속에 고스란히 남아 있다.

말벗 되기
프로젝트

　며칠간 성금을 전달하면서 뵈었던 할아버지, 할머니들의 얼굴이 머릿속을 떠나지 않았다. 그 날에 남은 마음속 발자국은 또 다른 길의 이정표가 되었다. 당시의 일기장엔 그때의 고뇌가 고스란히 담겨 있었다.

　'신은 내게 어디든 스며드는 스펀지 같은 감성을 주셨으면서 그것을 외면해야만 하는 현실에 놓아두셨는지 원망스럽기만 하다.'

　결국 나는 현실보다 신념을 택했다. '앞으로 20년 후에 당신은 했던 것보다 하지 않은 것들에 더 후회할 것'이라는 마크 트웨인의 말처럼 그 신념을 행동으로 옮기지 않으면 평생 후회로 남을 것 같았기 때문이다. 결국 일주일 뒤, 학생회실에서 성금을 전달하러 같이 갔던 상덕이와 광호에게 고민을 털어놓았다.

　"나 그 날 뵀던 할아버지, 할머니들 얼굴이 머릿속에서 잊히지 않아. 그 분들을 외면한 채, 여기 가만히 앉아서 공부만 하고 있어야 하는 현실을 도저히 받아들일 수 없어. 근데 또 한편으로는 그런 분들을 도우려고 우리가 열심히 공부해서 좋은 대학에 가는 게 아닐까 하는 생각도 들어서 머리가 복잡해."

"꼭 그런 건 아닌 거 같아요, 형. 열심히 공부해서 좋은 대학 나온 사람들이 지금 다 그런 마음으로 살고 있다면 추위와 싸우고 있는 독거노인들이 지금 우리 눈앞에 저렇게 많을 수는 없죠. 저번에 마을회관에서 뵀던 할아버지도 자식들한테 평생 뒷바라지를 했다는데, 결혼하고 나서 소식이 끊어졌다잖아요."

좀 더 현실적인 생각을 할 필요가 있다는 말에 광호가 반박했다. 광호 말을 듣고 보니 확신이 섰다.

"그래, 우리가 그 분들에게 지속적으로 도움이 될 수 있는 일을 한 번 생각해보자."

그렇다면 그 분들을 어떻게 도와드릴 것인가? 성금 전달을 하러 갔을 때 동행해주셨던 면사무소 직원의 말씀을 떠올렸다.

"더위나 추위보다 그 분들이 진짜 견디기 어려운 건 외로움이죠. 자식들도 외면하고, 시골에도 언젠가부터 개인주의가 심해져서 마을사람들끼리 왕래가 예전 같지 않아요. 그럴수록 할아버지, 할머니들은 사람을 참 그리워하시죠."

"그래, 할아버지, 할머니들의 말동무가 되어드리는 거야. 정기적으로 집에 찾아가서 청소랑 빨래도 해드리고, 같이 식사도 하고. 손자 노릇을 하는 거지."

"그래, 좋은 생각인 거 같아. 그런데 어떻게 시작하지?"

먼저 우리의 생각을 학생부장 선생님께 말씀드리고, 도움을 요청하기로 했다. 선생님은 평생을 한문 공부에 매진하셔서 그런지 수업시간에도 '재주가 덕보다 뛰어나면 훌륭한 사람이 될 수 없다'라며 인성이 바른 사람이 되라는 말씀을 자주 하시곤 했다.

"그래, 그거 진짜 좋은 일이다. 안 그래도 학교 차원에서 뭔가 지역사회에 기여할 만한 일이 있었으면 했는데, 선생님이랑 생각이 통했네. 당장 오늘 면사무소에 다녀오마."

선생님은 그 길로 면사무소에 우리들의 계획을 전달하고 외롭게 혼자 살고 계신 20여 명의 할아버지, 할머니들의 명단을 가지고 오셨다. 명단을 토대로 노인 한 분마다 두 명의 학생이 결연자가 되어 말벗이 되어드리고, 청소, 빨래, 설거지 해드리기, 식료품 사다드리기 등 몸이 불편하신 분들이 하기 어려운 일들을 해드리기로 했다. 이후 면접을 통해 이 프로젝트를 진행할 20명의 봉사부원이 선발되었다.

그런데 생각보다 일이 커져버렸다.

봉사부원들과의 첫 회의.

"이 정도로는 부족해요. 좀 더 실질적인 도움이 되어야 해요."

역시나 똑부러졌던 유페드 후배 재현이가 먼저 말을 꺼냈다.

"나도 그렇게 생각해. 의료봉사를 하면 어떨까?"

호건이가 또 하나의 아이디어를 제안했다. 병원이라곤 주변에 가정의학과 하나밖에 없고, 시내에 있는 병원을 가기 위해서는 먼 거리를 걸어나와 두세 번 버스를 갈아타야 했기 때문에 그 분들은 몸이 불편해도 제대로 된 병원진료를 받기 어려웠다.

다행히도 우리의 부모님들 덕분에 이 문제는 해결될 수 있었다. 한일고에는 의사인 학부모님들이 굉장히 많았기 때문이다. 우리는 자식들의 일이라면 만사 제쳐두고 학교로 달려오시는 한일고 학부모님들의 도움을 얻기로 했다. 학교 차원에서 부모님들에게 이 계획을 설명 드리고, 의

료봉사 협조를 구했다. 의사인 부모님들이 봉사활동에 참여하겠다고 한 것은 물론이고, 의사가 아닌 부모님들도 여러 가지 도움을 주겠다고 나섰다. 식료품회사를 운영하던 어떤 부모님은 여러 가지 식료품을 제공해주었고, 건설회사를 운영하던 어떤 부모님은 언제 무너질지 모르는 어르신들의 집을 고쳐주기로 했다. 예상치 못했던 학부모님들의 따뜻한 마음 덕분에 프로젝트를 기획한 지 두 달 만에 봉사활동을 실천에 옮기게 되었다.

겨울방학의 어느 토요일, 나, 봉사부원들, 특별히 봉사활동에 참가한 10여 명의 친구들, 선생님들, 그리고 학부모님들이 각각 결연자들의 거처로 발걸음을 옮겼다. 나는 장원리에 있는 한 할머니의 결연자가 되었다. 할머니의 집은 학교에서 차로 20여 분을 달려 도착했을 만큼 정안면에서도 가장 구석진 곳에 있었다.

40년 전 할아버지가 직접 지었다는 집은 세월의 무게를 견디지 못한 듯했다. 다 떨어진 지붕은 비라도 오면 빗물이 집으로 샐 것만 같았다. 낡은 창호지 문이 열리고, 한 걸음 한 걸음 천천히 할머니가 우리를 맞아주었다.

"어제 면사무소 직원이 학생들이 찾아올 거라고 말하고 갔는데, 이렇게 예쁜 학생들이 올 줄은 몰랐네. 그려, 밥은 먹고 온 거여?"

"네, 할머니. 저희 오늘부터 할머니 손자 하러 왔어요."

우선 할머니께 우리가 가져온 햇반 박스와 쉽게 조리해먹을 수 있는 카레, 짜장, 미역국 등 즉석식품을 드렸다. 그리고 나와 재현이는 할머니의 어깨를 주물러드리고, 가져온 걸레와 빗자루로 방을 청소하면서 할머니의 말동무가 되어드렸다.

구수한 충청도 사투리의 할머니는 정안면에서 태어나서 지금껏 이 마을을 떠나본 적이 없다고 했다. 10년 전 할아버지가 암으로 돌아가신 후부터는, 정부에서 주는 기초생활보조금에 의지해 하루하루를 겨우 연명하고 있다고 했다. 도시로 나간 자식들은 명절에나 가끔 들러 얼굴만 보이고 돌아간단다.

"학생들도 부모님한테 잘해야 돼. 특히 할아버지, 할머니 살아계시면 자주 찾아뵙고."

할머니와 이야기 꽃을 피우고 있는 동안 다른 아이들은 주방에 쌓인 설거지를 하고, 가져온 공구들로 고칠 수 있는 가구들을 고쳤다. 할 일을 다 끝낸 아이들과 다 같이 할머니의 영화 같은 인생 스토리를 듣다 보니 어느덧 네 시간이 훌쩍 지나가버렸고 학교로 돌아갈 시간이 되었다.

"학생들. 공부하기 바쁠 텐데 미안하구먼. 바쁘면 안 와도 돼. 그래도 혹시 다음에 또 오면 할미가 맛있는 밥 해줄게."

TV와 전화도 없는 차가운 방에서 추위와 외로움을 혼자 견뎌내야 했던 할머니는 우리가 있는 온종일 얼굴에서 웃음이 떠나질 않았다. 그런 할머니의 마음을 알기에 할머니의 말씀이 더 짠하게 느껴졌다.

"그런 소리 마셔요. 보름 뒤에도 꼭 올게요. 그때는 할머니가 빨리 건강이 나아 저희들한테 맛있는 밥 해주세요."

할머니와의 인연은 보름마다 이어졌다.

그렇게 석 달이 지나고, 아쉽게도 난 학생회장 직을 후배 광호에게 물려주게 되었고, 할머니와의 행복했던 만남도 끝이 났다. 하지만 다행히도 내가 3학년이 되었을 때는 '말벗 되기 프로젝트'가 더 확대되어, 학교 차원에서 지역의 대형 병원과 제휴를 맺어 체계적으로 어르신들의 건강을 돌봐드렸다.

　얼마 전, 후배로부터 할머니가 지병으로 세상을 떠나셨다는 소식을 접했다. 3학년이 되어서는 바쁘다는 핑계로, 졸업하고는 공주까지 내려가기 귀찮은 마음에 할머니를 다시 찾아뵙지 못했던 것이 죄송하고 후회스러웠다.

　그러나 할머니가 바라셨던 것처럼 앞으로도 우리가 사회의 춥고 어두운 곳을 바라볼 줄 아는 사람으로 살아간다면, 할머니는 하늘나라에서도 그때의 따뜻한 미소로 우리들을 바라보실 것이라 믿는다.

50개의 리더십 사례집을 만들어라

세계 빈곤퇴치의 날 캠페인은 학생회장, 앰네스티 동아리 대표, 그리고 '지도밖 행군단원', 이 세 가지 역할이 동시에 빛을 발한 일이었다. 오래전부터 나는 학생회장이자 앰네스티 동아리 대표로서 무슨 일을 할 수 있을지 고민했었다. 그런 고민을 하다 보니 자연스레 '내가 할 수 있는 리더십이란 무엇인가'라는 질문에 다다랐다. 그래서 나름대로 내가 할 수 있는 리더십의 정의를 내렸다. '친구들의 긍정적인 변화를 이끌어내고 그에 필요한 좋은 기회를 마련해주는 것.'

나는 이것이 학생으로서 보여줄 수 있는 최상의 리더십이라고 생각했다. 이런 생각으로 앰네스티 활동을 통해 배운 인권의 가치와 지도밖 행군단에서 배운 세계시민정신을, 입시 준비로 바쁜 한일고의 친구들과 공유하고자 '빈곤퇴치의 날 캠페인'을 추진했던 것이다. '말벗 되기 프로젝트'도 그러한 맥락에서 시작한 일이었다.

이처럼 서울대를 비롯한 대부분의 대학에서는 '학급과 학교, 나아가 지역사회에 긍정적인 변화를 가져오는 것'을 학생이 할 수 있는 최상의 리더십이라고 생각한다. 하지만 꼭 그것이 특별한 활동이나 거창한 기획을 통해서만 발휘되는 것은 아니다. 구체적으로 서울대가 제시한 리더십의 모범 사례를 보면 그 점을 확인할 수 있다.

- 학교생활 내에서 구성원 간의 갈등을 조화롭게 해결할 수 있는 능력
- 수업 중 모둠 과제 수행을 성공적으로 이끌 수 있는 능력
- 토론활동에서 함께 결론을 이끌어가며 설득력 있게 자기 의견을 주장할 수 있는 능력
- 동아리활동에서 부원들을 행복하게 만들 수 있는 능력
- 모두가 주저할 때 친구들을 독려하여 청소를 주도하는 능력

〈2016학년도 서울대학교 학생부종합전형 안내〉 중에서

이처럼 대학에서 생각하는 학생의 리더십은 거창한 것도 아니고, 학생회장 같은 감투도 아니다. 그보다는 학급, 학교에서 긍정적인 방향으로 친구들을 이끌 수 있는 역량과 그것을 행동으로 보여주는 실천이다. 이는 친구들 사이에서 또는 학급에서 벌어지는 사소한 일에서도 진정성 있는 리더십의 역량을 보여줄 수 있다는 말이다. 따라서 그와 같은 리더십의 역량을 보이기 위해서 나처럼 특별한 활동이나 기획을 하는 것도 좋지만, 오히려 일상 속에서 찾는 것이 더 효과적인 경우가 많다.

예를 들어 내가 여러 역경에도 한일고 축제를 성공시키기 위해 끝까지 최선을 다했던 이유는 이 일을 통해 많은 것들을 배우고 있다고 생각했기 때문이다. 어떤 일이든 예상치 못한 이유로 고난과 시련이 닥칠 수 있고, 그것에 어떻게 대처하느냐에 따라 그 시련이 오히려 기회가 될 수 있다. 또한 다른 사람을 어떻게 설득해야 하는지 몸소 배우기도 했다.

그런데 내가 축제 때의 일들을 리더십의 사례로 자기소개서에 써넣을 수 있었던 가장 큰 이유는 내가 평소에 써왔던 일기 덕분이다. 축제를 준비하는 과정에서 나는 리더십을 발휘하고 있다는 나만의 의미부여를 일기를 통해 지속적으로 하고 있었다. 이 사례 외에도 꾸준히 모든 일들을 일기에 기록해둔 덕분에 시간이 지날수록 다른 사람 같으면 잊어버렸을지도 모르는 사소한 일들까지 하나둘씩 쌓여 나의 스토리는 친구들과는 비교할 수 없을 만큼 풍성해졌다.

여러 역량 중에서도 특히 리더십은 오직 사례를 통해서만 보여줄 수 있다. 그런 리더십의 사례들은 하루에도 몇 번씩 생길 수 있지만, 적어두지 않으면 금방 머릿속에서 달아나기 마련이다. 따라서 내가 제시하는 방법론은 다음과 같다.

3년 동안 자신만의 리더십 사례집을 만드는 것이다. 간단하다. 노트를 하나 산 뒤 리더십을 보여줄 수 있는 사례, 그 중에서도 학급과 학교, 나아가 지역사회에 긍정적인 영향을 끼친, 또는 긍정적 변화를 가져오는 사례가 생겼다면 사소한 일이라도 노트에 기록해두라. 육하원칙에 맞춰 무슨 일이 있었는지, 그 일을 통해 내가 어떻게 리더십을 발휘했고, 어떤 깨달음을 얻었는지 기록하라. 그런 식으로 3년 동안 최소 50개 이상의 사례가 담긴 노트를 만들어보라. 나중에 자기소개서를 작성할 때, 그 노트를 되돌아보면서 자신의 꿈과 비전, 그리고 관련 전공 등에 가장 부합하는 사례를 선택해서 적으면 된다. 남들은 쓸 거리가 없어 골머리를 앓고 있을 때, 리더십 사례집이 있는 학생은 누구보다도 풍성한 자신만의 자기소개서를 작성할 수 있다.

7장

꿈을 향한
특별한 도전

항구에 정박해 있는 배는 안전하다.
그러나 배는 항구에 묶어 두려고 만든 것이 아니다.

— 존 A.셰드

역사를 위해
무엇을 할 것인가

가장 존경하는 세 사람만 꼽으라고 한다면, 나는 '아버지, 전태일 열사, 그리고 안중근 의사'라고 망설임 없이 대답할 것이다. 그 중에서도 고등학교에 진학한 이후로 내 삶의 방향에 결정적인 영향을 끼친 사람은 안중근 의사다. 안 의사는 일제강점을 주도한 이토 히로부미를 저격하고 일제의 모진 폭력과 협박 속에도 당당히 '대한독립과 동양평화'를 외치며 순국했다. 하지만 그는 단지 독립투쟁만을 위해 의거를 행한 것이 아니었다. 《안중근 평전》과 안 의사가 쓴 〈동양평화론〉을 읽다 보니 그가 '동양평화'라는 대의를 위해 동양평화를 망치는 주범 이토 히로부미를 처단한 것임을 알 수 있었다.

그 책들을 읽는 내내, 시대를 조형하는 삶에 대한 동경을 품고 있던 내게 안중근 의사는 '인류와 역사를 위해 무엇을 할 것인가'라는 질문을 던지는 것만 같았다. 그는 그가 맞이한 시대의 역사적 과제를 위해 숭고한 목숨을 희생했다.

나 또한 내가 맞이한 시대의 역사적 과제를 위해 살아가겠다는 목표가 있었다. 그 역사적 과제는 '한반도의 통일과 동아시아의 평화'였다. 오랫동안 잊고 있었던 그 과제를 다시 되새기게 된 것에는 여름방학 동안 유패드 친구들과 진행했던 동아시아 정세에 대한 연구 덕분이었다.

한반도에서는 1875년 강화도 조약 이후 여러 나라들의 손에 의해 역사가 좌우되었다고 해도 과언이 아니다. 현재도 주변국들의 동의가 없다면 통일조차 우리 마음대로 할 수 없는 것이 현실이다. 2000년대 들어서는 중국이 미국 주도의 세계질서에 반기를 들기 시작하면서, 두 나라 간의 패권다툼으로 인해 동아시아 전체가 세계 패권의 각축장이 되고 있다. 게다가 일본, 러시아, ASEAN(동남아시아국가연합) 등의 이해관계까지 맞물리며, 동아시아는 세계 최강대국들의 치열한 경쟁의 장이 되었다.

하지만 치열한 경쟁만큼이나 동아시아 국가들 간의 교류 또한 예전보다 훨씬 활발히 이루어지고 있다. 중국은 이미 한국, 일본, 동남아시아 국가들의 무역에서 가장 큰 비중을 차지하고 있으며, 동아시아 국가들 간의 경제적인 의존도는 굉장히 깊어졌다. 이런 상황에서 우리나라는 개발도상국에서 선진국으로 진입했다는 독특한 이력을 바탕으로 동아시아의 균형자를 자처하고 있다.

나는 마치 하나의 체스판 같은 이런 동아시아의 정세를 공부하는 것이 무척 흥미로웠다. 여러 나라의 외교 전략을 분석하고, 그에 대응하는 우리나라의 전략에 대해 고민할 때는 마치 체스판의 주인공이 된 것 같았다. 지금껏 다른 나라에 끌려 다녀야 했던 우리의 역사를 새로 쓰고 있다는 생각에 숭고한 사명감마저 느껴졌다. 그렇게 동아시아 국제관계에 대한 공부에 흥미를 붙여가고 있었다.

그러던 어느 날, 동아시아 정세에 관한 책들을 찾아보던 중《동아시아

공동체 : 신화와 현실》이라는 두꺼운 책 한 권을 알게 되었다. 우리나라 외교학계의 거장인 서울대학교 하영선 교수를 비롯하여 국내의 저명한 국제정치학 교수들이 공저로 출간한 책이었다. 이 책은 동아시아의 평화와 안정을 위한 해결책으로 '동아시아 공동체(EU, ASEAN 등과 같이 동아시아에서 경제를 중심으로 정치, 사회, 문화 등 여러 방면에서 하나의 지역공동체를 이루겠다는 구상)'를 제시하고 있었다.

이 책을 읽고 난 후 오랜 고민 끝에 내가 언젠가 안중근 의사처럼 인생을 바쳐야 할 역사적 과제인 '한반도 통일과 동아시아 평화'를 위해서는 동아시아 공동체가 반드시 이루어져야 한다는 결론에 도달했다. 유럽의 나라들이 EU(유럽연합)를 통해 다양한 방면에서 '1+1=2' 그 이상의 효과를 거두는 것을 보았기 때문이다. 하지만 동아시아에서 EU와 같은 견고한 공동체를 이루기 위해서는 '역사인식에 대한 갈등'이라는 큰 걸림돌을 극복해야 했다. 유럽에서는 2차 세계대전 이후에 전쟁에 대한 복구와 피해보상이 정상적으로 이루어지면서 '평화에 대한 갈망'이라는 공통된 역사인식이 유럽 전역에서 자리를 잡았다.

그러나 유럽과 달리 동아시아에서는 2차 세계대전 이후의 자유주의 진영과 공산주의 진영 간의 냉전, 6.25전쟁, 중국과 대만의 분리, 베트남전, 그리고 비정상적으로 성장한 일본의 문제 등으로 인해 공통된 역사인식이나 도덕적 책임에 대한 합의가 제대로 이루어지지 못했다. 독일은 2차 세계대전 때의 나치와 히틀러의 잘못을 진심으로 사죄하고 있지만, 그에 반해 일본 정부는 여전히 역사를 왜곡하고, 총리가 전범들의 위패가 있는 야스쿠니 신사를 참배하는 등의 모습을 보여주고 있다.

이런 상태에서 반세기가 흘렀고, 지금은 혐한嫌韓, 혐일嫌日이라는 말이 뉴스에서 심심치 않게 등장할 정도로 한국과 일본, 중국을 비롯한 동아시아 국가들의 배타적 정서가 심각한 수준이었다. 진정한 공동체가 형성되기 위한 가장 첫 번째 조건이 공통된 역사인식과 화합된 정서인데, 오히려 동아시아에서는 독도, 댜오위다오 등의 영토 분쟁과 위안부 문제, 동북공정 등의 역사문제로 인해 각국의 감정적인 대립이 더 심각해지는 상황이었다.

그러나 꼭 갈등과 혐오만이 있는 건 아니었다. 유교문화와 오랜 문화교류의 역사 덕분에 서로 유사한 문화들을 가지고 있으므로 조건만 갖춰진다면 유럽보다 더 견고한 화합의 공동체를 형성할 수도 있었다. TV만 켜보아도 동아시아의 사람들이 서로를 미워하고 있는 것만은 아님을 확인할 수 있었다. TV에서 'MAMA in Hongkong'라는 음악축제를 보았는데, 동아시아의 많은 가수들이 한 자리에 모여 공연을 하고, 그 공연에서 동아시아의 여러 사람들이 다 같이 하나가 되어 축제를 즐기고 있었다.

또한 1학년 때 일본으로 떠난 수학여행을 생각해보면, 한국학 동아리 친구들을 비롯한 일본의 학생들은 '동방신기', 'SS501', '빅뱅'을 비롯해 우리도 모르는 한국 가수들의 노래를 줄줄이 꿰고 있었다. 한국문화에 대해서 우리 이상으로 잘 알고 있었던 그 친구들은 한국의 문화를 사랑했고, 우리들을 친구로 생각했다.

'우리나라가 세계에서 가장 아름다운 나라가 되기 위해 오직 한없이 가지고 싶은 것은 높은 문화의 힘이다'라는 백범 김구 선생의 말씀처럼 국경과 인종, 언어에 상관없이 사람들을 하나로 만들어준 건 바로 문화의 힘이었다. 따라서 나 또한 동아시아 사람들의 문화를 이해하는 것이 그들과 하나 될 수 있는 출발점이라 생각했다.

그때부터 새뮤얼 헌팅턴의 《문명의 충돌》, 루스 베네딕트의 《국화와 칼》, 에드가 스노우의 《중국의 붉은 별》, 모리스 마이스너의 《마오의 중국과 그 이후》 등 문명, 문화, 중국, 일본 등에 관한 책들을 닥치는 대로 읽기 시작했다. 이후엔 각종 논문과 전문서적들을 독학해나갔다. 먼저 동아시아공동체 연구에서 독보적인 역할을 하고 있는 '동아시아연구원' 홈페이지에 수록된 한글 논문과 영어 논문을 밤새 읽어나갔다. 비록 부족하긴 했지만, 어느새 나의 공부는 칸트철학의 정점을 보여준다는 칸트의 '영구평화론'까지 이르렀다.

그렇게 내가 하고 싶은 공부를 해가다 보니 동아시아 공동체 연구는 생각보다 더 흥미로웠다. 어려운 논문이나 전문서적을 읽을 때는 신문 읽는 습관이 큰 뒷받침이 되어주었다. 특히 내가 생각했던 것과 이 분야 최고 전문가들이 생각했던 내용이 일맥상통함을 알게 될 때 느끼는 희열은 말로 표현할 수 없었다.

그 결과 나는 〈한국과 ASEAN 연대〉, 〈동아시아 공동체에서의 한국의 역할〉이라는 소박한 보고서도 발간했다. 유패드 친구들과도 한 달간 함께 공부를 하며 〈동아시아 공동체에 대한 각국의 관점 및 한국의 역할〉이라는 보고서를 발간했다. 이 보고서는 몇 달 후 한일고 학습동아리 페스티벌에 전시되어 유패드가 한일고 최우수 학습동아리로 선발되는 데 큰 기여를 했다.

고2 겨울방학,
일본 탐방을 결심하다

　독서와 논문, 그리고 짧은 보고서 발간에서 그치기에는 나의 열정이 너무나도 컸다. 중국과 일본, 동남아의 문화에 관한 책들을 보면서 언젠가 꼭 동아시아의 모든 나라들을 여행해보고 직접 눈으로 그들의 문화를 확인해보겠다는 계획을 세웠는데, 그 계획을 시작할 계기가 생겼다.

　세계에서 가장 성공적인 지역통합의 모델은 두 말 할 것 없이 EU다. 그런 EU의 탄생은 2차 세계대전 이후 유럽인들이 전쟁의 재발을 막고자, 전략 물자인 석탄과 철강을 지역차원에서 공동으로 관리하는 '유럽 석탄·철강 공동체'(1952년 유럽의 석탄·철강의 생산 및 판매를 위해 창설한 공동관리 협력기구로 1950년 프랑스의 외무장관 로베르 슈만이 제창한 프랑스·독일 석탄철강공동시장 설립안에서 비롯되었다)를 만들면서부터 시작되었다. 나는 이 점에 착안해, 동아시아에도 EU의 시초가 된 '유럽 석탄·철강 공동체'와 같은 협력모델에 어떤 것이 있을지 고민했다. 그 중에서도 나는 물류산업에서 협력을 도모하는 '동아시아 물류공동체'라는 방안이 가장 현실성 있다고 판단했다.

기존에도 동아시아 물류산업의 협력을 강조하는 전문가들도 적지 않게 있었지만, 무엇보다 그 방안에 호기심을 가진 것은 중국의 상하이, 항저우 등의 중국 동부 지역과 일본 오사카, 고베 등의 간사이 지역을 여행했던 경험 때문이었다.

한국과 중국, 일본 모두가 수출로 먹고 산다는 말이 나올 만큼 세 나라의 무역에 대한 의존도는 굉장히 높다. 무역의 기초가 되는 산업이 물류산업인데, 그런 상황에서 세 나라가 협력하면 물류에 드는 비용을 획기적으로 줄일 수 있었다. 하지만 세 나라는 여러 항구와 공항을 신설하는 등 하늘과 바다에서 소모적인 경쟁을 치르며 막대한 비용을 지출하고 있었다.

이러한 이유로 나는 물류공동체가 타당성이 있다고 생각했다. 그런데 우연찮게도 해상 경쟁의 대표적인 각축장이었던 내 고향 부산과 중국의 상하이, 일본의 오사카는 매우 닮은 도시였다. 세 도시 모두 각국의 제2도시이자 주요 항구가 있는 무역도시이지만, 새로운 경제발전의 동력을 찾지 못하고 있다는 걱정에 빠져 있었다.

게다가 점점 부산의 인구가 줄어들고 있다는 얘기를 들었던 터라, 내고향 부산이 물류산업의 협력을 발판삼아 다시 한 번 도약할 수 있는 방안을 찾아보고 싶었다. 그래서 부산과 오사카, 상하이의 역사, 산업, 문화 등을 공부하면서 세 도시의 물류산업 협력 가능성에 대해 연구하기로 했다.

그런데 한·중·일 물류산업의 협력을 국가적인 관점에서 연구한 자료들은 어렵지 않게 찾아볼 수 있었지만 부산, 상하이, 오사카와 같은 도시적인 관점에서 물류산업의 협력에 대해 연구한 자료들은 거의 없는 상태였다. 기존의 연구 결과가 없다면 직접 현상으로 가서 발로 뛰면서 자료를 구하는 수밖에 없었다. 고등학교 졸업 전에 서론도 써보기 힘들 거라 예상했지만, 뚝심으로 연구를 시작했다.

먼저 2학년 겨울방학에 일본의 오사카를 포함한 간사이 지역을, 3학년 여름방학에 중국의 상하이 지역을 여행하겠다는 계획을 세웠다(상하이 여행은 결국 현실과 타협하며 다음으로 미룰 수밖에 없었다). 그리고 방학 동안 물류산업의 현장을 둘러본다는 게 내 계획이었다.

그간의 생각과 결심을 담임선생님께 말씀드렸다.

"선생님, 저 일본을 다녀와야 할 것 같습니다."

"승우야, 네가 하고 싶은 공부를 하는 것도 좋지만 넌 이제 고3이야. 하루 종일 수능공부만 해도 모자란데…… 더군다나 지금 네 성적으로는 서울대에 가기 힘들어."

"네, 저도 압니다. 하지만 선생님, 저는 서울대에 가기 위해서 지난 2년을 그렇게 열심히 살았던 건 아닙니다. 서울대에 떨어진다고 해도 지금의 이 결정을 절대 후회하지 않을 겁니다."

"일단 좀 더 생각해보자."

이미 오랫동안 심사숙고해서 내린 결정이었고, 결심이 서면 무조건 해야만 직성이 풀리던 나였기에 선생님의 대답만을 기다릴 수는 없었다. 선생님을 설득해줄 수 있는 건 부모님뿐이었다. 하지만 내 꿈에 관한 일이면 언제나 최선을 다해 지원해주셨던 부모님이더라도, 이번만큼은 시기가 시기이니만큼 쉽게 승낙을 하실 것 같지 않았다.

"어머니, 저 동아시아 공동체 연구 때문에 일본에 좀 다녀와야 할 것 같아요."

뜬금없는 내 말에 어머니는 한동안 아무런 대답이 없다가 한 가지 질문만을 건네셨다.

"신중하게 생각하고 결정한 거니?"

"네, 지금 꼭 가야 해요."

"그래, 네가 살아가는 인생이니 네 결정이 가장 중요하지. 난 우리 아들을 믿는다. 티켓은 오늘 사서 내일 바로 우편으로 보내줄게."

6박 7일간의
일본 자유여행

　어머니의 설득 덕분에 담임선생님께도 허락을 받고 일본 탐방 계획을 세우기 시작한 지 일주일 뒤, 드디어 오사카행 비행기에 몸을 실었다.

　두 시간 만에 간사이공항에 도착했다. 서울에서 제주도 가는 시간과 크게 다르지 않았다.

　'이렇게 가까운 이웃나라끼리 왜 그리 먼 길을 돌아와야 했을까?'

　공항에 도착한 나는 입국심사대를 나오자마자 오랜만에 선아 누나를 만날 수 있었다. 선아 누나는 1학년 때 학교에서 수학여행을 왔을 때 교류학교였던 스미요시 고교와의 교류회에서 처음 만났고, 그 후 종종 편지를 주고받다가 이번 일본 여행에 내 부탁으로 여러 도움을 주게 되었다.

　"바쁜데 나 때문에 시간 낸 거 아니야?"

　"내가 일본에서 오래 살았어도 머릿속은 한국에 사는 한국 사람들보다 더 한국인이야. 승우가 나라를 위해 공부를 하겠다는데 도와드려야지."

　"그렇게 거창한 건 아닌데, 어쨌든 정말 고마워."

누나의 말에 괜히 어깨가 으쓱해졌다. 공항을 나서 숙소에 짐을 풀고 근처 식당에서 점심을 먹고 난 후, 누나에게 6일간의 스케줄을 브리핑했다.

"6일 동안 여길 다 가보겠다고?"

"응. 만약 시간이 나면 더 가볼 곳도 생각해놨어."

"여길 다 가려면 내일부터 운동화 신고 나와야겠다."

구두를 신고 나왔던 누나는 기겁을 했다. 길을 나서 첫날의 행선지였던 오사카 국제평화센터, 오사카 인권박물관, WTC 코스모타워 등을 둘러보았다. 오사카는 이전에 두 번이나 와본 곳이라 그런지 외국이라는 낯섦보다는 오랜만에 돌아온 것 같은 친숙함이 더 컸다.

거리를 다니며 본 오사카 사람들은 부산 사람들과 성격이 비슷하다는 느낌을 받았다. 조용하고 차분하다는 일본인에 대한 일반적인 인식과는 달리, 목소리도 크고 꽤나 거칠어서 거리엔 활기가 넘쳐났다. 오사카를 연고지로 하는 야구팀 한신타이거즈가 우승했을 때 도톤보리에 있는 강물에 너나 할 것 없이 뛰어들었다는 오사카 사람들은, 꼭 야구팀 롯데 자이언츠라면 사족을 못 쓰는 부산 사람들과 비슷했다.

그런 오사카 사람들마저 나를 놀라게 한 점이 있었다. 보통 한국에서 길을 걷다 보면 사람들이 서로 힐끔힐끔 쳐다보거나 곁눈질로 그 사람의 옷차림을 훑어보곤 한다. 그런데 일본사람들은 거리나 지하철 등의 공공장소에서 전혀 다른 사람들에게 눈길을 주지 않았다.

선아 누나에게 그 이유를 물어보니, 다른 사람을 아무런 이유 없이 쳐다보면 기분이 나쁠 수 있기 때문에 다른 사람에 대한 배려로 일부러 쳐다보지 않는다고 했다. 일본에서는 그런 것들을 어릴 때부터 교육을 받기 때문에 어른이 되면 자연스레 습관이 된다는 것이다. 이런 사소한 것부터 남을 배려하도록 교육을 시키는 일본인들의 문화에 감탄할 수밖에 없었다. 어떤 사람들은 일본 사람들이 친절함 뒤에 칼을 물고 있다는 말을 하기도 하지만, 내가 보기엔 꼭 그런 것 같지만은 않았다.

한 번은 고베시청에 고베의 물류산업에 관한 자료를 구하러 갔을 때였다. 미리 메일로 관련부서 직원에게 필요한 자료를 요청했었는데, 그는 대부분의 자료는 그곳에서 구할 수 있지만 몇몇 자료는 다른 기관에 있다고 답을 해왔다. 사실 그 사람이 구해놨다는 자료만 해도 확보하는 데 꽤 시간이 걸렸을 것이다.

그럼에도 불구하고 워낙 적극적으로 도움을 주기에 한국인을 좋아하는 일본의 젊은 여성이겠거니 생각했었다. 하지만 시청에서 만난 그 직원은 예상과 달리 50대 후반의 고위직이었다. 놀랍게도 그곳에서 구할 수 없는 자료도 관련기관에 조치를 취해 구해다놓은 상태였다. 더 필요한 게 없냐며 관련 자료가 또 들어오면 보내주겠다며 오히려 내 번호와 이메일 주소를 적어갔다. 거듭 '아리가또 고자이마스'만 외치며 그곳을 나왔다. 이처럼 일본인들의 친절함이 가식적인 것이라 하기엔 남을 돕는 데 굉장히 능동적이고 적극적이었다.

둘째 날부터는 일본 사람들을 관찰할 여유도 없이 바쁘게 움직였다. 새해 연휴기간이었기 때문에 문을 닫은 곳도 있었고, 계획보다 오랜 시간이 걸려 일정이 빠듯했기 때문이다. 주로 간사이 지역의 물류산업 현황, 한일 간의 물류 협력, 그리고 그것이 유발하는 경제적 이득에 관한 자료들을 구하고 싶었기 때문에 많은 기관과 산업체들을 돌아다녀야 했다. 4일만에 20여 개의 기관을 찾아다니고, 30여 명의 관련기관 직원과 전문가들을 인터뷰했을 정도니, 새벽부터 막차 시간이 끊길 때까지 식사 한 번 제대로 할 여유조차 없었다.

셋째 날은 '한신공업지대'라고 불리는 오사카만(灣) 연안의 공장 지대를 둘러보았다. 원래 '한신공업지대'는 일본 2위의 공업지대로 평가받을 만큼 오랫동안 일본 경제성장의 원동력 역할을 해왔는데 지금은 많은 공장들이 문을 닫았다. 인건비 상승으로 인해 값싼 인력을 찾아 중국과 동남아로 공장들이 옮겨갔기 때문이다. 철강, 석유, 조선 등 다양한 중화학공업과 섬유 등의 경공업들이 어우러진 일본의 대표적인 공업단지라는 예전의 명성이 무색해 보였다. 오사카 시청에서 만난 직원들도, 그런 부분을 염려하며 오사카 부(府)민들이 젊은 변호사를 부지사로 선출했다고 말했다.

하지만 여전히 오사카의 인구는 감소하고, 새로운 기반 기능을 찾지 못해 지속적으로 요코하마, 나고야 등에 2위 도시로서의 역할을 내어주고 있었다. 그런 오사카의 모습에서 내 고향 부산의 생각을 지울 수 없었기에 오사카의 쇠락이 애잔하게 다가왔다.

너무 바쁘게 움직인 나머지, 결국 6일 동안 오사카에서 꼭 가봐야 한다는 회전초밥집도 한 번 못 가보고 햄버거로 끼니를 때우며 바쁜 일정을 보냈다. '하버랜드'라는 고베의 유명한 선착장에서 유람선을 타고 잠수함과 선박을 건조하는 조선소를 둘러본 다음에야 일본에서의 제대로 된 식사를 즐길 수 있었다.

"누나, 6일 동안 정말 고생 많았어."

"너 누나한테 가이드비 줘야 해. 가이드에, 통역에, 그 무거운 자료들까지 들게 하다니."

"미안해. 그나저나 누나, 한국에서 봤을 때랑 일본에서 볼 때랑 꼭 다른 사람 같아."

"뭐가?"

"그렇잖아. 누나는 한국 사람이니까 한국에 있을 땐 그게 자연스럽지만, 일본에서 통역해주면서 일본사람들이랑 대화하는 모습을 보면 꼭 일본사람 같아."

"그렇지, 나도 중학교 졸업하고 일본으로 건너와서 일본 사회에 적응하려고 정말 많이 노력했지. 한국인이라고 일본 애들 사이에서 '이지매' 당하는 아이들이 많거든. 그래도 난 적응을 잘해서 이제는 일본사람들의 문화에 잘 녹아든 것 같아."

그러고 보니 멀리서 전문가를 찾을 게 아니었다. 일본문화와 한국문화를 모두 겪어본 선아 누나야말로 양국 문화의 살아 있는 전문가였다.

"한국문화랑 일본문화를 다 겪어본 사람으로서 내가 공부한다는 동아시아 공동체는 현실성이 있는 것 같아?"

한참 고민하더니, 애매한 대답을 내놓았다.

"음…… YES, 그리고 NO."

"그게 무슨 소리야?"

누나의 얘기를 들어보니 일리가 있었다. 얘기인즉슨, 한국과 일본의 문화는 굉장히 비슷한 점이 많다. 열거하려면 A4 100장을 꽉 채우고도 남을 만큼. 하지만 그만큼 다른 점도 많다. 그런데 중요한 것은 동아시아의 사람들, 그 중에서도 오랫동안 '원수지간'이었던 한국과 일본이 화합하기 위해서는 '서로가 서로를 얼마나 존중하느냐'가 중요하다고 했다. 얼마나 비슷하고 다르냐의 문제가 아니라 화합에 대한 '의지'가 문제라는 말이었다.

　일본은 그들의 역사를 인정하고 반성할 줄 알아야 하고, 한국은 모든 일본인들이 역사에 대해 반성하지 않는 것이 아닌 만큼, 일본에 대한 무조건적인 배타적인 태도를 접어야만 두 나라의 화합이 이뤄질 수 있다고 했다. 결국 동아시아 공동체 형성에 꼭 필요한 한일 간의 화합은 앞으로 두 나라 사람들의 태도에 달린 것이므로 확신할 수 없다는 것이었다. 그동안 한국과 일본을 비롯해 동아시아의 문화가 얼마나 비슷하고 다른지를 따지며 동아시아 공동체 형성의 가능성을 연구했던 나의 공부에 누나의 한 마디는 새로운 길을 열어주었다.

　마지막 날, 나는 그 문제에 대한 나름의 해답을 찾았다. 나는 이번 여행에서 물류산업에 대한 자료를 얻는 것 이외에도 일본문화 속에서 한국과 중국문화의 흔적을 찾겠다는 또 하나의 목표를 가지고 있었다. 이미 일본, 한국, 중국에서는 오래 전부터 왕래가 있어왔기 때문에 역사 유적과 유물들 속에서도 동아시아 문화교류의 자취를 발견할 수 있었다.

　특히 교토의 고류사光隆寺에 있는 미륵보살 반가사유상, 나라의 호류사法隆寺에 있는 백제관음상과 금당벽화가 대표적인 사례였다. 미륵보살 반가사유상은 일본의 국보 제1호이고, 백제관음상은 세계 미술계에서 '동양의 비너스'라고 격찬을 받는 일본의 대표적인 유물들이다. 그런데 이 두 유물 모두 신라 또는 백제의 왕이 일본의 성덕태자에게 보낸 것이거나, 신라와 백제인이 직접 일본으로 건너가 제작했다고 역사학자들은 보고 있다. 금당벽화 또한 세계유산목록에 등록되어 중국의 원강석불, 경주의 석굴암 등과 함께 동양 3대 미술품의 하나라고 꼽힐 만큼 일본의 대표적인 문화재인데, 이 그림을 고구려의 승려 담징이 일본에 건

너가 그렸다고 전해진다.

이처럼 임진왜란이 있기 전까지 한반도와 일본은 서로의 선진문화와 필요한 물품들을 서로 주고받으며 우호적인 관계를 유지하고 있었다. 그 관계가 깨진 이유는 언젠가부터 상대방을 짓밟고 올라서려고 하는 제로섬 게임을 시작했기 때문이었다. 다시 그 관계를 회복하기 위해서는 서로의 좋은 문화를 주고받으며 함께 발전해나가는 '윈-윈'의 게임을 시작해야 했다.

또한 고베의 차이나 타운, 오사카의 한인 타운을 둘러보며 서로의 문화가 충분히 공존할 수 있음을 확인할 수 있었다. 그곳에서는 한국과 중국에서 건너온 사람들 고유의 문화와 일본문화가 조화를 이루고 있었다. 이런 문화 융합의 흔적들이 결국 동아시아 통합의 축소판이었다. 이렇게 서로가 서로를 이해하며 조화를 이룰 수 있다면 동아시아 통합 또한 불가능한 과제가 아닐 거란 생각이 들었다.

이렇게 6박7일간의 일본 탐방은 끝이 났다.

살아있는
공부를 하다

    일주일간의 일본 여행은 새로운 자극이 되었고, 앞으로의 여정을 헤쳐 나갈 원동력이 되었다. 일본 여행을 비롯해 지금까지의 다른 동아시아 나라들의 문화에 대한 공부를 끝내고 이제는 우리나라에 초점을 맞춰 국내의 물류산업 현황에 대해 공부하기 시작했다.

    일본 여행을 다녀온 이후 1월부터 3월까지 총 다섯 개의 산업체, 10여 개의 기관을 탐방하고 20여 명의 전문가들을 인터뷰했다. 그 중에서도 물류산업과는 직접적인 관련이 없는 울산의 현대중공업과 포항제철을 찾았던 이유는 그곳에서 만들어지는 선박과 철강제품들이 우리나라 수출에서 가장 큰 비중을 차지하기 때문이었다.

    특히 1985년 일본의 미쓰비시 중공업을 제치고 줄곧 세계1위 조선소의 지위를 유지해온 현대중공업은 우리나라 산업을 이끌고 있는 대표적인 기업이다. 그곳을 탐방할 때는 현대중공업의 임원으로 재직 중이던 작은 할아버지의 도움이 컸다. 할아버지의 소개로 물류담당 이사님을 알게 되었고, 함께 현대중공업의 선박공장과 사업 현장을 둘러볼 수 있었다. 현대중공업처럼 각종 자재들을 해외에서 수입하고, 만들어진 제품을 다시 수출해야 하는 업체들에게는 물류운송에 드는 비용과 시간이 굉장히 중요했다. EU, NAFTA(북미자유무역협정) 등의 지역블록단위로 무역 경쟁이 이루어지고 있는 국제시장에서 경쟁력을 높이기 위해서도 동아시아의 물류협력은 필수적이었다.

동부운송과 부산항만을 탐방할 때는 부산항에서 오래 일해오신 이모부의 도움을 받았다. 부산항이 한국의 제1항구라는 막연한 자부심만 가지고 있었을 뿐, 오랫동안 부산에 살면서도 막상 부산항의 제대로 된 모습을 보지 못했던 나는 거대한 규모에 놀라움을 금할 수 없었다.

부산항을 둘러보고는, 1학년 때 룸메이트였던 도규 아버지가 일하시는 대한항공 부산지점을 찾았다. 도규 아버지는 20여 년 동안 항공사에서 근무하신 물류 분야의 전문가였다. 더욱이 대학시절 정치외교학을 전공하셨기 때문에 직접적으로 연구에 도움이 될 만한 많은 조언들을 들을 수 있었다.

"정치외교학을 먼저 전공한 인생의 선배로서 승우 네가 자랑스럽고, 한편으론 젊었을 때 너처럼 뜨거운 열정으로 시간을 보내지 못한 것이 아쉽구나. 꼭 너의 건승을 기원하마."

산업체들의 탐방을 끝내고, 부산시청과 항만공사 등의 관련 기관에서 자료를 얻을 때는 어머니의 인맥이 총동원되었다. 덕분에 부산의 물류산업을 관장하는 전문가들을 비롯해 다른 도시와의 협력정책을 주관하는 실무자들도 만나볼 수 있었다. 그 중에서도 특별한 만남이 한 번 있었다. 해운대구 자치위원인 어머니 덕분에 당시 해운대에 지역구를 두고 있던 서병수 국회 기획재정위원장과 면담을 나누게 된 것이다. 그 분은 해운대에서 오랫동안 의정활동을 하셨기 때문에 부산시의 물류산업에 대한 실질적인 조언을 주실 수 있었다. 또한 여당 최고위원으로서 정부의 외교정책과 동아시아 공동체의 현실성 여부에 대해서도 객관적인 평가를 내려줄 수 있었다.

집무실에서 만난 위원장님은 열여덟 살밖에 안 된 고등학생을 격의 없는 태도로 맞아주셨다. 인사를 마친 후, 나에 대한 소개와 함께 내가 진행하고 있는 연구와 나의 생각에 대해 말씀 드렸다.

"부산이 국제도시로서의 역량이 어느 정도라고 생각하세요?"

"음, 일단 부산은 90년대 초까지만 해도 신발이나 가죽제품을 제조하면서 우리나라 최대의 공업지역이었잖아. 그런데 승우 군의 말대로 지금은 인구가 감소하고 제조업이 쇠퇴하면서 이 도시의 기반 기능 자체가 사라져버렸지."

"그러면 그 기반 기능을 다시 찾아야 하는 것 아닌가요?"

"그렇지. 그래서 나 또한 그 답을 찾으려고 요새 여러 도시들도 직접 가보고, 책도 읽어보는 중이야. 그 중에서도 중국 상하이에서 배울 점이 많았던 것 같아."

부산, 오사카와 함께 나의 연구 대상이었던 상하이 또한 인건비가 상승하면서 중국 중앙정부의 '서부대개발정책'으로 급부상한 서부지역에 많은 기반 기능들을 빼앗겼다. 하지만 의원님의 이야기에 따르면, 상하이는 아시아의 금융 허브라는 새로운 기반 기능을 구축하면서 예전보다 더 많은 성장을 지속하고 있었다.

오래된 정보들이 담긴 책으로 공부하면서 상하이가 부산, 오사카처럼 쇠락해가고 있다고 생각했던 것은 나의 판단착오였다. 이를 통해 직접 현장에서 발로 뛰어 얻는 자료의 중요성을 다시 한 번 느낄 수 있었다.

한 시간 동안 진행된 면담에서는 내가 조언을 구하고자 했던 주제들에서 시작해 현 정부의 외교·통일정책, 통일에 관한 정치권의 다양한 생각, 정치 세계의 뒷이야기 등 다소 민감한 주제들까지 대화가 오갔다. 위원장님은 경제, 정치, 사회, 문화 모든 분야를 넘나드는 박식함으로 나에게 신선한 충격을 주었다.

"승우 군, 내가 저녁에 약속이 있어서 더 이상 얘기를 나눌 수 없는 게 아쉽네. 나라를 위해 이토록 깊은 고민을 하는 자네 같은 청년이 있다는 걸 보니 우리나라의 미래가 결코 어둡지만은 않은 듯하네. 앞으로도 시간 나거든 언제든 편하게 들르게."

정치적인 성향을 떠나 의원님의 말씀은 정치인을 꿈꾸는 내게 큰 힘이 되어주었다.

"아 참, 그리고 소개해주고 싶은 후배가 한 명 있네. 이 분야엔 꽤 능통한 전문가니까 그 친구에게 더 많은 조언을 구할 수 있을 거야. 그러고 보니, 자네가 서울대 외교학과에 가게 되면 그 친구의 후배가 되겠네."

서병수 의원님 덕분에 만난 그 분은 서울대 외교학과 85학번 선배이자 기자 출신으로 부산광역시의회 이동윤 시의원님이었다. 알고 보니 그 분은 어머니와도 친분이 있었고, 내가 정치외교학과 지망생이라는 이야기를 듣고 시정감사로 바쁜 일정에도 불구하고 나를 위해 오후시간을 통째로 비워두셨다.

"그래, 승우 군. 정치를 하고 싶어 한다는 얘기를 들었는데, 왜 정치가 하고 싶나?"

갑작스러운 질문에 당황했다.

"아, 세상의 많은 사람들을 이롭게 해야 된다는 생각이……."

"아니, 그런 식상한 대답 말고. 솔직한 대답을 듣고 싶네."

나의 대답은 솔직한 마음을 모두 담아내진 못하고 있었다.

"내가 얘기해줄까? 니체가 그랬지. 모든 인간이 권력에 대한 욕망을 가지고 있다고. 나와 모든 정치인들도 마찬가지야. 권력에 대한 욕망 없이 100% 순수한 이상만으로 정치를 하는 사람들은 없어. 다만 그런 권력욕에 세상을 이롭게 하겠다는 이상이 조화를 이룬다면 훌륭한 정치인이 되는 거지."

니체의 철학에서부터 시작된 그 분의 말씀은 한국 정치에 대한 신랄한 비판으로 이어졌다.

"정치는 그 사회의 발전 수준을 보여주는 지표라고 할 수 있어. 그런데 우리나라 정치는 어때? 국민들이 국회의원들을 '국해(害)의원'이라고 하고, 정치인이라면 벌레 보듯이 할 만큼 우리나라 정치는 후진적이지. 결국 그건 아직 우리 사회도 그만큼 여전히 후진적이라는 얘기지."

정치를 하기 위해서는 반드시 정치외교학을 전공해야 된다고 생각했던 단순한 생각에도 일침을 가하셨다.

"한국 사회에서 정치를 한다는 것이 무슨 의미인지 생각해본 적 있니? 지금 국회의원들을 봐봐. 정치인이라고 해서 정치학과를 나온 사람은 거의 없어. 대부분 법대를 나온 변호사 출신이거나 의사 출신, 사관학교를 나온 군인 출신들이야. 각자 자기의 전문 분야가 있다는 거야. 그렇지 않고 정치인이라는 한 길만 보고 살아간다면 결국 아무것도 이루지 못할 수도 있어."

현실 정치인이 정치와 정치인의 삶에 대해 내리는 냉정한 평가는 생각했던 것보다도 더 잔혹했다. 정치에 대한 얘기를 뒤로 한 채, 본격적으로 동아시아 공동체에 대해 대화를 나눴다. 그간 공부해왔던 자료와 작성했던 보고서들을 가방에서 꺼내 보여드렸다. 의원님은 메모를 해가며 한 장 한 장 꼼꼼히 읽어내려 갔다.

"그래, 사실 나도 동아시아 공동체에 꽤 오랫동안 관심을 가져왔어. 우리나라의 가장 핵심적인 문제가 통일과 동북아 정세 전략인데, 그런 장기적인 외교 전략이 부재한 상태야. 나도 그 대비책으로 동아시아 공동체가 가장 이상적인 방안이라는 생각을 해왔고."

이처럼 나와 비슷한 생각을 하는 정치인들과 전문가들이 하나둘 있다는 것을 알게 되면서 그 존재 자체만으로도 힘이 되었다. 그러나 현실에서 문제를 다룰 때는 조금은 더 신중해야 한다고 했다.

"하지만 동아시아 공동체는 문화적인 화합만으로는 어려울 수도 있어. EU만 봐도 2차 세계대전이라는 외부적인 쇼크가 있었기 때문에 통합이 가능했거든. 게다가 동아시아의 핵심적인 문제인 남북관계가 정상화되지 못하면, 여전히 동아시아는 화약고 같은 곳이지. 동아시아 공동체는 이렇게 여러 가지 복잡한 문제들이 결합된 하나의 거대한 담론이야. 이 문제를 해결하려면 오랜 기간의 공부와 고민이 필요해."

내심 단기간 동안 많은 성과를 내려고 했던 나의 연구방식을 경계하는 듯했다. 마치 내 속을 훤히 들여다보고 있는 것 같았다.

"부산의 쇠퇴에 대해서는 어떻게 생각하세요?"

"나도 너처럼 부산의 미래가 물류산업에 달려 있다고 생각해. 충분히 희망적인 건, 얼마 전에 온난화로 북극의 빙하가 녹기 시작하면서 북극으로 배가 다닐 수 있는 북극권 항로가 열리고 있다는 거지. 기반만 갖춰진다면 자연스럽게 부산항이 아시아의 물류 허브로 거듭날 수 있어."

오랜 대화가 두 시간 넘도록 이어졌다.

"지금 대한민국에 필요한 사람은 국제적인 감각과 개혁적인 의지를 가진 사람이야. 통일과 동아시아 공동체에 대비하고, 지방 분권이나 교육 제도 같이 기성 정치권이 해결하지 못한 문제를 풀어갈 지도자 말이야. 그러고 보니, 승우 군이 그런 사람이 될 재목이구만."

"아닙니다. 과찬이십니다."

의원님은 마지막으로 진심이 담긴 조언을 남겨주셨다.

"훌륭한 지도자가 되려면 스스로 먼저 행복하고, 안정된 삶을 찾아야 한다는 게 내 마지막 조언이다."

"네, 깊이 새겨두겠습니다."

감사의 인사를 드린 후 시청을 나오며 스스로에게 물었다.

'30년 후, 나에게도 지금의 나와 같은 10대의 청소년이 찾아왔을 때, 이렇게 좋은 조언과 격려를 해줄 수 있을까?'

희망하는 학교, 학과의 홈페이지를 공략하라

어떤 입시전문가가 나의 자기소개서를 보고 이런 말을 했다.

"동아시아 공동체 연구는 전략적인 측면에서 '신의 한 수'였다."

서울대학교 외교학과에 진학하겠다고 결심한 이후 내가 가장 먼저 했던 일이 무엇이었을까? 서울대학교 외교학과 홈페이지를 구석구석 뒤져보고, 외교학과 교수님들이 쓴 글과 논문, 책들을 두루 살펴보는 것이었다. 그 결과 나는 당시 외교학과 교수님들의 중요한 관심사가 '동아시아 공동체'이고, 실제 외교학과 교수님들이 함께 집필한 《동아시아공동체 : 신화와 현실》이라는 책을 찾을 수 있었다. 덕분에 내가 가지고 있던 꿈과 비전과도 밀접한 '동아시아 공동체'를 나의 소논문 주제로 선정하는 것이 입시에서 전략적으로도 바람직하다고 생각했다. 당연히 대학교수들은 자신들의 가장 큰 관심사를 공부하는 학생에게 호기심이 생기지 않겠는가. 그런 면에서 나의 연구는 '동아시아 공동체'라는 주제만으로도 좋은 평가를 받았을 것이다.

따라서 소논문 작성과 같은 개인 과제 연구를 하고 싶지만, 특별히 어떤 주제를 선택해야 할지 망설이고 있는 학생들은 가고자 하는 학교, 학과의 홈페이지에 들어가 교수님들이 쓴 글과 책들을 간단하게라도 한번 살펴보라. 그 교수님들이 바로 여러분들을 직접 평가하고 선발하는 사람들이다. 교수님의 이름을 직접 포털사이트에 검색해보면 뉴스, 기사, 논문 등 더 많은 자료들을 얻을 수 있다. 그리고 그로부터 교수님들이 어떤 분야에 가장 큰 관심을 가지고 있는지 파악하고, 그에 맞추어 세부적인 주제를 선택하라. 주제 선정을 하면서 아래의 사항들을 함께 고려하면 더욱 좋다.

나만의 창의적인 해답을 제시할 수 있는가?

당시 학계에서는 '동아시아 공동체'를 이루기 위한 다양한 방안이 제시되고 있었다. 그만큼 나만의 창의적인 방안을 제시할 수 있는 여지가 컸다. 정답이 정해져 있는 연구가 아니었기 때문에 나만의 해답과 그에 대한 타당성을 제시한다면 충분히 가치 있는 연구가 될 수 있었다. 따라서 나는 '동아시아 물류공동체'라는 창의적인 방안을 나름대로 생각해냈고, 그 방안을 창의적인 방법으로 연구하며 타당성을 검토했다.

학생부종합전형에서는 학생이 얼마나 완성된 역량을 가지고 있느냐가 아니라 얼마나 창의적인 사람으로 성장할 수 있는지 그 잠재력을 평가한다. 그러므로 창의적이고 개성 있는 연구 주제를 선정해야 좋은 평가를 받을 수 있다.

연구 방법의 적절성을 고려하라

내가 최종적인 연구 주제로 선정한 '동아시아 물류공동체의 실현방안'은 활동적인 탐구를 하기에 굉장히 적합했다. 당연히 이론적인 분석과 깊이 있는 연구가 가장 중요하다. 그러나 내게 주어진 조건에서 교수님들에게 어필할 만큼 깊이 있는 학문적인 연구를 하는 것은 불가능했다. 공부하기에도 부족한 시간을 쪼개 열정을 보이겠노라고, 몇 장을 읽는 데도 몇 시간이나 걸리는 논문을 오래 붙잡고 있기에는 치러야 할 기회비용이 너무 컸기 때문이다.

그것보다는 활동적인 탐구방법을 통해 최소한의 시간과 비용으로 나의 열정을 보여주는 것이 더 효과적인 방법이었다. 그렇기 때문에 최소한으로 필요한 도서와 논문만을 찾아 읽고, 나머지 시간에는 직접 발로 뛰며 탐구하는 방법을 선택했다. 덕분에 책에서는 얻을 수 없는 유익한 경험을 하며 이 주제를 탐구하기 위한 나의 열정과 노력을 입학사정관들에게 효과적으로 보여줄 수 있었다.

8장

자소서와 면접으로
나의 가치를 증명하다

당신의 마음에 위대한 생각들을 품어라.
영웅이 되려면 영웅처럼 믿어라.

— 벤저민 디즈데일리

수능 공부 vs 수시 준비

남아공 월드컵이 다가오고 있던 2010년의 3월, 어느덧 나에게도 고3이라는 무거운 짐이 지워졌다. 고3이라는 무게감은 1, 2학년 때 느꼈던 것과는 차원이 달랐다. 내신은 물론이고, 수능 대비 모의고사가 한 달에도 네댓 번씩 치러졌다. 그래서인지 교실에서 2학년 때의 산만하고 여유 넘치던 분위기는 조금도 찾아볼 수 없었다. '3월 모의고사 성적이 곧 수능 성적이다'라는 선생님의 엄포 때문에 친구들은 더욱 예민해졌고 교실에는 온종일 적막만이 흘렀다. 점심시간이나 저녁시간에 꼭 축구를 하러 나가던 녀석들도 그 시간에 책을 붙잡기 시작했다. 이런 분위기 탓인지 수능에 대한 나의 태도도 조금씩 달라졌다.

그간 나는 많은 사람들에게 '꿈'과 '입시' 두 마리 토끼를 모두 잡을 수 있다고 장담했었다. 여러 후배들 또한 그런 나를 보며 나와 같은 길을 택했다. 그런데 내가 만약 목표했던 서울대에 가지 못한다면 내가 큰 소리 쳤던 말들은 '허풍'으로 전락하고 나와 같은 길을 선택한 후배들에게도 책임지지 못할 말을 한 게 되는 셈이었다. 특기자전형에 자신은 있었지만, 당시 서울대 입시에서 절반 가까이를 차지하던 정시 또한 포기할 수는 없었다. 플랜 B로 수능 또한 철저히 준비한다는 것이 내 계획이었다.

하지만 임기가 3학년 1학기까지인 학생회장 업무에, 2학년 때 벌여놓은 많은 활동들을 하나둘씩 정리하느라 눈 코 뜰 새도 없었다. 게다가 2학년 때 공부시간이 다소 부족했던 만큼 남들보다 해야 할 공부도 더 많았다. 그러다 보니 어떤 날은 하루에 열다섯 시간씩 공부를 했다. 그럼에도 나의 3월 모의고사 성적은 참담했다. 고3 3월 모의고사가 끝나고 적어놓았던 일기장의 한 페이지는 당시의 '참상'을 적나라하게 보여준다.

> 2010년 3월 26일.
> 3월 모의고사. 수리영역 점수는 82점…… 이제는 물러설 곳이 없다. 축구에 낭비할 시간조차 없다. 내가 다시 한 번 축구를 하면 내 손으로 직접 내 발톱을 하나씩 모조리 뽑아버리리라.

그 날 이후로 축구화를 쓰레기통에 버림으로써 축구와 결별했다. 3월 모의고사를 치르고는 두 달 동안 1, 2학년 때 공부했던 책들을 모두 꺼내 다시 읽어보고, 개념이 부족한 부분은 단기 인터넷 강의를 수강하며 보충해나갔다.

그렇다고 수능에만 집중할 수 있던 것도 아니었다. 특기자전형을 준비하는 데도 많은 시간을 투자해야 했다. 2년간 여러 활동을 하면서 활동 기록과 자료들을 나름대로 정리해두었는데, 막상 쓰려고 보니 미흡한 부분이 많았다. 그러다 보니 자료를 다시 정리하고, 빠진 부분을 채워넣는 데 오랜 시간이 걸렸다. 또한 전형에 필요한 갖가지 서류를 준비하는 일도 쉬운 일이 아니었다. 자기소개서와 포트폴리오를 준비하기 위해 아침 저녁으로 한 시간씩 잠을 더 줄였고, 서너 시간만 잔 날이 허다했다. 호실 앞의 연등실 한 칸은 아예 나의 자료들과 책들이 널부러진 혼자만의 작업실이 되어버렸다. 이처럼 수능 공부와 수시 준비를 병행하다 보니, 3학년 때는 365일 내내 고되고 바빴다. 그러나 일 년만 열심히 보내면 지난 2년의 노력이 결실을 맺을 수 있었고 내가 옳았음을 증명할 수 있었다. 지독한 피로 속에서도 이 생각 하나로 하루하루를 버텨나갔다.

한 편의
광고 만들기

특기자전형에서는 앞서 말했듯 크게 네 가지의 서류가 필요했다. 자기소개서, 학교생활기록부, 추천서, 그리고 포트폴리오였다. 그 중에서도 가장 심혈을 기울였던 것은 당연히 자기소개서였다.

> 자기소개서와 추천서는 '결과'에서 보여주지 못하는 '과정'에서의 우수성을 보여줄 수 있는 서류입니다.
>
> – 〈서울대학교 2016학년도 학생부종합전형 안내〉 중에서

이처럼 학생의 비전과 꿈, 그리고 그것을 이루기 위해 시도했던 노력의 '과정'을 가장 잘 보여줄 수 있는 것이 자기소개서였다. 잘 작성된 자기소개서는 실제 결과물의 가치를 200%로 끌어올려줄 수 있는 좋은 기회였다. 쉽게 말해, 아무리 좋은 상품을 만들더라도 그 상품이 어떤 가치를 지니고 있는지 잘 보여줄 수 있는 '좋은 광고'가 만들어지지 못하면 그 상품의 가치가 빛나지 못하는 것과 같다.

나는 이런 각오로 자기소개서를 2학년 때부터 계속 준비해오고 있었다. 뛰어난 '스펙'이 아닌 나만의 '스토리'로 승부를 볼 셈이었으므로, 나의 비전과 전공에 대한 열정, 그리고 여러 활동들을 한 편의 글로 잘 엮어내야 했다. 주절주절 모든 이야기들을 쓸 수 있었다면 좋겠지만, 분량 제한이 있었으므로 그럴 수도 없는 노릇이었다. 그만큼 취사선택을 통해 쓸 거리를 간결하게 정리하고, 그것을 최대한 압축해 효과적으로 표현하는 것이 중요했다. 그래서 나의 지원동기와 전공에 대한 열정을 동시에 보여줄 수 있는 소재를 찾기 위해 수십 권의 책을 뒤적이기도 했다.

1년간 100번도 넘게 쓰고 지우고를 반복하고, 완성한 글도 몇 번이고 쓰레기통에 집어던지며 계속 자기소개서를 새로 써나갔다. 또한 글을 쓸 때마다 부모님과 선생님, 친구들에게 보여주며 지속적으로 피드백을 받았다. 그렇게 2학년 때부터 작성하여 완성한 자기소개서만 해도 어림잡아 50편이 넘었다. 끊임없이 여러 소재를 적용해보고, 나만의 스토리를 최대한 간결하게 정리한 뒤, 거기에 철학적 개념까지 덧붙이면서 마침내 특별한 자기소개서를 만들었다. 자기소개서는 결국 특기자전형 접수 마감 하루 전날에서야 최종완성을 했다.

1. 지원동기와 진로계획을 중심으로 우리 대학교가 특기자전형에서 지원자를 선발해야 하는 이유에 대하여 기술하여 주십시오.
   ▶ 띄어쓰기를 포함하여 1,000자 이내로 작성해야 합니다.

이토 히로부미가 일본에서 가장 존경받는 정치가임에도 불구하고 당시 일본인들 사이에서 안중근 옹호론이 제기되었고, 지금도 일본을 비롯한 세계의 사람들이 안중근을 존경한다는 이야기를 들었습니다. 그들이 '암살범'에 불과할 법한 안 의사를 존경하는 이유가 궁금했습니다. 3개월의 고민 끝에 그 답으로 철학 동아리를 하면서 접해보았던 칸트의 공통감을 떠올렸고, 안 의사의 의거가 평화를 향한 사람들의 공통감과 통했기에 공감을 얻었다는 생각을 했습니다. 저는 이 공통감에서 동아시아 연대의 가능성을 보았습니다.

저는 정치외교 동아리 활동을 하면서 한반도 통일을 위해 동아시아 통합을 이루겠다는 꿈을 가졌습니다. 그래서 서울대학교 하영선 교수님의 '동아시아 공동체'를 읽었고 동아시아 통합의 효과적인 방안이 동아시아 공동체라고 생각했습니다. 그러나 동아시아 사람들의 배타적인 정서가 공동체 형성에 걸림돌이 되고 있습니다. 이 한계를 극복하고 국가간의 교류, 협력 기반을 조성하여 동아시아인들의 공통감을 끌어내는 것이 정치외교학의 역할이라고 생각합니다. 저는 정치외교학을 공부하여 동아시아의 문화교류를 지원하는 NGO를 만들고, 동아시의 통합을 주도하는 정치지도자가 될 것입니다.

그 꿈을 위해 통합되는 정치외교학부에 진학하여 전공준비과정에서 의사소통을 위해 중국어, 일본어를 공부하고, 국제정치학개론, 정치학원론 등을 수강하여 정치외교학의 기반을 다질 것입니다. 그리고 칸트철학과 '영구평화론', 안중근의 '동양평화론'을 공부하고, '공통감'을 증명하는 생물학 연구를 공부하면서 인문학과 자연과학의 조화로운 소양을 기를 것입니다. 전공과정에서는 동아시아 국제정치론을 공부하고 이상주의와 공통감의 연계성을 토대로 동아시아 공동체의 방안에 대해 연구를 해보고자 합니다. 그리고 봉사활동으로 서울대학교의 친구들과 함께 중국,

동남아 신부들에게 한글을 가르쳐주면서 동아시아인들과의 교류경험을 쌓을 것입니다.

저는 서울대학교에서 열심히 공부하여 안중근 의사가 꿈꾸었던 동아시아의 화합을 이뤄낼 것입니다.

2. 학업능력이나 특기능력을 중심으로 지원 모집단위와 관련하여 어떻게 노력해 왔는지 기술하여 주십시오.

  ▶ 띄어쓰기를 포함하여 1,000자 이내로 작성해야 합니다.

정치외교학에 대한 특별한 열정으로 2학년 때 교내에 정치외교 동아리를 창설하여, 정치외교학에 관한 토론과 발표활동을 주말마다 했습니다. 또한 외부활동이 어려운 상황에서 정치외교에 관심있는 전국의 학생들을 모아 청소년 정치외교 단체 유패드를 창설하고 외교관 초청강연, 북핵문제 전국 대토론회, 외교부 방문 등을 기획했습니다. 그 결과 유패드는 최우수 학습동아리 상을 받았고, 20여 개 고교 약 700명이 참가할 정도로 성장했습니다.

동아시아 통합을 이루고자 동아시아에 관한 다양한 독서를 토대로 한국의 동아시아 정책에 대해 국회의원, 시의원님과 면담을 나눴습니다. 물류공동체 등의 통합방안에 대해 연구하고자 일본 간사이지역을 부산과 비교탐방하고 현대중공업, 대한항공, 동부운송 등의 기업에서 견학과 면담을 하였습니다.

학생회장으로서 축제기획, 학생대의원회 운영을 통해 소통의 리더십을 배웠습니다. 인권문제에 대한 관심으로 2학년 때 앰네스티 동아리 대표로서 160명 중 110명의 후배들이 동아리에 지원할 만큼 활동을 활성화시키고 인권보고서 발간, 빈곤퇴치 캠페인 등을 통해 친구들의 국제사회의 어려운 사람들에 대한 관심을 높이고자 했습니다.

봉사활동으로는 1년간 친구들과 학습멘토링을 하면서 4학년 동민(가명)이가 어려운 환경을 딛고 과학자의 꿈을 이룰 수 있도록 학습지도를 해줬습니다(전국중고생자원봉사대회 수상). 또한 헌 책을 수집/판매하여 100만 원의 성금을 독거노인 세 분께 전달하고, 친구들이 독거노인 말벗 되기 봉사활동을 할 수 있도록 주도적으로 기획하고 참여했습니다. 이 활동을 바탕으로 충남교육감 바른품성 학생 표창을 받았습니다. 3학년 때는 귀성 때마다 해운대구 어르신의 집을 방문하여 치매를 앓으시는 유정화 할머니의 말동무가 되어드렸습니다.

4. 다음 주제 중 자신에게 해당하는 주제를 골라 구체적으로 기술하여 주십시오.
   (1) 특별한 성장과정이나 가정환경(생활여건 등)
   (2) 고등학교 시절 겪었던 어려움이나 좌절과 그것을 극복하기 위한 노력
   (3) 지금까지 가장 의미 있었던 경험(고교 재학기간이 아니어도 됨)
   ▸ 띄어쓰기를 포함하여 1,000자 이내로 작성해야 합니다.

저는 서울대학교에 진학하여 총학생회장에 도전하겠다는 목표를 가지고 있습니다. 총학생회장이 되어 사회의 리더가 될 학생들과 함께 공통감의 가치를 나누고 싶습니다. 제게 공통감의 가치를 느끼게 해준 하나의 경

험이 있습니다.

저는 학생회장으로 작년 8월 학교 축제를 한 달간 열심히 준비했습니다. 저희 학교는 인근학교의 학생들을 주관객으로 공연이 이루어지는데 축제 7일 전 인근학교에 신종플루 환자가 발생했다는 소식에 학교 선생님들은 축제를 취소해야 한다고 하셨습니다. 학교의 결정에 학생들은 반발하여 심각한 대립상황에 놓였습니다. 저는 학생들의 건강을 우선시하는 선생님이나 1년간의 준비가 무산된 학생들 모두 이해할 수 있었습니다. 학교와 학생 모두 상대방의 입장에서 생각해보는 공통감을 끌어낼 수 있다면 양보와 타협이 가능할 것이라 생각했습니다.

저는 그 공통감을 바탕으로 양보와 타협을 끌어내고자 먼저 학생들에게 우리의 건강이 우선인 학교의 입장을 이해하자고 설득했습니다. 처음엔 제게 '하수인'이라는 말을 할 정도로 반발하던 학생들은 거듭된 저의 설득에 학교의 상황을 이해하게 되었습니다. 게임대회를 비롯한 다양한 콘텐츠를 계획하여 학생들로부터 양보를 얻을 수 있었습니다. 학교 선생님들께는 학생들의 노력을 이해해달라고 말씀드리면서 선생님들의 적극적인 참여가 가능한 프로그램 계획을 제시하여 교내 구성원들만의 축제 개최에 동의를 얻어냈습니다.

축제는 외부 방문객들 없이도 성공적으로 개최되었고, 사제지간의 어울림의 장이 되어 우호감 형성에 큰 기여를 했습니다. 학교와 학생들간의 대립상황을 사제지간의 어울림의 장으로 만들 수 있었던 것은 '공통감'의 가치 덕분이라고 생각합니다. 학생과 학교가 서로의 입장을 이해하는 것으로부터 양보가 가능했기 때문입니다.

위와 같은 경험을 통해 깨달은 '공통감'의 가치는 제가 대학에서 뛰어난 학생들과 더불어 수학하는 데 중요한 바탕이 될 것이고, 훗날 정치지도자로서 사회의 대립을 조화롭게 해결하는 데 많은 보탬이 될 것입니다.

자기소개서만큼이나 중요한 학교생활기록부와 추천서 또한 신경 쓰지 않을 수 없었다. 우선 중요도로만 따지면 자기소개서보다 학교생활기록부가 더 중요하다고 생각했기 때문이다. 자기소개서는 스스로 자신에 대해 서술하는 글이다. 그러므로 객관성보다는 주관적인 평가가 더 많이 개입된다. 따라서 평가자료로서의 객관성은 다소 떨어질 수밖에 없었다.

하지만 학교생활기록부와 추천서는 다르다. 대학에서는 가장 신뢰하는 것이 학교 선생님이다. 그렇기 때문에 그들이 작성한 학교생활기록부와 추천서에 대한 신뢰도 역시 크다. 특히 학교생활기록부 같은 경우에는 결과상의 수치와 함께 3년간 여러 선생님들의 평가가 담겨 있기 때문에 그보다 객관적이고 종합적인 평가자료는 없었다. 실제 입학사정관이 자기소개서와 포트폴리오에서 아무리 좋은 내용을 발견해도, 학교생활기록부에 혹은 추천서에 그 내용이 들어 있지 않다면 그것은 평가자료로 활용되지 못한다는 것이다. 더욱이 학교생활기록부가 가장 중요하다는 사실은 5년이 지난 지금의 '학생부종합전형'이라는 이름에서도 쉽게 알 수 있다.

그러나 학교생활기록부와 추천서의 맹점은 그것을 작성해주는 선생님들이 학생에게 아무리 큰 관심을 가지더라도 학생의 일거수일투족을 모두 알 수는 없다는 것이다. 따라서 학교생활기록부와 추천서를 작성하는 선생님과의 주기적인 면담도 나의 고등학교 생활에서 중요한 일과였다. 또한 기록부에 선생님의 의견을 적을 때 나의 생각과 활동을 제대로 이해하실 수 있도록 포트폴리오를 요약한 자료들을 선생님에게 보여드리기도 했다.

그 결과, 나의 학교생활기록부에는 다른 학생들보다도 훨씬 다양하고 상세한 기록들이 담기게 되었다. 대표적인 예로, 다른 학생들은 크게 신경을 쓰지 않으며 별다른 목적 없이 작성했던 '독서활동 상황'에는 정치외교학에 대한 나의 열정이 고스란히 담겼다.

한반도의 미래에 대해 탐구하기 위해 토일과 국제정치학, 동아시아 정세, 미·중·일 국가들의 외교정책에 관련된 심도 있는 책과 논문들을 꾸준히 읽으며 독서록을 작성함.

영구평화론(임마누엘 칸트), 네트워크 지식국가(하영선, 김상배), 변환의 세계정치(하영선, 남궁곤), 한반도 통일과 중국(문대근), 전쟁중독―미국이 군사주의를 차버리지 못하는 진정한 이유(조엘 안드레아스), 다극화체제, 미국 이후의 세계(김애화 외), 근대일본의 국제질서론(사카이 데쓰야), 한반도 시나리오(정욱식), 중화사상과 동아시아―자기최면의 역사(이희진), 메이지유신―현대일본의 출발점(장인성), 마오의 중국과 그 이후1(모리스 마이스너), 협력에서 공동체로(박사명 외), 하나의 동아시아(박번순), 빈곤의 종말(제프리 D. 삭스), 제3의 길(엔서니 기든스), 동아시아의 지역질서―제국을 넘어 공동체로(강진아), 동아시아 안보공동체(한용섭), 우리가 몰랐던 동아시아(박노자), 동아시아의 전쟁과 평화1(이삼성), 동아시아의 역사분쟁(이찬희), 동아시아 국제관계와 한국(국제관계연구회), 우리 통일 어떻게 할까요(강만길), 신세대를 위한 통일 이야기(차종환), 한반도식

통일 현재진행형(백낙청), 중국 읽어주는 남자(박근형), 중국이라는 거짓말(기 소르망)

논문 – 일본의 21세기 동맹전략: 권력이동, 변환, 재균형(손열), 21세기 중국의 동맹정책: 변화와 지속(조영남), 21세기 러시아의 동맹·우방 정책의 변화와 전망(신범식), 21세기 미국의 동맹질서 구상: 역사를 통한 조망(마상윤), 동맹의 역사(전재성), Kidnapping Politics in East Asia(Richard J. Samuels), Politics that Constrains: The Logic of Fragmented Regionalism in East Asia(Saori N. Katada)

나의 활동기록을 보여줄 수 있는 포트폴리오를 만드는 데도 많은 시간을 들였다. 자기소개서나 학교생활기록부에 3년간의 모든 기록을 담을 수 없었기 때문이다. 포트폴리오에는 자기소개서와 학교생활기록부에서 볼 수 없는 사진과 활동에 대한 간단한 리뷰를 적어 넣음으로써 앞의 서류들에 대한 신뢰성을 높였다.

포트폴리오에 관한 비극적인 에피소드가 하나 있다. 포트폴리오를 준비하면서 나는 기숙사 호실 앞 연등실에 각종 자료들을 놓고 다니곤 했다. 그런데 어느 날 저녁에 돌아와서 보니, 그 자리에 있어야 할 동아시아 공동체 연구 관련 포트폴리오들이 모두 사라져 버렸다. 3개월 단위로 모아놓았기 때문에 잃어버리면 세 달 간의 노력이 모두 물거품이 될 터였다. 어릴 때부터 지갑이나 소지품을 잃어버린 적이 하도 많아서 뭘 잃어버려도 대수롭지 않게 생각하고 넘어가던 나였다. 하지만 이번엔 잠까지 줄여가며 모아놓은 파일이 사라지다 보니 눈앞이 깜깜해졌다.

다음날 새벽까지 온 기숙사를 헤매고 다녔지만, 파일은 찾을 수 없었다. 그 다음 날에도 교실부터 온 학교를 뒤지고 다녔지만 흔적조차 볼 수 없었다. 마지막으로 나는 기숙사 청소 아주머니를 떠올렸다. 짐작컨대, 아주머니가 버리는 것인 줄 알고 연등실을 치우면서 쓰레기들과 함께 쓰레기봉투에 버렸을 가능성이 가장 컸다. 나는 학교의 모든 쓰레기들을 모아놓는 쓰레기장으로 향했다. 쓰레기장에는 교실은 물론 학교의 모든 화장실들에서 나온 쓰레기들까지 섞여 있었다. 그러나 3개월 동안 잠도 못 자며 만든 것을 생각하면 그런 건 아무것도 아니었다.

고무장갑을 끼고 30평 남짓한 쓰레기장을 뒤졌다. 그때 내가 뜯어본 쓰레기봉투만 해도 백 개는 족히 넘었을 거다. 화장실 휴지부터 먹다 버린 컵라면까지 온갖 쓰레기들의 역겨운 냄새를 맡아가며 쓰레기장을 이 잡듯 뒤졌지만 끝내 찾을 수 없었다. 이 날 이후 내게는 '내 물건은 내가 잘 챙기자'라는 또 다른 인생의 좌우명이 생겼다.

한 달에 한 번은 교무실의 문을 두드려라

대학에서는 학교 선생님의 평가를 굉장히 신뢰한다. 그 중에서도 학생을 가장 가까이서 지켜본 담임선생님의 기록을 가장 신뢰한다. 그래서 대학에서는 실제로 추천서를 쓸 때도 되도록 담임선생님이 작성할 것을 권유한다. 또한 중요한 것은 '학생부종합전형'이라는 이름에서 알 수 있듯, 학생부종합전형의 가장 중요한 평가 서류는 자기소개서도, 추천서도 아닌 학교생활기록부이다.

따라서 학교생활기록부와 추천서를 적는 담임선생님과 주요 교과를 담당하는 선생님들에게 학생 자신이 어떤 꿈과 생각을 가지고 있고, 어떻게 공부하고 있으며, 어떤 창의적 체험활동, 독서활동 등을 하고 있는지 적어도 한 달에 한 번씩은 적극적으로 알려야 한다. 그래야만 선생님들이 학생에 대한 좀 더 세세하고 정확한 정보들을 토대로 학교생활기록부와 추천서를 작성할 수 있다. 참고로 교육부 홈페이지에서 '학교생활기록부 기재요령'을 검색하면 학교생활기록부에 관한 좀 더 자세한 정보를 얻을 수 있다.

자기소개서를 구성하는 5가지 필수요소와 3가지 작성원칙

1. 고등학교 재학 기간 중 학업에 기울인 노력과 학습 경험에 대해, 배우고 느낀 점을 중심으로 기술해 주시기 바랍니다. (1,000자 이내)

2. 고등학교 재학 기간 중 본인이 의미를 두고 노력했던 교내 활동을 배우고 느낀 점을 중심으로 3개 이내로 기술해 주시기 바랍니다. 단, 교외 활동 중 학교장의 허락을 받고 참여한 활동은 포함됩니다. (1,500자 이내)

3. 학교생활 중 배려, 나눔, 협력, 갈등 관리 등을 실천한 사례를 들고, 그 과정을 통해 배우고 느낀 점을 기술해 주시기 바랍니다. (1,000자 이내)

4. 고등학교 재학 기간(또는 최근 3년간) 읽었던 책 중 자신에게 가장 큰 영향을 준 책을 3권 이내로 선정하고 그 이유를 기술하여 주십시오.
   ▶ '선정 이유'는 각 도서별로 띄어쓰기를 포함하여 500자 이내로 작성
   ▶ '선정 이유'는 단순한 내용 요약이나 감상이 아니라, 읽게 된 계기, 책에 대한 평가, 자신에게 준 영향을 중심으로 기술

서울대학교의 2016학년도 수시모집의 자기소개서 공통양식이다. 다른 대학의 자기소개서 또한 핵심내용은 큰 차이가 없다. 어떤 대학의 자기소개서 양식이든 간에, 자신만의 스토리를 담아내는 훌륭한 자기소개서가 되기 위해서는 아래의 5가지 요소들이 3가지의 작성원칙에 따라 작성되어야 한다. 앞에서 제시했던 나의 자기소개서를 참고하며 읽어보라.

자기소개서를 구성하는 5가지 필수요소

① 꿈과 비전

예 : 저는 정치외교 동아리활동을 하면서 한반도 통일을 위해 동아시아 통합을 이루겠다는 꿈을 가졌습니다. 그래서 서울대학교 하영선 교수님의 '동아시아 공동체'를 읽었고 동아시아 통합의 효과적인 방안이 동아시아 공동체라고 생각하였습니다. ……저는 정치외교학을 공부하여 동아시아의 문화교류를 지원하는 NGO를 만들고, 동아시아의 통합을 주도하는 정치지도자가 될 것입니다.

⋯▸ 자기소개서의 모든 내용이 꿈과 비전과 연계되어야 한다. 자신이 가진 꿈과 비전을 밝힐 때는, 추상적인 것보다는 최대한 구체적이고 행동가능한 것으로 제시해야 한다.

② 자기주도 학습 사례

예 : 정치외교학에 대한 특별한 열정으로 2학년 때 교내에 정치외교 동아리를 창설하여, 정치외교학에 관한 토론·발표활동을 주말마다 하였습니다. 또한 외부활동이 어려운 상황에서 정치외교에 관심 있는 전국의 학생들을 모아 청소년 정치외교 단체 유패드를 창설하고 외교관 초청강연, 북

핵문제 전국 대토론회, 외교부 방문 등을 기획하였습니다. 그 결과 유패드는 최우수 학습동아리 상을 받았고, 20여 개 고교 약 700명이 참가할 정도로 성장했습니다.

···▶ 동아리활동이든 독서활동이든 꼭 교과과목과 관련되지 않더라도 자기주도적으로 공부한 사례는 어떤 것이든 좋다. 다만 어떤 방식과 과정으로 자기주도 학습을 하였고, 그 성과는 어떠했는지 구체적으로 제시해야 한다.

③ 전공에 대한 열정 사례

예 : 물류공동체 등 실제방안을 모색하는 과정에서 일본의 오사카, 고베, 부산을 탐방하여 비교 조사해보았습니다. 또한 그 과정에서 인도네시아 대사님을 비롯한 외교관님들의 강연을 듣고, 국회 기획재정위원장님, 부산시의회 행정문화위원장님, 대한항공 전 인도네시아 지사장님, 화물 본부장님 등을 직접 찾아 동아시아 통합에 관한 면담을 나누었습니다. 또한 부산항을 견학하고 물류전문가와 면담을 하였습니다.

···▶ 자기주도 학습과 겹치는 내용이 생길 수 있으나, 실질적으로 자신이 지원하는 모집단위와 관련하여 어떤 노력을 기울였는지 구체적으로 제시해야 한다.

④ 비전과 연계된 포트폴리오 활동

예 : 학생회장으로서 축제 기획, 학생대의원회 운영을 통해 소통의 리더십을 배웠습니다. 인권문제에 대한 관심으로 2학년 때 앰네스티 동아리 대표로서 160명 중 110명의 후배들이 동아리에 지원할 만큼 활동을 활성화

시키고 인권보고서 발간, 빈곤퇴치 캠페인 등을 통해 국제사회의 어려운 사람들에 대한 친구들의 관심을 높이고자 했습니다.

봉사활동으로는 1년간 친구들과 학습멘토링을 하면서 4학년 동민이가 어려운 환경을 딛고 과학자의 꿈을 이룰 수 있도록 학습지도를 해주었습니다. 또한 헌 책을 수집·판매하여 100만 원의 성금을 독거노인 세 분께 전달하고, 친구들이 독거노인 말벗 되기 봉사활동을 할 수 있도록 주도적으로 기획·참여했습니다.

···▶ 봉사활동, 리더십활동, 동아리활동 등 자신의 비전과 연계된 활동이라면 어떤 창의적 체험활동이든 좋다. 특히 그것을 통해 다른 사람들에게 자신이 어떤 영향을 끼쳤는지, 그것의 과정과 목적, 그리고 결과를 모두 구체적으로 기록해주는 것이 중요하다.

⑤ 대학에 진학하여 어떻게 자신의 꿈을 심화시켜나갈지에 대한 비전 제시

예 : 그 꿈을 위해 정치외교학부에 진학하여 전공 준비과정에서 의사소통을 위해 중국어·일본어를 공부하고, 국제정치학개론, 정치학원론 등을 수강하여 정치외교학의 기반을 다질 것입니다. 그리고 칸트 철학과 '영구평화론', 안중근의 '동양평화론'을 공부하고, '공통감'을 증명하는 생물학 연구를 공부하면서 인문학과 자연과학의 조화로운 소양을 기를 것입니다. 전공과정에서는 동아시아 국제정치론을 공부하고 이상주의와 공통감의 연계성을 토대로 동아시아 공동체 방안에 대해 연구를 해보고자 합니다. 그리고 봉사활동으로 서울대학교의 친구들과 함께 중국, 동남아 신부들에게 한글을 가르쳐주면서 동아시아인들과의 교류경험을 쌓을 것입니다.

···▶ 학생부종합전형에서 평가하고자 하는 중요한 요소가 학생의 '잠재력'

이다. 그렇기 때문에 대학에 가서도 어떻게 자신의 꿈을 심화시키고, 잠재력을 키워나갈지 제시하는 것이 중요하다.

자기소개서 작성의 3원칙

① 육하원칙에 맞추어 최대한 '구체적으로' 제시하라

앞서 말했던 5가지 필수요소들은 예를 통해 확인할 수 있듯이 모두 사례를 통해 제시되어 있다. 스토리는 구체적인 행동과 사례를 통해 구성되어야 한다. 따라서 자기소개서의 모든 항목을 작성할 때는 '누가, 언제, 어디서, 무엇을, 어떻게, 왜'라는 육하원칙에 최대한 가깝게 작성해야 한다.

② 어떤 사례든지 왜 했는지, 그리고 그것을 통해 무엇을 배웠는지 제시하라

육하원칙 중에서도 '왜'가 가장 핵심적이다. 무엇을 하든지 그것을 '왜' 하는지가 가장 중요하다. 아무리 뛰어난 사례와 성과를 가지고 있더라도 학생이 그것을 '왜' 했는지 명확하지 않다면 자기소개서를 읽는 사람에게는 무의미한 내용이 될 수밖에 없다. '왜' 했는지와 더불어 그 사례를 통해 무엇을 배웠는지까지 기재된다면, 사소한 일이라도 굉장히 의미있고 차별화되는 사례가 될 것이다.

③ 효과적으로 이야기할 수 있는 소재를 찾고, 명료한 메시지를 담을 수 있는 키워드를 선정하라

나는 자기소개서에서 크게 두 가지 소재를 통해 내가 가진 비전과 스토리를 엮어냈다.

첫째, '안중근 의사'. 일본에서조차 그를 존경하는 사람들이 있다는 도입부를 통해 그의 사상에 대한 이야기를 꺼냈고, 자연스럽게 '동아시아 통합'이라는 나의 꿈으로 이야기를 이어갔다. 이처럼 글 전체를 꿰뚫는 하나의 소재로 이야기를 시작한다면, 그 소재를 바탕으로 글에 하나의 흐름이 생기고, 모든 문장이 힘 있는 글이 될 수 있다.

둘째, 칸트의 '공통감'. '공통감'이라는 개념은 칸트의 〈판단력 비판〉에 등장하는 개념으로, 인간에게는 개개인의 주관적 판단을 넘어서 누구나 보편적으로 느끼고 생각할 수 있는 '공통감'이 있다는 것이다. 나는 이 개념을 자기소개서에 이용함으로써 내가 말하고자 한 '동아시아 통합'에서 문화의 중요성을 효과적으로 표현할 수 있었다. 또한 자기소개서 중 4번의 경험담을 적는 부분에서도, 이 개념을 다시 사용함으로써 나의 비전과 나의 경험이 연관성을 가지고 있음을 증명했다.

특히 '공통감'과 같이 철학에서 주로 사용되는 일반화된 개념들은 유용하게 쓰일 수 있다. 다양한 이야기와 개인적 경험에 쉽게 적용할 수 있고, 지원자가 가진 지적 성취를 보다 높은 차원에서 어필할 수 있기 때문이다. 따라서 자신의 비전과 이야기를 담을 수 있는 철학적 키워드를 찾아보는 것도 좋은 방법이 될 수 있다.

마지막
일주일의 노력

2011학년도 수능은 G20정상회의 개최로 인해 예정보다 일주일이 늦춰진 11월 18일에 치러졌다. 그로 인해 원래 수능시험일 저녁으로 예정되었던 특기자전형 1차 시험 결과가 수능을 일주일 앞두고 발표되었다.

수능시험 한 달을 앞두고도 EBS 문제집을 다 풀지 못했던 나는 정신없이 마지막 스퍼트를 올리고 있었다. 그렇게 발표일이 다가왔다. 긴장된 마음은 날이 갈수록 더해갔다. 발표일 오전부터는 식은땀까지 나면서 도무지 책이 손에 잡히질 않았다. 점심시간 후에는 나를 비롯해 특기자전형에 지원했던 대부분의 친구들이 긴장된 마음에 차마 교실에 들어가지 못하고 학교 주변을 서성이고 있었다.

그렇게 세 시간쯤 흘렀을까. 서울대의 자동응답기는 여전히 묵묵부답이던 그때, 교실 복도를 뛰어오는 제석이와 그 뒤를 따라 뛰어오는 문과 친구들의 모습이 보였다.

"조사, 한슬, 틱, 동영, 은준, 호용 너희 다 합격이래!"

"누가 그래? 아직 자동응답기에는 결과가 안 나온 것 같던데?"

"인터넷에 떴어! 축하해, 조사!"

제석이의 그 말 한 마디에 거기 있던 모든 친구들이 얼싸 안고 합격의 기쁨을 누렸다.

가장 먼저 부모님께 전화를 드렸다.

"엄마, 저 특기자 1차 붙었어요!"

"축하한다. 2차 시험에 가서는 꼭 네가 어떤 사람인지 보여주거라. 남은 수능시험 잘 준비하고!"

어머니는 예상보다 짧은 대답만을 하셨다. 최종합격도 아닌데 마음이 들떠 일주일 남은 수능시험을 앞두고 내가 흐트러질 것을 염려하셨기 때문이다. 그런 어머니의 마음을 더 잘 알기에 일단 남은 일주일간은 특기자전형에 대한 생각은 잠시 접어두고, 수능 마무리 준비에만 집중하자며 스스로에게 최면을 걸었다.

2011학년도 수능은 언어영역을 제외하고는 다소 평이하게 출제되었다. 언어영역을 평소보다 못 본 것을 제외하면, 그럭저럭 평소와 비슷한 성적을 얻을 수 있었다. 하지만 수능 결과에 연연할 시간이 없었다. 바로 다음 날부터 일주일 앞으로도 다가온 2차 시험을 준비해야 했다.

어떤 입시전문가가 이런 말을 한 적이 있다.

"서울대 특기자전형에서는 1차 서류전형만 통과하면, 서류전형의 점수는 최종합격에 큰 영향을 끼치지 않는다. 1차 서류전형 점수가 100점, 2차 논술, 면접 점수가 100점, 도합 200점이 총점이라면 1차 서류전형에서 합격자 중 최고 득점자와 최저 득점자의 점수 차는 5~10점 정도이다. 하지만 면접과 논술 점수는 0점부터 100점까지 점수 차의 폭이 매우 크다. 그런 만큼 논술과 면접이 굉장히 중요하다. 그 중에서도 면접관으로 서울대의 원로교수님들까지 참여하는 면접이 학생들의 실력 차가 크지 않은 논술보다 더 큰 영향을 끼친다."

여러 결과로 미루어볼 때 충분히 타당성 있는 주장이라 생각한다(서울대학교는 2012학년도 수시에서 논술평가를 폐지했고, 2015학년도에는 정시전형에서도 논술평가를 폐지했다).

수능이 끝난 다음 날, 서울대 특기자 1차전형에 합격한 20여 명의 친구들을 제외하고는 모든 친구들이 반 년 만에 그리운 집으로 갔다. 친구들이 집에서 3년 만에 처음으로 휴대폰을 사고, 가족들과 행복한 시간을 보내고 있을 때쯤, 학교에 남은 우리들은 지나간 수능을 잊고 일주일 남은 특기자전형 2차시험에 몰입하자는 의미로 광정리의 한 식당에서 작은 '삼겹살 파티'를 열었다.

"특기자전형에 붙으면 수능배치표는 볼 필요도 없어!"

"당연하지. 특기자전형만 끝나면 당장 스마트폰 산다!"

"스마트폰 가지고 되겠냐. 난 1월 1일 되면 주민등록증 이마에 붙이고 술집에 들어갈 거야!"

다른 친구들과 달리 여전히 자유를 누릴 수 없던 우리는 삼겹살로 마음을 달래며, 앞으로의 각오를 다졌다.

삼겹살 파티가 끝난 오후, 시내에 나가 책을 한 권 샀다. 하버드대 마이클 샌델 교수가 자신의 실제 강의를 바탕으로 쓴 《정의란 무엇인가》라는 책은 2010년 한 해 동안 한국 사회에 '정의'라는 화두를 던진 최고의 베스트셀러였다. 나는 그 해 엄청난 이슈가 되었던 책인 만큼 면접이나 논술에서 분명 관련된 문제가 나올 것이라고 생각했다. 그렇지 않다고 해도 칸트의 철학부터 롤즈의 '정의론'까지 논술시험에 단골로 등장했던 중요한 근현대 철학의 개념들을 다뤘기 때문에 도움이 될 것이라 생각했다. 이후 일주일 동안 논술과 면접을 준비할 때를 제외한 나머지 시간에 이 책을 읽으며 생각들을 정리했다.

본격적인 논술과 면접 준비는 우리들을 위해 학교에 남은 논술선생님, 배성규 국어선생님과 함께 준비해나갔다. 먼저, 논술 같은 경우는 1학년 때부터 수요일 저녁과 주말마다 학교 논술수업을 꾸준히 들어왔던 터라, 기존에 작성했던 답안들을 다시 보고, 기출문제들을 다시 풀어보는 방식으로 마무리했다. 그리고 이틀에 한 번씩, 논술선생님이 내준 예상문제들로 실전감각을 다졌다.

문제는 면접이었다. 평소 말을 잘한다는 얘기를 자주 들어왔지만, 심층면접에서 말을 잘하는 것과 주어진 문제에 대해 깊이 있는 대답을 하는 것은 다른 차원의 문제였다. 심층면접은 단순히 자기소개서의 내용을 묻거나 학생의 비전이나 개인적인 생각을 듣는 인성면접과는 다르다. 분명 주어진 문제에 어느 정도 맞는 답이 있고, 답변의 내용만큼이나 답을 찾아가는 학생의 통찰력과 논리력도 평가요소였다.

아니나 다를까. 기출문제를 보니, 학생의 논리 흐름을 잘 파악할 수 있도록 주어진 제시문과 표를 해석하고, 그 해석을 토대로 논리적 흐름에 따라 4단계 소문제들로 풀어놓았다. 이를 고려해 선생님과 우리들은 일주일간의 면접 준비에서 다음을 핵심포인트로 잡았다. '실전에서 어떤 문제가 나오든 어떤 교수님이 면접관으로 나오든 간에 당황하거나 긴장하지 않을 만큼 다양한 문제를 가지고 여러 상황의 시뮬레이션을 해보는 것.'

이를 위해 세 가지 방식으로 면접 준비를 진행했다. 먼저, 학교에 있던 모든 사회과목의 교과서들을 모았다. 정치, 경제, 법과 사회, 사회문화 그리고 한국지리, 세계지리, 역사지리. 이 교과서들에 수록된 중요한 도표들을 눈에 익히고, 그것들을 정확하게 분석하는 법을 공부했다.

두 번째로 그런 도표들을 토대로 선생님이 만들어준 예상문제를 노트 위에 푸는 연습을 했다. 실제 시험장에서도 면접장에 들어가기 전에 학생에게 시험지와 A4용지를 나눠 주고 30분의 시간을 준다. 그 30분의 시간동안 표를 해석하고, 제시문을 분석한 후 면접관에게 말할 내용들을 정리해야 했다. 면접 자체보다도 면접장에 들어가기 전 30분이 굉장히 중요하므로, 나는 이 30분을 대비한 연습을 한 것이다.

마지막으로, 실제 기출문제들을 가지고 선생님과 친구들이 지켜보는 가운데 실전처럼 시뮬레이션을 진행했다. 면접관들이 어떤 식으로 학생의 논리를 반박하고, 학생을 긴장시킬지는 아무도 예상할 수 없었기 때문에 모든 가능한 경우를 대비해 연습을 했다. 그래서 면접관의 입장과 면접을 보는 학생의 입장을 번갈아가며 맡아보았다. 서로의 답안은 물론, 면접할 때의 자세나 제스처, 말의 속도, 발음 등에 대해서도 상세히 지적해주며 부족한 점을 보충해나갔다.

마지막 날, 혹시 모를 인성 면접형 질문에 대비해 자기소개서와 학생기록부도 여러 번 읽어 숙지하는 정도로 준비를 마쳤다.

내 스토리의 진정한 가치를
증명하다

서울대 특기자전형 2차 시험은 이틀에 걸쳐 치러졌다. 첫째 날이 논술, 둘째 날이 면접이었다. 고1 때 구경삼아 온 이후로 두 번째로 오게 된 서울대학교 캠퍼스. 서울대 정문을 통과할 때는 만감이 교차했다.

'Veritas Lux Mea(진리는 나의 빛), 과연 내가 이 문구의 주인이 될 수 있을까.'

이틀간의 시험만 무사히 치른다면 나는 서울대의 일원 될 수 있었다.

어머니와 시험 전날 밤에 올라왔지만 이미 보름 전에 서울대 근처의 모든 숙박업소가 꽉 찬 상태라 방배동의 한 모텔에서 묵게 되었다. 그래서 차가 막힐지 모른다며 아침부터 서두른 탓에 예정시간보다 한 시간이나 일찍 시험장에 도착했다. 추운 날씨에 몸을 녹이기 위해 사회대 앞에 있는 카페에 들어갔다. 그곳엔 이미 많은 수험생들이 와 있었고, 어머니와 나는 한 수험생 친구와 그의 어머니 옆에 앉게 되었다.

"어디서 오셨어요?"

친화력이 좋은 어머니는 옆에 앉아 있던 수험생의 어머니에게 말을 걸었다.

"저흰 서울 대치동에서 왔어요."

"아, 좋은 동네에서 오셨구나. 저흰 부산에서 왔어요. 그래, 친구는 시험 준비 잘했어?"

화제를 수험생 친구에게 돌리셨다.

"아, 네. 학원에서 시키는 대로 했어요."

들어보니, 특기자 2차 시험 준비를 위해 일주일간 500만 원을 주고 논술, 면접 대비를 했단다. 굳이 그렇게까지 할 필요가 있는지 의구심이 들었다. 이런 저런 대화를 나누며 조금씩 친해질 무렵, 시험장에 들어갈 시간이라는 안내요원이 목소리가 들렸다. 그 친구와 나는 가방을 메고 사회대 본관으로 발걸음을 옮겼다.

"둘 다 시험 잘 봐서 입학하고 꼭 친구가 되기를 바란다."

어머니는 나와 그 친구의 선전을 기원하며 행운의 포옹을 해주셨다. 하지만 안타깝게도 그 친구는 학교 입학 후 사회대 어느 곳에서도 모습을 찾아볼 수 없었다.

시험장에 들어가니, 이미 은동이와 동영이를 비롯한 한일고 친구들도 자리에 앉아 있었다. 서로에게 마지막 격려를 건네고, 시험지를 받아들었다.

우리 시대에는 개인과 개인, 개인과 사회 간에 다양한 관심이 발생하며, 이에 따라 여러 관계들이 형성된다. 관심의 유형과 표출 방식은 개인과 개인, 개인과 사회 간의 관계뿐만 아니라……

'개인과 개인, 개인과 사회, 다양한 관심, 관계……' 이 단어들만 보아도 느낌이 왔다. 《정의란 무엇인가》를 선택했던 내 예상이 적중했구나.' 주어진 제시문을 읽으면 읽을수록 샌델 교수가 《정의란 무엇인가》에서 말했던 '공동체주의'가 출제자가 의도한 답과 밀접한 연관이 있다는 생각이 들었다.

'인간관계의 사물화 문제'를 다룬 제시문 (가), 2차 세계대전 당시 아우슈비츠 수용소에 끌려간 유대인의 이야기를 다룬 제시문 (나), 조지 오웰의 '1984'를 발췌한 제시문 (다), 염상섭의 소설 '삼대'에 등장하는 주인공 상훈과 부친의 갈등을 다룬 제시문 (라). 이 네 지문을 공부해왔던 대로, 두 번에 걸쳐 읽고 중요한 정보들 위주로 요약정리를 했다. 그러고는 (가)의 내용을 '돋보기' 삼아 (나), (다), (라) 제시문을 해석해나갔다. 마지막으로는 이를 해결하기 위한 방안으로, 처음부터 생각했던 것처럼 '공동체주의'를 토대로 나의 주장을 적어나갔다.

두 시간에 걸쳐 손이 아파올 정도로 몰입해 답안지를 작성하고 나니, 시험 종료까지 딱 3분이 남아 있었다. 부랴부랴 답안지를 처음부터 읽어본 후 개운한 마음으로 답안지를 제출했다. 적어냈던 답안에 나름대로의 확신이 있었기 때문에 시험장을 나서는 발걸음이 가벼웠다.

사실 시험장을 나와 친구들과 답을 맞춰 본 결과, 네 명 모두가 다른 방향으로 답을 제시했다. 하지만 대부분의 학생들이 제각각의 답안을 낼 정도로 답을 찾기 힘든 것이 서울대 논술시험의 특징이었기에, 답안의 논리구조만 탄탄하다면 충분히 합격점을 받을 수 있었다. 우리는 각자의 답을 정답이라 굳게 믿으며 숙소로 돌아갔다.

면접시험이 있던 둘째 날의 아침이 밝았다. 대기실에서 한 시간 반 정도를 기다린 끝에 면접장이 있는 사회대 3층으로 올랐다. 면접장 입구에 도착하자, 조교는 내게 시험지와 A4용지를 건네며 이렇게 말했다.

"지금부터 30분을 재겠습니다. 면접장에 들어갈 때는 A4용지를 들고 갈 수 없으니 머릿속에 내용들을 잘 숙지해두세요."

시험지에는 세 가지의 문제가 출제되어 있었는데, 그 중 마음에 드는 하나를 선택해서 답변 준비를 하는 방식이었다. 내가 선택한 문제는 자연적 위험성과 사회적 취약성의 관계를 다룬, 즉 태풍이나 지진과 같은 자연재해로 인해 생기는 인명피해가 천재天災냐 인재人災냐'를 다룬 문제였다. 국민소득 상위 10개국과 하위 10개국의 국토 면적, 자연재해로 인한 연간 희생자수 등이 적힌 표와, 같은 강도의 지진이 일어났지만 전혀 다른 정도의 인명피해가 발생했다는 신문기사 등이 데이터로 제시되어 있었다.

문제는 역시 네 개의 소문제 방식으로 출제되었다.

(가) 표에 나온 지표를 해석하시오.

(나) 국민소득 상위 10개국과 하위 10개국의 연간 자연재해 희생자 수의 차이를 볼 때 자연재해는 천재인가, 인재인가?

(다) 그러한 차이가 벌어진 요인과 완화방법은 무엇인가?

(라) 선진국이 최빈국最貧國을 도와줘야 한다고 생각하는가, 그렇게 생각한다면 구체적인 이유와 방법을 대라.

그 중에서도 소문제 (다), (라)를 보고서 '이 문제는 나를 위해 만들어진 문제다' 싶었다. 유패드와 세계시민학교, 동아시아 연구체 연구활동을 통해서 이미 세계의 빈부격차와 그를 해소하기 위한 방안에 대해 오랫동안 고민을 해왔었기 때문에 자신이 있었다. 교수님들에게 칭찬을 받을 거란 들뜬 마음으로 30분간 질문들에 대한 답들을 적어나갔다.

30분이 지나자 알람이 울렸다. 조교는 A4용지를 다시 받아가면서, 나를 면접관들이 앉아 있는 면접장으로 안내했다. 그런데 면접을 끝내고 면접장을 나오고 있던 학생의 표정이 예사롭지 않았다. 얼마나 교수님들에게 호되게 당했는지 얼굴이 노랗게 질려 있었고, 뭔가 제대로 풀리지 않았다는 것처럼 고개를 절레절레 흔들며 나왔다. 그 학생을 보자, 여태껏 여유로웠던 나도 긴장감을 늦출 수 없었다.

면접장에는 나이가 지긋한 여교수님과 그에 비해 조금 젊은 남자교수님이 앉아 있었다.

"(가)부터 답변해보세요."

준비했던 답변들을 또박또박 발표해나갔다. 답변 중간 중간 교수님이 던지는 질문에도 나름대로 잘 답했다. 그리고 드디어 핵심문제라고 할 수 있는 (라)의 답변을 발표할 차례가 되었다.

"그래서 학생은 (라)에 대해 어떤 결론을 내렸습니까?"

"저는 반드시 선진국들이 최빈국들의 재난 방지 인프라 구축에 도움을 주어야 한다고 생각합니다."

부자 나라들이 가난한 나라들을 도와주어야 한다는 내 오랜 가치관을 담아 '반드시'라는 말에 힘을 주어 말했다.

"첫 번째로는 선진국들이 최빈국들의 가난에 대한 역사적인 책임을 가지고 있기 때문입니다. 20세기 초중반 유럽과 미국 등의 서구 열강이 아프리카, 동남아시아, 남미 등의 나라들을 침략하여 그들의 자원과 노동력을 수탈함으로써 지금의 경제대국으로 성장하는 기반을 마련했습니다."

교수님들은 속내를 알 수 없는 표정으로 아무런 말씀도 없이 내 답변을 듣고 있었다.

"이어 두 번째로는 인간의 존엄성을 지켜야 할 도덕적 책임이 있기 때문입니다. 칸트가 '인간은 누구나 존엄한 존재'라고 말했듯이 최빈국의 사람들 또한 존엄한 인간이기 때문에 부자 나라의 사람들은 그들의 존엄성을 지켜주어야 할 의무가 있습니다."

두 번째 이유를 제시했음에도 불구하고, 교수님들은 답변을 들으며 메모만 몇 번 할 뿐 여전히 굳은 표정으로 앉아 있었다. 여느 학생들과 큰 차이가 없던 내 답변이 끝나자마자 조목조목 반박해서 나를 코너로 몰아붙일 내용들을 적고 있는 듯했다.

사실 첫 번째와 두 번째 근거는 서울대에 지원할 정도의 학생이라면 누구나 대답할 수 있는 수준이라 생각했다. 하지만 나도 이 점을 잘 알고 있었고, 앞의 답변들은 내 답변의 대미를 장식하기 위한 시작에 불과했다.

"이제 제가 선진국이 최빈국들을 도와주어야 한다고 생각한 결정적인 이유를 말씀 드리겠습니다. 사실, 이해관계 중심의 국제관계에서는 앞서 말씀 드린 역사적 책임이나 도덕적 책임과 같은 이론상의 명분은 크게 국가를 움직이게 하는 동력이 되지 못한다고 생각합니다. 그래서 저는 정치외교 연구 동아리 유패드를 하면서 방학동안 친구들과 함께 연구했던 〈교토의정서〉를 떠올렸습니다."

시큰둥한 반응을 보이던 교수님들의 눈빛이 조금씩 달라졌다. 그 눈빛을 감지한 나는 더 자신감을 얻어 확신에 찬 목소리로 답변을 이어나 갔다.

"교토의정서는 유엔기후변화협약에서 채택한 전 세계적인 온실가스 감축안입니다. 대표적으로 청정개발 체제와 같은 제도는 선진국이 개발 도상국에서 온실가스 감축사업을 시행할 수 있도록 돕고, 그를 통해 달 성한 감축 실적의 일부를 그 선진국의 감축량으로 인정하는 제도입니다. 즉, 부자 나라들이 가난한 나라들을 도움으로써 경제적인 혜택을 받는 것입니다. 이러한 점을 참고하여 선진국들이 최빈국들의 재난방지 인프 라 구축을 도와줄 때도 선진국들이……"

이 대답을 끝낸 순간, 마치 학생회장 연설이 끝나고 당선을 확신했던 것처럼 이번에도 나는 합격했다는 직감이 들었다. 아니나 다를까. 교수님 들의 표정에는 기특한 학생을 바라보는 웃음과 놀라움이 뒤섞여 있었다.

여자 교수님의 극찬이 이어졌다.

"오늘 대부분의 학생들이 비교적 쉬운 3번 문제를 선택해서 큰 기대를 안 했었는데, 오늘 내가 본 학생들의 답변 중 최고였어요. 그 정치외교 동아리 이름이 뭐라고요?"

"유패드라고 합니다."

"오, 참 좋은 동아리네. 고등학생들이 교토의정서를 그 정도로 상세히 공부할 정도라니."

이어 남자 교수님이 짧고 굵게 칭찬을 해주셨다.

"이 짧은 시간에 교토의정서를 연상해서 답변을 하다니, 좋은 답변이 었어요."

면접 내내 나를 얼어붙게 했던 남자 교수님의 칭찬 한 마디는 여자 교수님의 극찬보다도 더 나를 기쁘게 했다. 몇 마디의 칭찬을 더한 뒤, 교수님들은 나의 의견을 반박하거나 되물어보지 않고는 나가도 좋다며 나를 내보냈다. 공손하게 인사를 하고 면접장을 나왔다. 면접장의 문을 닫고 나온 순간 이미 난 합격했음을 확신했다. 내 답변을 곰곰이 되돌아보니, 나 자신도 나의 답변이 놀라웠다.

'어떻게 그 긴장된 순간에 그걸 생각해냈지?'

홀가분한 마음으로 면접장을 나와 나를 기다리고 있던 어머니의 품에 안겼다. 그리고 문제 내용과 내가 했던 답변에 대해 말씀을 드렸다. 이번만큼은 어머니도 흥분을 감추지 못했다.

"그래, 정말 잘 치르고 나온 것 같구나. 승우야, 네가 내 아들이라는 게 너무나도 자랑스럽구나. 수고했다."

그렇게 마지막 시험을 치른 채, 어머니와 나는 마음 편히 부산행 기차에 몸을 실었다.

독서, 신문 읽기, 토론활동에 매일 한 시간 이상을 투자하라

학생부종합전형은 서류전형으로 학생에게 논술, 면접시험 응시자격을 주는 것으로도 볼 수 있다. 그만큼 논술, 면접시험은 합격의 당락을 좌우할 만큼 중요하다. 그런데 논술과 면접은 단기간에 많은 시간과 노력을 들인다고 해서 준비할 수 있는 것이 아니다. 오랫동안 조금씩 꾸준하게 준비해야만 효과적으로 대처할 수 있다. 근본적으로 논술, 면접 실력을 끌어올리기 위해서는 꾸준한 독서와 신문 읽기, 그리고 토론경험이 중요하다. 그것을 바탕으로 기출문제까지 꾸준하게 접해본다면 논술 또는 면접으로 인해 불합격의 고배를 마시는 일은 없을 것이다.

① 독서활동

나는 고등학교 3년 동안 《동아시아 공동체: 신화와 현실》을 비롯하여 동아시아에 관련된 전문도서 약 20권, 정치외교학 전반에 관련된 책 30권, 논문 20권, 그 외의 인문학 서적 30권. 대략 총 100권의 책과 논문들을 읽었다. 물론 전문서적 같은 경우에는 효율성을 감안해 필요한 부분만 발췌해서 읽은 적도 있었다. 그리고 단순히 책을 읽고 끝낸 것이

아니라 이 책의 내용들을 요약하고 분석한 후 나만의 생각을 짧게라도 적어 넣음으로써 책의 내용들을 나의 것으로 체화하기 위해 노력했다.

학생부종합전형에 지원하는 학생이라면 반드시 고등학교 3년간 지원할 모집단위와 관련된 도서 10권, 논문 3권, 일반적인 인문학 서적 30권 이상은 읽어야 한다. 단적으로 심층면접 같은 경우 모집단위와 관련된 문제가 출제되는 경우가 많으므로 전공과 관련된 심화된 독서활동, 나아가 전공분야의 논문을 읽어보는 것은 심층면접 대비에 필수적이다. 규정상 문제는 분명 고등학교 교과 수준에서 출제되지만, 고등학교 교과 내에서만 답해야 한다는 규정은 없다.

게다가 최근 이슈가 되었던 서울대 의대에서 실시한 경영, 경제, 인문, 시사, 철학, IT 등 '7개의 방' 면접 사례처럼 심층면접의 출제 수준은 더 깊이 있고 다양한 지식과 사고수준을 요구하고 있다. 따라서 학교 수업만으로는 따라가기 힘든 심층면접의 수준을 보충하기 위해서는 전공 관련 도서 외에도 인문학, 시사, 교양 등의 다양한 독서활동이 필요하다.

② 신문 읽기

나는 중고등학교 시절 신문을 읽는 데 하루 30분 이상을 꾸준히 투자했다. 그 덕분에 시사상식은 물론, 교과 공부를 통해 배운 내용들이 현실에 어떻게 적용되는지 배울 수 있었다. 특히 정치외교 분야의 기사들은 꾸준히 스크랩을 하고, 여백에 나의 생각을 간단히 적어두었다. 논술, 면접 시험을 앞두고 그것들을 다시 읽어보았던 것에서 많은 효과를 보았다.

단순히 교과서와 책에 갇힌 사고의 틀만으로는, 주로 현실에서 일어나는 일을 기반으로 출제되는 논술과 면접을 대비하기에는 역부족이다. 따라서 꾸준한 신문 읽기를 통해 현실감각을 키우고, 시사문제를 접하는 것이 중요하다. 특히, 자신의 모집단위와 관련된 분야에서만큼은 적어도 어떤 일들이 발생하고 있는지 알아야만 심층면접에서 진정한 역량을 발휘할 수 있다.

단지 신문을 읽는 데만 그쳐서는 안 된다. 신문을 읽고 적어도 하루에 1~3개 정도의 기사는 스크랩을 하고 간단히 200자 내외로 기사 내용에 대한 자신의 생각을 적어보아야 한다. 그리고 일주일에 한 번 정도는 1000~2000자 정도로 그 주에 가장 논란이 되었던 사건에 대해 자신의 생각을 정리하여 논리적으로 글을 써보는 연습을 해야 한다.

③ 토론활동

독서와 신문 읽기가 면접에서 답안의 '내용'을 채워넣는 노력이라면, 토론활동은 말하는 방식을 배우는 가장 좋은 방법이다. 더 나아가 그것을 통해 사고하는 방식 또한 한 단계 발전시킬 수 있다.

특히 인문계열의 경우에는 대부분의 심층면접이 자신이 작성한 답안에 대해 면접관과 토론하는 방식으로 진행되므로, 꾸준한 토론의 경험은 실전면접에서도 빛을 발한다. 따라서 인문계열의 경우 동아리활동을 통해 일반적인 시사토론, 독서토론을 하는 것이 좋다. 그리고 모집단위와 관련된 시사문제, 또는 책을 가지고 토론을 진행하면 큰 도움이 된다.

자연계열 학생들 또한 시사토론과 독서토론이 필요하다. 더 나아가 수학, 과학과 관련된 심화문제를 각자의 방식으로 풀어보고 그것을 가지고 토론하는 것이 실제 면접을 대비하는 데 굉장히 큰 도움이 된다. 예를 들어, 한일고 자연계 친구들은 일본공대 시험 또는 올림피아드 등의 심화 문제를 함께 풀어보면서 면접 대비를 하곤 했다.

이와 같은 독서, 신문 읽기, 토론활동을 합쳐서 하루에 한 시간 이상 투자해야 한다. 꼭 매일 그 세 가지를 모두 할 필요는 없다. 독서, 신문 읽기는 평일에 꾸준히 하고, 그것을 바탕으로 주말에 동아리활동을 통해 토론하는 것이 좋은 방법이다.

그리고 마지막으로는 1학년 때부터 미리 가고자 하는 학교의 면접, 논술 기출문제를 구해서 풀어보라. 나중에 그것들이 유익한 '데이터베이스'가 된다. 여기서 중요한 것은 풀어본 문제들과 자신의 답안을 항상 클리어 파일에 정리해두고, 답안을 객관적으로 평가해봐야 한다는 것이다.

서울대 성적우수
장학생이 되다

특기자전형 2차 시험이 끝나자 6년 만에 처음으로 내 삶에도 휴식이 찾아왔다. 매일 해야 할 공부 생각에 늦잠조차 제대로 한 번 못 잤었는데, 이제는 늦잠을 만끽해도 되는 시간이 온 것이다.

그렇게 모처럼만에 찾아온 여유와 자유를 정신없이 즐기다 보니 눈 깜짝할 사이에 한 달이 흘러 특기자전형 최종 합격자 발표일이 다가왔다.

합격자 발표일 아침, 평소보다 일찍 잠에서 깨어 발표시간인 오후 다섯 시가 되기만을 기다리며 혼자 TV로 시간을 때우고 있었다. 그렇게 1분마다 TV와 시계를 번갈아보며 다섯 시를 기다리다 보니 결국은 나도 모르게 소파에 누워 깜빡 잠이 들었다.

"따르릉, 따르릉."

갑자기 울린 집 전화벨 소리에 잠에서 깼다.

"여보세요?"

전화를 받고서 시계를 보니, 다섯 시가 지나 있었다.

"승우야."

어머니의 목소리였다. 그런데 한동안 말씀이 없으셨다.

'혹시 떨어진 걸까?'

그 짧은 순간에 '이 여유로운 생활도 끝이구나' 하는 아쉬움과 '어디 재수학원을 가야 할까'라는 고민까지 온갖 생각이 머리를 스치고 지나갔다.

"네가 해냈다! 합격이래! 발표났어. 최종합격이라고! 장하다, 우리 아들!"

어머니의 말씀에 한동안 넋이 나갔다. 3년 동안 당연히 합격할 거라 믿어왔으면서도 막상 현실이 되니 믿기지가 않았다. 게다가 서울대 홈페이지에서 합격자 조회를 해봤더니 생각도 못했던 일이 벌어졌다. 내가 장학금을 받게 된 것이다. 최종합격자 중 상위 30% 성적을 거둔 지원자들에게 주는 성적 우수 장학금이었다.

그 날 저녁, 합격증을 안고 부모님과 함께 부산에 계신 외할머니 댁을 찾았다(암 투병을 하시다 얼마 전 세상을 떠나셨다). 외할머니는 그동안 알뜰히 모아오신 200만 원을 등록금으로 쓰라며 건네셨다.

집에 돌아와서는 태어나 처음으로 아버지로부터 술잔을 받았다.

"승우야, 정말 수고 많았다. 아버지는 너의 3년을 보면서 언젠가 네가 아버지의 못다 이룬 꿈을 이룰 수 있을 거라 믿게 되었단다."

어머니는 눈물을 훌쩍이며 말씀하셨다.

"엄마는 네가 1학년 때 심한 우울증이라고 진단을 받았을 때, 정말 마음이 찢어지는 듯 했단다. 하지만 오늘은 네 덕분에 천국에 있는 기분이구나. 고맙다, 아들아."

3년간 아버지와 어머니를 비롯한 많은 분들이 생각했던 이상으로 내게 많은 기대를 걸고 있었다. 나는 그들의 기대를 저버리지 않았고, 내 꿈에 대한 나의 믿음 또한 저버리지 않았다.

한 달 뒤, 자랑스러운 조카라며 양복점을 운영하던 고모부가 손수 지어주신 양복을 입고 학교 졸업식에 참석했다. 학생 대표로 졸업장을 수여받고, 많은 친구들과 후배들의 축하를 받으며 졸업식을 마쳤다. 졸업식이 끝나고, 온갖 역경을 이겨내고 학생회장에 당선되었을 때처럼 혼자한일고 설립자 선생님의 묘가 있는 학교 뒷산에 올랐다.

그곳에서 바라본 한일고 교정에는 곳곳에 지난 3년의 흔적들이 묻어 있었다. 1학년 때 우울증과 외로움에 몸부림치며 벗어나고만 싶었던 C동 기숙사. 3년 동안 수학과 사투를 벌였던 학교 교실, 유패드를 만들겠다고 얼굴도 모르는 친구들에게 전화를 돌려댔던 하늘색 공중전화 부스. 한겨울 불우이웃돕기 성금 마련을 위해 부르튼 손으로 3학년 형들이 내다버린 헌 책들을 정리했던 학교 광장. 며칠 밤을 새워가며 앰네스티 회원들과 '빈곤퇴치의 날' 캠페인을 준비했던 학교 동아리실.

학교 곳곳에 치열했던 3년간의 순간들이 스며들어 있었다. 때론 힘들고 지치는 순간들도 있었지만, 너무나도 행복했고 소중한 시간들이었다. 누군가는 절대 불가능할 거라고, 누군가는 너무 무모한 도전이라며 말렸지만 '열정' 하나로 버텨온 순간들이었다. 입시보다는 나의 꿈을 먼저 생각했고, 3년 뒤의 행복보다는 오늘의 행복을 찾고자 했기에 마침내 여기까지 올 수 있었다.

톨스토이는 이렇게 말했다. "행동하면 인생이 되고 곧 운명이 된다. 이것이 바로 우리가 인생을 지배하고 다스리는 법칙이다."

나의 신념은 나의 하루를 바꾸었고, 그렇게 바뀐 하루하루는 내 인생이 되었다. 그리고 그 인생이 결국 나의 운명이 되었다.

마지막으로 한일고 교정을 바라보며 나는 다짐했다.

'현실보다는 이상과 꿈을 좇으며 열정을 다해 하루하루를 보내왔던 시간들이다. 앞으로 펼쳐질 더 거칠고 모진 현실 속에서도 나는 인생을 가치 있게 만드는 단 하나의 신념을 지켜가기 위해 더 뜨거운 심장과 치열한 노력으로 삶을 채워갈 것이다.'

그렇게 나는, 10대에 세운 꿈을 향해 앞으로 내가 만들어나갈 삶의 또 다른 스토리에 대한 설렘을 안고, 행복했던 학창시절에 마침표를 찍었다.

:: 행복과 해방은 스스로 만드는 것이다

"필승! 병장 조승우는 전역을 명받았습니다. 이에 신고합니다!"

맹추위가 뼛속까지 스며들던 지난 2월의 어느 날, 드디어 영원히 끝나지 않을 것 같던 군 생활에 종지부를 찍었다. 예비역 마크를 자랑이라도 하고 싶어 전투모를 벗지도 않고 집으로 돌아가던 버스 안, 지난 24개월을 돌아보니 내 군 생활은 그 누구보다 의미 있었고 귀중한 시간이었다. 2년 전의 나와 오늘의 나는, 외적으로나 내적으로나 모든 면에서 완전히 다른 사람이 되어 있었다.

대학에 다닐 때만 해도, 밤낮으로 밖을 쏘다니느라 전공서적 외에는 거들떠보지도 않았던 책들을 필사筆寫까지 해가며 200권 넘게 읽었다. 깊고 풍부한 독서를 통해 예전의 나와는 차원이 다른 생각의 깊이를 가질 수 있었다. 또한 군대라는 특수한 상황 속에서 많은 일과 다양한 사람들을 겪으며 느끼고 배운 바를 매일 일기에 기록하며 책에서는 얻을 수 없는 많은 깨달음까지 얻었다.

외적으로는, 매일 한 시간씩의 꾸준한 웨이트 트레이닝을 통해 좁은 어깨 때문에 한 여름에도 후드티를 걸쳐 입어야 할 만큼 심각했던 체형 콤플렉스를 극복했다. 이제는 어떤 옷이든 자신 있게 입을 수 있게 된 것이다. 그리고 무엇보다 틈틈이 이 책을 구상하고 원고를 썼다는 것. 누군가는 '인생에서 가장 의미 없는 시간'이 군 복무기간이라고 하지만 나는 그 어느 때보다 치열하고 의미 있게 보내려 노력했다.

입대 후 처음 반 년 동안, 자유에 대한 갈망과 사회에 대한 향수에서 벗어나지 못해 밤낮으로 괴로워하던 나의 군 생활은 가장 아끼는 친구가 선물해준 한 권의 책 덕분에 바뀌었다. 카피라이터 박웅현의 《여덟 단어》였다. 그 책을 처음 읽고 나서 내 머릿속에 남아 있는 문장이 하나 있었다. '해방을 향해 달려가는 것이 아니라, 자신이 선 그 자리를 해방의 공간으로 전환시키는 것.'

그의 말처럼 '해방'을 '행복'으로 바꾸어도 좋지만, 내게는 이 자체의 문장이 더 절실히 와닿았다. 하루 빨리 군 생활이 끝나기만을 기도하고 있었지만, 아무리 기도한다 해도 국방부 시계의 하루가 열두 시간으로 줄어들 수는 없었다. 그래서 나는 군대에 있기 때문에 오히려 사회에서 해방되었다는 생각으로, 사회에서는 여러 이유로 꾸준히 할 수 없는 일들을 하기 시작했다. 그것이 앞서 말했던 독서, 일기쓰기, 운동, 그리고 이 책을 집필하는 것이었다.

그 이후부터의 나의 군 생활은 고등학교 때처럼 꿈을 향해 놓이게 되었고, 그렇게 보낸 순간순간이 행복했다. 그러다 보니 자연스레 국방부 시계는 정신없이 흘러갔고, 군 생활이 예전보다 훨씬 짧게 느껴졌다.

왜 뜬금없이 군 생활 이야기를 여기서 꺼내는지 궁금해 하는 독자들이 있을 것이다. 굳이 군대 얘기로 이 책의 끝맺음을 하는 이유는 무엇일까? 앞에서 입시제도의 변화가 많은 10대들의 삶을 바꾸어놓았다고 말했다. 하지만 여전히 입시가 10대들의 자유와 행복을 제한하고 있다는 것도 분명한 사실이다. 그렇다고 모든 10대들이 자유와 행복을 포기하면서 살아야 할까? 절대 그렇지 않다.

정말 중요한 것은 자신이 처한 환경과 조건을 남다르게 받아들이는 마음가짐이다. 그래서 마지막으로 꼭 10대 후배들, 동생들에게 해주고 싶은 말로 이 책을 마무리한다.

대한민국의 고등학생임을 원망하며 시간을 낭비하지 마라. 원망한다고 달라지는 건 아무것도 없다. 내가 고등학교 3년을 보내며 그랬듯, 군생활 2년을 보내며 그랬듯 '해방'과 '행복'은 남이 만들어주는 것이 아니다. 내가 만드는 것이다. 똑같은 조건임에도 꿈을 향해 하루하루를 행복하고 가치 있게 보내는 친구들이 많다는 것을 기억하라. 자유와 행복, 그리고 입시라는 두 마리 토끼를 동시에 잡은 선배들이 충분히 있음을 기억하라. 꿈을 포기하지도 말고, 그렇다고 아무런 이유 없이 입시를 포기하기도 마라.

한 번뿐인 인생, 정말 소중한 10대의 시간을 어떻게 하면 행복하고 가치 있게 보낼 수 있을지 고민을 시작해라. 그리고 그 고민의 답을 따라 살아라. 그러면 여러분들의 인생에도 '해방' 그리고 '행복'이 반드시 찾아올 것이다.

나는 오로지 내 안에서 저절로 우러나오는 것에 따라 살아가려 했을 뿐이다. 그것이 어찌도 그리 어려웠을까.

– 헤르만 헤세, 《데미안》 중에서

감사의 글

    아버지, 어머니. 당신을 만난 것은 제 평생 최고의 선물입니다. 사랑합니다. 더불어 지금의 제가 있기까지 항상 아낌없는 사랑을 베풀어주신 박순진 여사, 임여순 여사, 그리고 하늘에 계신 외할머니께 이 책을 바칩니다.